别再这样投资了

［美］斯蒂芬·斯派塞（Stephen Spicer）著

左　涛　孙兆东　关　璐　译

中国财经出版传媒集团
中国财政经济出版社
·北　京·

图书在版编目（CIP）数据

别再这样投资了/（美）斯蒂芬·斯派塞（Stephen Spicer）著；左涛，孙兆东，关璐译. -- 北京：中国财政经济出版社，2024.6

书名原文：Stop Investing Like They Tell You

ISBN 978-7-5223-2782-2

Ⅰ.①别… Ⅱ.①斯… ②左… ③孙… ④关… Ⅲ.①投资决策 Ⅳ.①F830.59

中国国家版本馆CIP数据核字（2024）第034700号

责任编辑：罗亚洪　谷　磊　　　责任印制：张　健

封面设计：潜龙大有　　　责任校对：胡永立

别再这样投资了

BIE ZAI ZHEYANG TOUZI LE

中国财政经济出版社 出版

URL：http：//www. cfeph. cn

E-mail：cfeph@ cfeph. cn

（版权所有　翻印必究）

社址：北京市海淀区阜成路甲 28 号　邮政编码：100142

营销中心电话：010-88191522

天猫网店：中国财政经济出版社旗舰店

网址：https：//zgczjjcbs. tmall. com

北京密兴印刷有限公司印刷　各地新华书店经销

成品尺寸：170mm × 230mm　16 开　20.75 印张　276 000 字

2024 年 6 月第 1 版　2024 年 6 月北京第 1 次印刷

定价：99.00 元

ISBN 978-7-5223-2782-2

（图书出现印装问题，本社负责调换，电话：010-88190548）

本社图书质量投诉电话：010-88190744

打击盗版举报热线：010-88191661　QQ：2242791300

献给杰西卡、格雷、莱尔、凯斯和罗西

推荐序1

现代资本市场不仅是经济发展的重要引擎，更是服务经济高质量发展的关键平台。在推进金融强国建设和服务中国式现代化的宏伟蓝图中，资本市场扮演着枢纽的角色。2024年，随着中国资本市场迎来第三个“国九条”，我们见证了“金融为民”理念的深化与实践，以及对满足人民群众日益增长的财富管理需求的坚定承诺。投资者是资本市场的基石，而投资者保护和教育工作的有效性，直接关系到市场的稳定与繁荣。在精准有效的投资者保护和教育工作基础上，投资者自身的教育和风险意识的培养同样至关重要。这不仅关乎个体的财富增长，更关乎整个社会的经济福祉。

本书以其独到的视角，深刻剖析了投资领域的16个常见误区。它不仅为个人投资者提供了宝贵的实践指导，更为我国投资者保护教育工作和培育成熟理性的投资文化提供了全新的视角和思路。在阅读本书的过程中，我们不仅能够获得丰富的投资知识，更能在作者的引导下，学会如何识别和避免投资陷阱，从而在资本市场中稳健前行。这不仅是一本关于投资的书籍，更是一本关于如何成为更明智、更理性投资者的指南。

在资本市场的广阔天地中，投资不仅是一门科学，更是一门艺术。本书作者凭借其丰富的从业经验和独到的视角，以简洁明了的语言和生动具体的实际案例，为我们揭示了投资过程中可能出现的种种误区。从对股市年均收益率的常见误解，到退休规划的单一视角，再到对专家意见的盲目迷信，每一个问题都直击投资者心中的痛点。投资理论的学习和投资实践是并行不悖的。个人投资者往往希望自己认可的企业能在股票市场上持续攀升，但作为本书的读者，我们被鼓励在理性与感性的交互中，依托相对完善的知识体系作出最合理的投资决策。这一过程依赖于长期的学习和实践，以及对资本市场的深刻理解。阅读本书，我深受启发，它不仅让我从投资者心理、投资者行为等学术问题延伸到现实案例，而且在脑海中逐渐塑造出一个更为丰满的投资形象。同时，它也引发了我在投资者保护和教育工作具体实践中的进一步思考。

本书不仅是一本投资指南，更是一盏指引我们在复杂多变的资本市场中稳健前行的明灯。它教会我们如何在理性与感性之间找到平衡，如何在知识的海洋中汲取智慧，如何在实践中不断成长。愿每一位读者都能从本书中获得宝贵的知识和启发，成为更加明智、更加成熟的投资者。

高昊宇

中国人民大学财政金融学院教授

推荐序2

投资中最大的局限，是个人的思维。投资中最大的误区，是个人的认知。我在资本市场从事投资者教育已经10年了，见过形形色色的投资者，正如马云所说，成功的经验各有不同，失败的教训总是相似。人们习惯用固有的思维，去决定投资的边界，直至最后把自己囚禁起来。

投资者带着自信和浑然不觉的十大错误认知进入股市，直到账户出现巨额亏损，才后知后觉。在漫长期待回本的日子里，投资者付出了时间和金钱的双重学费。其中一些人很幸运，他们通过反思反省，或者得到高人指点，改变了错误认知。但大多数的人，只能在失望中，耗尽最后的耐心，不仅没有得到任何有用经验，还要"割肉"离场。

这十大错误认知，好比是投资者命中注定要经历的十大苦难，几乎没有人能摆脱命运的诅咒，也没有人能代替你去受苦，更没有人能替代你去反思。真正依靠的，只有自己的觉醒！

觉醒之路，被武侠小说描述成打开了身体的任督二脉，仿佛非常简单、轻松、快乐。但事实上，要想拔掉在大脑里根深蒂固的思维锈铁钉，要想推倒多年存在的错误思维围墙，打通成功之路，非常痛苦。大多数人都是在痛定思痛中完成人生的蜕变。

可能蜕变就在一夜之间、一念之间。真正能悟道，是多么幸运和幸福！

悟道之所以难，是因为真相太残酷，残酷到没有人敢去揭开它，这需要与同行业，或全世界为敌的勇气。

大多数投资者的一生，很难遇到有真知灼见，且为了真理敢与世界对抗的人生导师，所以只能自己在不断的试错中总结经验。

这些错误包括对投资有不切实际的期待，盲目相信专家，盲目相信内幕消息，盲目陷入贪婪的兴奋和恐慌的悲观中，错误结交并相信金融圈的朋友，等等。似乎每一项错误，都要用几万、几十万，甚至倾家荡产的代价，换来独立思考和自我成长。

我很庆幸，看到了斯蒂芬·斯派塞的《别再这样投资了》，书中直指散户投资者的16个误区，这些误区涵盖了散户绝大部分的错误认知。不同于我看过的其他金融书籍，这本书我看到最敢说，最针针见血，直指散户投资者弊端的金玉良言。本书的案例浅显易懂，涵盖了人类股市几百年来的经典事件，将晦涩的金融原理灵活地嵌入案例中，是忠实于大众、可读性强的好教材。

你千万不要认为，读完这本书，就能走向成功之路，在股市里成为股神。这本书只是帮你消除错误的思想，树立起正确的投资边界。

“良药苦口利于病，忠言逆耳利于行。”希望此书能帮助投资者看到自身的问题，树立正确的投资观。祝福每一位投资者，在投资修行的路上悟到真经。

毛永丰

知名财经博主

财经畅销书作者

推荐序3

随着中国经济的蓬勃增长，中国居民对投资的需求日益强烈。从传统的储蓄方式到多元化的投资渠道，如股票、基金、房地产等，无数家庭正积极寻求资产的保值与增值，旨在为未来的生活筑起一道坚实的屏障。然而，在这场投资热潮中，我们也应正视一个严峻的问题：许多个人投资者由于缺乏专业知识和经验，容易踏入投资的误区。

近年来，关于个人投资误区的研究层出不穷。一些投资者盲目追求高收益，却对潜在风险视而不见；他们过分依赖所谓的“专家”建议，却忽视了个人情况与市场动态的结合；他们坚信过去的投资模式能够一成不变地适用于未来，却忽视了市场环境的动态性与复杂性。比如，他们可能期望从股票投资中获得10%的回报，却未意识到无论策略如何，投资者都须承担一定的交易成本，因此实际收益难以与市场水平等同。这些误区不仅让投资者蒙受重大损失，更让人们对投资产生了深深的疑虑和恐惧。

在现实世界中，理解和改变这些投资误区，并改进投资行为实非易事。这需要投资者具备深厚的投资知识、丰富的市场经验和冷静的投资心态。在投资的道路上，没有绝对的真理，只有不断学习和探索的过程。投资者需要不断地学习新的投资理论，掌握新的投资技巧，同时保持冷静的头脑，避免受市场的短期波动影响。

正是在这样的背景下，《别再这样投资了》这本书应运而生。本书作者凭借其深厚的投资背景和丰富的实战经验，深入剖析了个人投资者在投资过程中容易陷入的误区，并提出了切实可行的解决方案。书中不仅详细解析了各种投资误区的来源和危害，还提供了实用的投资技巧和策略，帮助投资者在复杂多变的市场环境中作出明智的决策。此外，作者还强调了投资心态的重要性，鼓励投资者保持冷静、理性和耐心，避免被市场的短期波动左右。

《别再这样投资了》不仅是一本投资指南，更是一本投资哲学书。它告诉我们，投资不仅是一种获取财富的手段，更是一种生活态度和智慧。通过阅读这本书，读者可以更加深入地理解投资市场的本质和规律，更加明智地制订自己的投资策略。在这个充满变数的投资时代里，让我们一起跟随作者的脚步，开启一段更加理性、稳健的投资之旅吧！

梁昱

北京学说科技有限公司联合创始人

清华大学金融科技研究院兼职研究员

Contents
目 录

引 言

我不是末日预言家。乍一听似乎有这意味，但我不想危言耸听。

我只是倡导谨慎的资产管理。在投资和财务规划行业深耕十多年，我对家人、朋友和同胞的投资很是担心——我指的是市场里绝大多数投资者和数十亿美元的资金。

瞧，我说过我会给你留下极端末日预言家的印象……但听我细细道来，你就会发现并非如此。

你要知道，你和你的投资遭遇风险不是你的错，而是因为你得到的那些糟糕的建议。每个人都会听到这样的馊主意：通常在学校里传授，并通过广播传播的投资范例，其支持者包括不止一位诺贝尔奖得主。看到了吗？这不是你的错。要与如此强大的力量进行争辩是很难的。谁会狂妄到去质疑如此受人尊敬的权威所宣扬的理念呢？

我是谁?

我叫斯蒂芬·斯派塞。我致力于帮助人们理解这种潜在的毁灭性现实。而且，我意识到仅仅揭露所有误区仍然不够，便开始专注于寻找最佳的解决方案。

我为什么这么大惊小怪？不可能真的那么糟糕……对吧？

我曾这样想过，因为这会让我的生活轻松很多。我可以遵循大多数人认可的千篇一律的解决方案，继续像其他顾问一样推销我的服务，同时为我自己和家人妥善投资。事实上，我就是这么做的，并且赚了不少钱。继续走那条道路，压力会小得多。

只是有一个问题：我不断发现传统投资模式方面的问题——逻辑上潜在的致命缺陷。随着这些发现，我调整了我所管理的投资，却发现了另一个缺陷。

多年来，我一直在为这些问题一一寻找更好的解决方案，后来，我觉得我的投资可以更好地抵御不可预测却必然发生的市场混乱和压力，而不会影响传统投资组合的增长。

我松了一口气……

然后我环顾四周，发现几乎没有其他人适应这种做法。谁也不愿意花时间去挑战传统的投资模式。他们只是继续争论那些无关紧要的问题：哪些股票明天会有更好的表现，美联储主席说过的某句话的确切含义，或者唐纳德·特朗普的“推特风暴”的余波。

伽利略的任务

17世纪早期，大多数受过教育的人都认同亚里士多德的观点，即地球是宇宙的中心。伽利略的研究表明并非如此。他关于“日心说”——地球和行星围绕太阳旋转的天文模式——的著作遭到了当时其他学者（即“专家”）的严厉谴责。

1615年，伽利略在这个问题上的观点被提交到罗马宗教裁判所，裁判所正式宣布该理论“愚蠢而荒谬”[①]。最终，伽利略对真理的追求，导致了他在生命的最后十年遭受软禁。

---

① 莫里斯·菲诺奇亚罗。“西切斯特大学——天文学的历史；课堂笔记：文字来自《伽利略事件：纪实历史》。”西切斯特大学。https：//web.archive.org/web/20070930013053/http：//astro.wcupa.edu/mgagne/ess362/resources/finocchiaro.html#conreport。

挑战主流观点并非易事。而且，尽管我认为了解天体运动很重要，但我公开反对的那些观点，会对芸芸众生的生活质量起到更加重要的作用。

你不需要掌握天体物理学（或复杂的金融知识）就能理解这些观点，你只需要具备**逻辑思考和开放思维的能力**。

了解伽利略和其他许多挑战传统习俗的人所面临的阻力，有助于在你阅读全书有所感受时，为你提供一些背景知识。

> “即使是最迟钝的人，如果还没有形成任何概念，也能向他解释清楚最复杂的问题；但是，即使是最聪明的人，如果他认定自己所知道的东西不容置疑，那么哪怕最简单的事情也无法向他解释清楚。”
>
> ——列夫·托尔斯泰（Leo Tolstoy）

同意？

我曾与许多人有过交谈，这本书也表达了他们的隐忧。对他们来说，这项研究是财务规划之旅的开始，会带来一种快乐更多、压力更小的财富人生。

不同意？

也有一些人强烈反对，他们紧握着自己学术泰斗的“武器”，这完全可以理解，也早有预料。比如，伽利略和罗马宗教法庭，即使如我们现在所知，伽利略是完全正确的，也遭到强大的权威反对意见。对那些不接受不同意见，并发现我的研究和逻辑存在谬误的人，欢迎展开有益的争论。我知道，通过文明对话，我会让自己继续处于一个不断提高的位置，去追求绝对的真理，并将其与最佳的解决方案相结合。

你看，我还没有完成，也不确定将来能否完成它。我并不是说我已经知道了所有答案。当你浏览本书的时候，会发现我清楚地列出了别人告诉你的投资方式中的最大问题。这些解决方案[①]是迄今为止我为自己和客户[②]找到的最佳办法。

介乎两者之间？

对于你来说，如果你：

- 内心深处——不管是否公开承认——知道事情有点不对劲。
- 渴望一种不会因压力而折寿的投资策略。
- 思想开放，愿意倾听、学习，并思考与一些主流投资理念相悖的观点。

那么，这本书最适合你！

注意这些误区：

我和你们很多人都谈过。我面临的挑战是：你们来自各行各业。

- 金融顾问们很兴奋，终于听到一位专业人士清楚地阐述他们在帮助客户时遇到的问题了……
- “外行”投资者赌上毕生积蓄，小心翼翼地尝试在陌生的投资领域里找到希望。

基于上述原因，本书的结构是这样的：

- 误区1—误区10：相互交融，颠覆流行的股票和债券、买入并持有的投资模式，该模式从大学教授到热门视频网站“大师”，人人都在传授。
- 误区11—误区12：对你所获得的业内“专家”建议的质量进行

① 在本书误区15和误区16中会详细说明。
② 不要误会我的意思：它们很棒！但我永远不会停止研究，以进一步优化它们。

评估，并提出一些建议，让你更好地把握所有吸引你注意的那些声音。

- 误区 13—误区 14：质疑业内关于退休计划的建议，并提出更明智的方案。
- 误区 15—误区 16：探讨你可以采用的最佳替代策略①，以克服潜在破坏性投资的缺陷，使你辛苦赚来的资产能得到更好的保护和升值。

脚注和附加指南

鉴于这些误区相互依存，我们将尽可能深入探索，使你充分了解金融界的问题和潜在的解决方案。有一些非常基本的概念（如股票、债券、现代投资组合理论等），每个读者都应该熟知。

为此，我制作了一些补充视频和文字材料②，引导你阅读本书——从解释一些相对浅显的金融概念，到深入探讨本书中简要提及的一些更高层次的连带话题，以便为你提供我们的最新研究成果和潜在解决方案。

在本书的脚注中，你会找到这些资源的链接，以及其他有益见解③；完全跳过它们是不明智的。

这本书是给谁看的？

本书适用于任何在市场上投资却不能承受在延展期内（如几十年）自己的投资组合大幅贬值（如超过50%）的人。

我要提醒你，投资的现实是十分残酷和令人焦虑的，就像童年时发现

① 迄今为止我们发现的东西。

② 你可以在我们定期更新的伴侣课程中找到他们：https：//SpicerCapital.com/Go。

③ 更不用说还有短小精干的补充说明……

圣诞老人不存在一样……不然，你毕生的积蓄都将面临风险。

这又是末日预言者的说法！我保证你看过这本书，就会明白我的出发点。我的逻辑简单而合理。我的担心是真实的。我相信只要读了一两章，你即使还没有完全通透，也会像我当初一样开始质疑自己的投资组合构成，并渴望获得更好的解决方案。

读这本书你会有何收获？

别担心。本书的目的不是让你感到焦虑和无助。

我将为你和你的毕生积蓄[①]公开提供一些具体的解决方案，此外，还将尽我所能为你的长期目标投资构建全新的思路。你会发现真正的财务自由应该是什么样子（提示：不包括手指交叉去祈祷好运和希望股市表现良好！）。

我的目标是让你踏上更加自信、没有压力的财务未来之路。

谁不适合读这本书？

在你继续阅读这本书之前，我觉得有必要提醒你一点。

你看，大多数人都希望事情变得简单。这是一种销售思路。这就是为什么主流的建议——我们将在书中反驳的建议——得以一遍遍重复的原因。那种“设置并遗忘”的思路是简单的，而简单就令人感到安慰。人们都希望如此。不幸的是，传统的投资模式从根本上来说是有缺陷的——如果你决定继续阅读下去，这个缺陷很快就会变得显而易见。

当然，当你发现你的很大一部分资产以这种方式投到市场上时，你会

① 我为自己和客户提供的解决方案。

感到压力更大。你会意识到，你辛辛苦苦赚来的钱有风险；你会想采取点什么措施；你会想找到更好的办法。

遗憾的是，本书结尾讨论的潜在解决方案并不简单。是的，它们是我找到的解决这些问题的最好方案，但即使是其中最简单的方案，也远不如传统的买入并持有策略那么“简单”。现在，会有一些读者对这种类型的事情感兴趣，他们有个性、有经验，愿意花更多的时间来找到可行的替代策略。但是对大多数人来说，“自己动手”是可望不可即的，需要一位合格的专业人士的帮助。这不是大多数人愿意听到的，会让很多人感到沮丧。

毫无疑问，读完这些“误区”之后，你会渴望得到更好的东西。如果你期望用简单的解决方案来替代现有的有缺陷的主流解决方案，你会感到失望。

所以，为了避免压力和挫折，你可能还不如一直被蒙在鼓里……我不会责怪你的。如果我们就此分道扬镳，我能理解，并祝你一切顺利。我希望不管发生什么，你都能化险为夷。祝你好运！

对于其他人，我已经提前警告过你们了；现在我们就开始吧！

爷爷怎么样？
很不错！我花了一整天帮他打理院子，他给了我100美元。
真好！这笔钱你打算怎么用？
哦，不知道。也许你可以暂时帮我存起来。
也许你该开始投资了。这会比你存在账户里赚得多。
是吗？那太棒了！我需要怎么做？我该往哪里投资呢？
我们可以为你设立一个投资账户，然后像我们一样把钱投到股市里去。
但我对股市实在是了解不多……
哦，你不用了解。
我和你妈妈的退休金全都投进去了。

等一下……
你们把钱全都投到股市里去了？
是啊，差不多全部吧。
你也得这么做。每个负责任的成年人都是这么做的。
真的吗？这是“负责任的成年人”唯一的选择吗？
怎么说呢……
我认为股市是我们资金增值的最可靠的途径。
我不知道你还能从哪里轻松获得如此高的收益。
比如12%，你知道吗？
哦，你每年都获得12%的收益？
不错，那还差不多。
噢……不！从长远来看，你的平均收益是12%。
我的意思是，我听很多投资专家说过同样的话：“股票市场的收益率是平均每年12%”！

DISCOVER AND OVERCOME THE 16 MAINSTREAM MYTHS
KEEPING YOU FROM TRUE FINANCIAL FREEDOM

Stop Investing Like
They Tell You

误区 *1*

股票市场年均收益率12%

你讨厌极端天气——寒冷和酷热吗？我很讨厌。如果寻找一个新的居住地或宜人的度假点，我想避开这些极端情况。乍一看，我可能会被一个年平均气温65华氏度的城市吸引。听起来真不错。

然而，在现实中，这种单一汇总的数据是没有帮助的。如果这座城市经常出现零下20度的严寒天气，还有些时候甚至达到120华氏度的炎热天气，我觉得它并不是一个很有吸引力的目的地。

一个城市可能会有这些极端情况，但平均气温看起来仍比较舒适。一个简单的数字所传递的信息，似乎永远不足以让人作出明智的决定。

再看看这个例子：你得知科学家发明了一种延长预期寿命的药丸。在过去几十年里，全世界数十万人都在服用它。平均来说，这种药丸使寿命延长了4年！

你会服用它吗？

如果你了解到这种药物的最坏影响可能是减寿14年，而增加的寿命最多只有8年，你会改变主意吗？

细节决定成败。

简单的统计数据几乎不能反映全貌。

"谎言有三种：谎言、该死的谎言和统计数字。"

——马克·吐温（Mark Twain）

仅仅根据统计数据——无论多么准确——作出影响生命的决定，都是一种危险的做法。你通常需要更多的信息，再加上逻辑和批判性思维，才能充分理解其中的含义，并最终得出有依据的结论。

投资收益统计

那么，你本人的投资呢？你期待你的市场投资在这些年的表现如何？好吧，如果你必须现场说出一个数字，它会是什么？你有什么预期？你脑子里的经验法则是多少？

有些读者可能根本没有概念。如果你属于这类读者，不要感到难过。事实上，大多数人——甚至是聪明绝顶的人——他们把资金投在股票市场（通常只是通过公司的退休计划自动进行），都不知道应该得到什么样的收益率[①]。他们只是因为另一个投资误区而进入市场：这只是一种成年人的行为方式[②]。

所以，当我提出这些问题时，如果你脑子里跳出了一个数字，那会是什么呢？

别担心。我不会对你评头论足。哪怕你给出的数字不着边际，也没关系。让你更准确地理解未来的财务状况，正是我们在书中纠正这些错误想法的目的。而且，这个数字很可能是你听一些顾问或其他财务“专家”所鼓吹的——所以，即使你说得不靠谱……也不是你的错。

---

① 如果这可以对号入座，你可能特别想在https：//SpicerCapital.com/Go上找到配套资源。别担心：在这本书的最后，你将知你所需，使你和你的家人实现真正的财务自由。不要再祈祷股市牛气十足来让自己早点退休啦！另外，你采取积极措施来改善未来的财务状况——对你安逸的现状提出挑战。我很高兴你看到此书；我很乐意帮忙！

② 事实上，有更好的替代方案——即使大多数顾问和权威没有谈及。我们将在后续的误区中进行探讨。

那么，这个数字是多少呢？ 10%？我经常听到它。

也许是12%？毕竟，一些著名的金融人士用相当令人信服的数据对此起劲地说教。实现12%的年化收益率会很棒，对吧？

或者你的顾问提出了“保守”的8%？她是个好人！

是哪个数字？如果你准备退休或已经退休，在这些百分比中，你应该合理地采信哪一个，作为你投资组合的预期年均收益率呢？当你想要或需要数字的时候，它到底意味着什么？

现在，当我们戳穿对事实的误解（有时甚至是歪曲）时，请记住这个百分比。你看，所有这些数字——12%、10%、8%——都可以用历史股市收益率来“证明”，却无一正确。显然，这只是增添了混乱。

现实情况

即使我们能够得出合理的百分比，现实情况也要复杂得多。用这样一个简单的经验法则来预测你未来的财务状况，可能会让你无所适从，过去把它用在无数循规蹈矩的储户身上也是这样。

对于大多数投资者来说，真实收益可能比这些数字低得多。事实上，在你退休前的15年，现实的年均收益率可能是令人震惊的负数①。

我们深入研究这一点，你就可以更清楚地知道应该期待什么。

误区的来源

十多年前，我刚开始担任财务顾问时，会向客户保证，从历史上

① 在我们探究前几个误区的过程中，你将精确地了解到误区的由来和运作方式。

看[①]，他们在整个投资生涯里，渴望获得的股票市场平均年增长率约为8%~10%[②]。

为了证明这一点，我只须引用股市的历史收益率。我们就这么做，好吗？

市场

首先，我们可能要给“市场”下定义，因为实际上在投资界有很多市场。在大多数情况下，以金融为主题的对话中提到的“市场”，特指股票[③]市场。

标准普尔500指数

标准普尔500指数是大多数投资者衡量的基准。该指数[④]记录美国最大的500家公司，约占美国股市总量的80%[⑤]——是美国（乃至世界）总体经济最具代表性的指数之一。

标准普尔最初由90家美国最大的公司组成，1926年开始跟踪该指数。1957年，该指数扩大到我们今天所认识的500家公司的综合指数。表1-1是每年的收益明细。

---

① 这是一个狡猾的限定词：“从历史上讲。”尽管随之而来的信息含有精确的描述，但它承载的可信度和权重是没有依据的（稍后将详细介绍）。现在当我听某人说这个词时，我认为是“对未来没有保证，这个人只是在给自己推卸责任……”如果事情没有随建议取得进展，简单地怪罪于数字——怪罪于历史——这不是他们的错！当你听到这种告诫时，不要让它左右你的决定。

② 我接着建议，从现在到退休，他们整个投资组合的保守预期可能在5%~6%（该投资组合的股票市场份额平均为8%）。

③ 股票代表一家公司的小部分实际所有权。要了解综合视频和文本注解，请查看https：//SpicerCapital.com/Go。

④ 指数追踪的是一组投资，而不是一只股票。当今流行的指数有几个。要想更深入地探索最常见的配套资源，请登录https：//SpicerCapital.com/Go。

⑤ https：//us.spindices.com/indices/equity/sp-500。

表1–1　标准普尔500历史年度收益

1926	11.62%	1946	−8.07%	1966	−10.06%	1986	18.67%	2006	15.79%
1927	37.49%	1947	5.71%	1967	23.98%	1987	5.25%	2007	5.49%
1928	43.61%	1948	5.50%	1968	11.06%	1988	16.61%	2008	−37.00%
1929	−8.42%	1949	18.79%	1969	−8.50%	1989	31.69%	2009	26.46%
1930	−24.90%	1950	31.71%	1970	4.01%	1990	−3.10%	2010	15.06%
1931	−43.34%	1951	24.02%	1971	14.31%	1991	30.47%	2011	2.11%
1932	−8.19%	1952	18.37%	1972	18.98%	1992	7.62%	2012	16.00%
1933	53.99%	1953	−0.99%	1973	−14.66%	1993	10.08%	2013	32.39%
1934	−1.44%	1954	52.62%	1974	−26.47%	1994	1.32%	2014	13.69%
1935	47.67%	1955	31.56%	1975	37.20%	1995	37.58%	2015	1.38%
1936	33.92%	1956	6.56%	1976	23.84%	1996	22.96%	2016	11.96%
1937	−35.03%	1957	−10.78%	1977	−7.18%	1997	33.36%	2017	21.83%
1938	31.12%	1958	43.36%	1978	6.56%	1998	28.58%	2018	−4.38%
1939	−0.41%	1959	11.96%	1979	18.44%	1999	21.04%	2019	31.49%
1940	−9.78%	1960	0.47%	1980	32.42%	2000	−9.10%	2020	18.40%
1941	−11.59%	1961	26.89%	1981	−4.91%	2001	−11.89%		
1942	20.34%	1962	−8.73%	1982	21.55%	2002	−22.10%		
1943	25.90%	1963	22.80%	1983	22.56%	2003	28.68%		
1944	19.75%	1964	16.48%	1984	6.27%	2004	10.88%		
1945	36.44%	1965	12.45%	1985	31.73%	2005	4.91%		

要计算一个简单的平均值，我们只须将所有这些收益加在一起，然后除以年数（95）。这一计算表明，从1926年至2020年，标准普尔500指数的年均收益率为12.1%。

繁荣！

好，结案！你在市场上应该预期的年利率是12%。再看看我以前作为老派理财规划师为你提供的6%、8%甚至10%的保守预测标准吧。

没错，市场年收益率的简单平均值12.1%由此得出！

一位试图阐明自己观点的理财顾问可能接着这样说："当然，每个人都知道股市有时会下跌。对吗？但直到2008年，股市从未在任何10年间出现过年度收益负增长的情况，即使有，也只是年均1%的亏损[①]。”他们还会继续说，“与前10年的平均值相比，你将实现可观的8%年化收益率。这真是太好了，对吧[②]？”

我的职业生涯始于美国最大的金融规划公司之一。如图1–1所示，我接受的培训告诉人们，在以15年为一个时间段的股票市场中从未有过亏损！（至少在过去的95年间）[③]

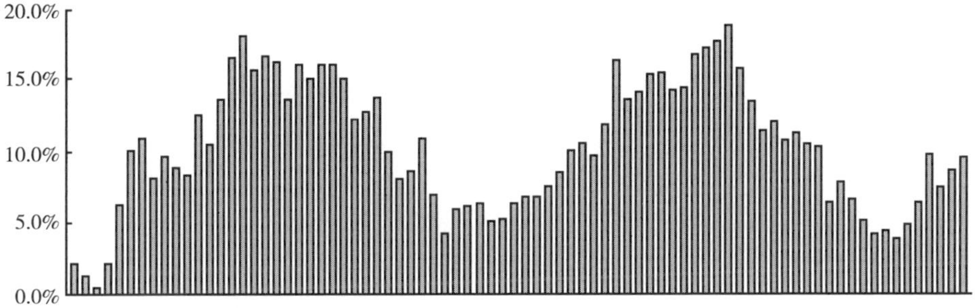

图1–1　标准普尔500–15年期平均年化收益率

注：1926—1941年的15年期平均年化收益率。

在2008年全球金融危机之前，人们本可以创造出令人信服的营销材料，提出（不包括10年期的）类似主张。请注意，操纵统计数据易如反掌：当10年期数据不再有助于支撑论点时，只要稍作调整，就可以继续兜售相同的误区。

所有这些数字都是真实的。如果我的目的是说服你在市场上投资——不管

---

① 实际上是–1.4%，但–1%听起来要好得多，而且仍然准确，也没有违背四舍五入法则……

② 尽管在数学上是正确的，但这一事实对那些预计在2008年左右退休的人们并不会带来多少安慰。

③ 这不包括任何费用（更多信息请参见本书误区2）。当你计算平均咨询费时，就必须将期限延长到20年，才能确保这一说法成立。

采取什么样的买入和持有策略（我们将很快揭穿这点[1]）——然后放任不管，这些数据就是一个有力的佐证。它特别适用于那些对言外之意不感兴趣，也没有时间仔细阅读的普通投资者。他们只希望有一个可信任的人帮助他们知道今天应该采取什么重要行动，以便最有效、最迅速而安全地实现他们的目标。

这个误区的行业应用

这些都是大学和行业认证课程中讲授的东西，都是金融专业人士分享的东西，都是专家和其他金融人士老生常谈的东西。

这些数据会让你保守地预计，随着时间的推移，你在市场投资的美元会有10%的收益。是这样吗？它几乎使你相信8%的假设可以让你把市场玩得“超级安全”。不是吗？但最重要的是，它会让你觉得“我还能在哪里轻松获得如此高的持续收益呢”？

数据就是这样被巧妙利用的。

看到如此高的平均年收益数据，不投资股票简直太愚蠢了。你似乎不得不这么做——我的意思是，你离你追求的赚钱目标太远了，还能在哪里期待如此快速的增长呢？

当你看到这些从长期来看永不赔钱的市场图表时，嗯……感觉似乎像一种保证——安全的长期赌注，甚至是包赚不赔的。

这些信息用来让你相信，无论价格走势如何扑朔迷离，你如果不继续

---

① 本书误区9和误区10将揭示股票和债券、买入和持有策略的缺陷。

把钱投在市场里就是愚蠢的。

利益冲突

为什么有人会关心你是否在市场投资？

在我们研究这些投资数字的真相之前，不妨花一点时间来考虑一下谁会从你身上获益——在市场上投资的全体民众，以及个中原因。

当你把钱从市场或一只股票中撤出时，你的撤资对该股票的每股价格和整个市场的估值产生的下行压力是很小的。将资金撤出股票市场、转向其他投资的人越多，股市下行的压力就越大。

反之亦然：如果你把越来越多的钱投入股票和整个股市（想想吧：你的退休账户自动扣款①），就会推高股价。

想想那些从各自股价中获利的实力雄厚的公司吧。想想民众没有经过深思熟虑的评估，盲目地购买他们的股票来推高股价，给这些公司带来的利益吧。这些公司的许多高管都鼓励薪酬直接与股价挂钩。

想想那些拥有数亿乃至数百亿美元资产的有影响力的大人物吧，他们自己的钱与股票市场或某个公司绑在一起。亚马逊②（Amazon）的杰夫·贝索斯（Jeff Bezos），或特斯拉③（Tesla）的埃隆·马斯克（Elon Musk）——这两位世界首富的90%的净资产，都来源于他们公司的股票。

如果投资者普遍认为，股市其实并不是他们盲目储存财富的地方……那么一些极度富有、极度有影响力的人和公司就会损失大笔资金。

---

① 正如许多顾问和权威所蛊惑的那样。例如，美元成本平均法的投资策略怂恿人们忽略市场价格评估，只须一味地接受扣款。

② 撰写本书时，贝索思1 800亿美元中的净资产超过1 700亿美元。

③ 撰写本书时，马斯克1 600亿美元中的净资产超过1 500亿美元。

除此之外，想想庞大的金融产业综合体……

想想每年从投资公司及其顾问的管理费中获得的数十亿美元[①]。

想想基金公司赚取的几十亿美元——数百万人在其中投资了数万亿美元（例如，先锋和黑石每年都从他们的基金中获利数千亿美元）。这还不是全部……

考虑一下最近股市表现的政治权益——市场成为晴雨表，显示了人们如何判断经济的运行或某个总统的作为。

数不清的有影响力的个人和机构，从你（至少是你们整体）向股市投资并持仓中获益。

如果你明白这一点，就不难相信，这些人和公司可能会通过篡改数据来影响你对投资的看法……尽管这一现实令人难以接受。

现实情况

事实上，这并不像计算一个简单的平均值那么简单。这是抛出宽松诱饵和掩盖细节的大问题。你（作为潜在投资者）如何应对？你该对他们持怀疑态度吗？还是亲自去深入研究，了解市场波动及其对你退休生活的潜在灾难性影响之间的微妙关系？

也许你能够做到这一切……至少，也许你应该这样做。

但无论如何，可以肯定地说，大多数人都做不到。大多数人都不知道应该这样做。即使知道，也不清楚从哪里入手。对于我刚才描述的这台“机器”，大多数散户连如何打破它复杂的保护性“外壳”都不知道。

你已经认识约翰了。当年，他和玛丽刚结婚时，决心做“成年人”的

① 本书误区2中对此有更具体的数字。

财务决策。想得不错！

当时，约翰的起薪略高于平均的50 000美元。他预计每年的加薪幅度为3%。他们想在65岁退休（当时他们都22岁），并在此后每年拿到因通货膨胀而调整过的50 000美元（假设历史通货膨胀率为2.5%①）。

约翰读了几本关于退休规划的畅销书，听过一些知名财经人物的播客。他所追捧的几位“专家”已经“证明”股票市场的历史收益率超过12%。约翰用光标把这些信息拖到电子表格中，做了一些精美的图表（见图1-2、图1-3）。他对自己的发现感到高兴：基于这些有历史依据的假设，他和玛丽要想在预期年龄退休，拿到预期的退休金，每年只需存入约翰税前收入的2%左右②。这件事成年人很容易做到。

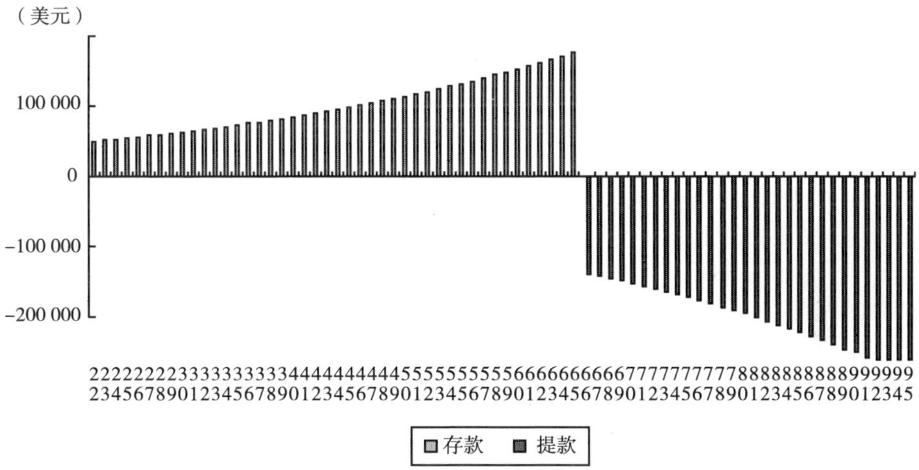

图1-2　约翰和玛丽的退休储蓄计划

---

① 有些时候的通货膨胀率非常高，这可能会极大地影响你的储蓄能力和/或退休生活。稍后将详细讨论通货膨胀问题。

② 也许你觉得你的预测会比约翰的更保守——也许你的投资组合的年化收益率为8%甚至6%。我当然希望这样。但即便如此，随着我们对前4个误区的了解，你会看到，即使依赖这样的保守预测，如果你不理解市场运作的现实方式，仍然会感到崩溃。无论如何，我在这里的观点是，对于一些追随者来说，这12%的现实主张可能具有巨大的潜在破坏性。

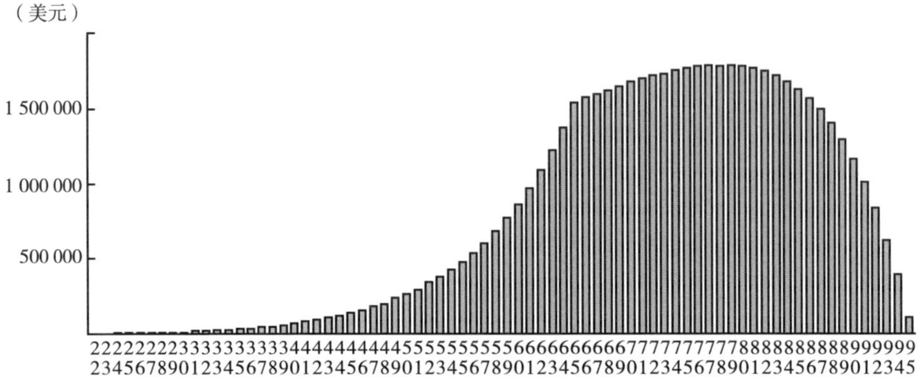

图1–3　约翰和玛丽的总体退休储蓄规划

注：约翰和玛丽22—95岁的投资账户余额。

关键考虑因素

让我们一起批判性地考虑一下约翰的结论。我们可以从市场平均年收益率的基本争议开始。

大多数顾问和专家都会将12%这个数字作为事后的补充说辞，以使他们的客户（或潜在客户）感到，他们对客户辛苦赚来的血汗钱的预测并不是激进的——这是一名顾问的固有特点。

然而，有一位金融界人士，他比我见过的任何其他人都更强烈地为自己的12%+的主张辩护。在他的一篇题为“12%的现实”[①]的博客文章里，戴夫·拉姆齐（Dave Ramsey）[②]引用了类似标准普尔500指数的历史数据来作为说服读者的证据，并得出如下结论：“你可以看到，12%不是一个神

① https：//www.daveramsey.com/blog/the–12–reality。

② 请注意：我相信拉姆齐为帮助人们摆脱债务所做的一切——努力促成一场有趣的对话——确实很棒。这绝对是对金融业的积极贡献。一旦按他的投资建议摆脱了债务，我认为这并非步入坦途，反而特别危险。学过他在金融和平大学（Financial Peace University）开设的课程的人都知道，他不仅坚称你的共同基金每年可赚12%，而且经常这么发声，好像未来可期。随着我们在本书中所讨论的一切，你会发现这不仅明显是错误的观点，而且比我自始至终引用的传统说教更加危险。

奇的数字。根据股票市场的历史记录，这是对你长期投资的合理预期。”

这是拉姆齐为数百万认真倾听他投资建议的人设定的期望值：“12%是对你的长期投资的**合理预期！**”

我应该补充一点，他绝不是唯一这样做的人……只是他碰巧喊得最响。

平均值与真实值

如果你发现平均年化收益率与你实际达到的不符，你会更倾向哪一个，是平均收益率，还是实际收益率？

是实际收益率，对吧？事实上，这不应该是你唯一关心的吗？如果平均收益率对你退休时的账户毫无意义，何必去管它呢？

在投资领域却不一样，特别是在股票市场，这种差异可能是巨大的。为了理解这种差异，只需要看看拉姆齐在自己博客中引文的来源[①]。

在你看到戴夫团队用以“证明”他的“12%真实收益率”的计算器之前，你会在页面顶部看到这样的警告：

讨论平均投资收益率有一个问题，就是人们对“平均”定义的理解模糊不清。例如，如果你的一项投资在一年内增长了100%，第二天下跌了50%，你肯定不会说你的平均收益率是25%=（100%–50%）/2，因为你的本金又被打回原形：你的实际年化收益为零。

在这个例子中，25%是简单平均值，或“算术平均数”。你实际得到的0是“几何平均数”，也叫“年化收益率”，或复合年度增长率（Compound Average Growth Rate，CAGR）。

波动性投资通常用简单的平均值来表示，而不是实际得到的复合年度

---

① http：//www.moneychimp.com/features/market_cagr.htm。

增长率。（坏消息：复合年度增长率较小。）

除非一项投资每年都有完全相同的收益，**否则你实际的收益总是小于简单平均值。**

波动

如表1–2所示，考虑以下两种投资组合的10年收益。你想要哪一种？

表1–2 投资组合波动性比较

组合1	组合2
10%	6%
30%	6%
7%	6%
–5%	6%
9%	6%
–15%	6%
13%	6%
8%	6%
–4%	6%
7%	6%

投资组合1：

- 10年中有7年表现优于投资组合2；
- 只有3年负增长；
- 最好的一年增长30%；
- 最差的一年跌幅15%。

投资组合2：

- 每年只有6%的收益。

简单的价值计算表明，两种投资组合的平均年收益率为6%。然而，在10年期结束时，两种投资组合中所得的美元值各不相同。

如果你在投资组合1中投资10万美元，收益将略低于17万美元。而在组合2中的相同投资将产生近18万美元的收益。尽管两个投资组合实现了相同的平均年收益率，但最终其中一个的收益却少了1万美元——相当于你初始投资总额的10%。

投资组合1的实际实现收益率（几何平均数）为5.38%。投资组合2的收益率为6.00%。10万美元的初始投资款在10年内0.62%的细微差异，导致两个投资组合产生了略高于1万美元的差距。

实际收益变小。这种情况司空见惯[①]，因为负收益会损害你的长期投资底线。

负收益

当你考虑负收益的放大影响时，不难看出为什么投资组合1最终表现不佳。**亏损期造成的损失远远超过了可比的正收益。**

例如，我们比较一下50%的收益与50%的损失。乍一看，我们可能认为这两个收益会相互抵消。毕竟，简单（算术）平均值为0[②]。

尽管直观上可能不明显，但实际上，50%的损失比50%的等量获利影响更大。

假设你有1 000美元。如果你的账户涨了50%，你现在就有1 500美元。如果你的账户跌了50%，你的账户价值就会降至750美元。这比你期初账户里的钱少了25%，尽管获利和亏损的百分比值完全相同。

顺便说一句，先后次序无关紧要。如果你的1 000美元账户开始时亏

① 除非每年的收益完全相同。
② （50%–50%）/2=0。

损了50%，那么它会降至500美元。然后，随着50%的获利，它只会升至750美元的最终额度。

我们换一种稍稍不同的角度再看看……

还是拿你的1 000美元举例。和以前一样，在获得50%的收益后，你有了1 500美元。只要亏损33%，就抹去了你刚获得的500美元。仅仅33%的亏损就抵销了50%的获利。

而如果你开始亏损50%，那么1 000美元的投资将跌至500美元。现在需要100%的收益才能赚回你所损失的500美元。50%的亏损需要100%的收益来挽回。

情况变得更糟：影响力呈指数级。初始亏损越大，弥补损失所需要的收益就越大。例如，亏损10%时，只需11%的收益就可弥补；而90%的亏损（比如1 000美元跌到100美元）则需获利900%才能收回本金（见表1–3）！

表1–3　预计损失后收回本金所需的获利

所受损失	所需获利
10%	11%
20%	25%
30%	43%
40%	67%
50%	100%
60%	150%
70%	233%
80%	400%
90%	900%
95%	1 900%
99%	9 900%

标准普尔500指数

标普500指数的历史记录为我们提供了95年积累的数据点，其中有一些很引人注目的数据，拖累了历史几何平均值——比如1937年的-35%，2008年的-37%，和1931年的-43%。

从1926年到2020年，标准普尔500指数的几何平均值为10.3%。

乍一看，这1.8%的差距可能不是什么大问题，但从长远来看，它会产生很有意义的差异。假设年收益率为12.1%，那么在1926年投资标准普尔指数的100美元（如果你能做到的话），今天的价值是500万美元。如果按10.3%的实际收益率，同样的100美元投资今天仅价值100万美元——比你预计的价值低了80%！

这都是因为年度收益假设中的1.8%的微小差异。

当然，大多数人都不会经历95年时间跨度的投资规划。但是了解上述差异仍然很重要。你的投资组合的实际价值将会……

- 10年后比预计值低13%；
- 20年后比预计值低28%；
- 30年后比预计价值低40%。

随着我们持续深入研究有关市场收益的误区，表1-4将让我们的研究更有条理。

表1-4　实际值和平均值对10 000美元投资的影响　（单位：美元）

	平均值12.1%	实际值10.3%	
1926年	529 000 000	107 000 000	低于80%
30年后	310 000	187 000	低于40%
20年后	99 000	71 000	低于28%
10年后	31 000	27 000	低于13%

这意味着，即使一切都按计划进行（即市场依然继续保持过去的表现[①]），1万美元投资30年后只会增长到18.7万美元，而基于“12%的现实”假设，你可能有理由预计得到（并规划）31万美元的收益。

我们进一步探讨这一变化对约翰和玛丽梦寐以求的退休生活的影响吧。根据约翰的测算，在假设12%收益率的情况下，他和玛丽65岁时预计将获得150万美元，并将一直持续到95岁。然而，在经过“实际值与平均值”的调整后，他们退休时的实际值仅为预计值的61%，因此，他们将在73岁时——比预期提前20多年——就花光了养老的钱！这与任何人的退休梦想都相去甚远。

显然，做长期规划时，每个百分点的影响都意义深远。

要点：不要将你的任何规划建立在股市年收益率12%的预期之上。

误区： 股市平均年收益率为12%。

现实： 用于推算12%这一数字的公式与你的实际收益率无关。除非从现在起市场每年的收益都是一样，否则从数学上讲，**你的实际收益率一定会更小。**

我不想告诉你，即使像这样10.3%的数字，也仍然远远高于你的实际收益预期。

现在你已知道，每一个百分点都对你的长期规划有着深远的影响，你付的每一笔钱都不应该打水漂。

① 剧透提醒：本书误区10会使你产生疑问！

误 区 2

你有望从股票中获得10%的收益

咨询费

还记得有一天，我终于决定潜心研究自己向客户推荐的投资产品。没错，我一直在推荐一些（如果我对得起自己良心的话）连自己都没完全搞明白的解决方案。但与此同时，我确定我比95%（可能更高）的同事更理解其中的奥秘——我是我们地区的“百事通”之一，也是“投资达人”之一。

在最短的时间内获得国际金融理财师（CFP®）资格后，我迫不及待地进入投资领域①，终于可以接触公司的投资产品了。这就是我进入理财界的原因：投资令我着迷。

我掌握了总部销售代表②做业务的话术。看，我们的专业投资工具相当复杂。个体基金级别的经理们不断研究最佳的持仓位。我们总部有专家审查标的基金持股量的重叠情况。我们甚至炫耀来自晨星公司顶级分析师的一些超量监测。一切听起来十分复杂。

---

① 获得百万美元圆桌会议（Million Dollar Round Table，MDRT）是对当年投资业绩的认可，该奖项授予行业排名前1%的人。

② 如果你觉得这段话云里雾里，也不要担心……这才是要害：投资管理公司经常使用听起来复杂、晦涩、难懂的术语来证明他们的高收费是合理的。在某些时候，普罗大众只能屈从于这些人的“专业知识”——人们不再发问，当涉及投资业务时，人们感到力不从心和不知所措。

这些，至少为相当高昂的收费编造了足够令人信服的借口。

对于较小的账户，总费用有时超过2.5%。我已经成为一名辩解游说的老手。你可能会吃惊地发现，几乎没有人表示任何异议。

请不要误会，我并没有对人们撒谎或试图骗人。我只是做了据说对客户最有利的事情。我信了某些人的话，他们比我多几十年的经验（我当时20岁出头），我觉得他们在这个领域比我更睿智，相信他们会为我的客户提供最好的解决方案。

然而，这就是我烦恼的开始……

感到有些不对劲，我迟迟没有深入研究我们的解决方案，因为不敢面对自己的发现。但我不能推卸对客户的信托责任①，于是我开始探究。为了找到答案，我花费了很多时间。

我发现公司在市场上推出的首要解决方案一直表现不佳。方案已经运作十多年（始于2000年之前），我们每一款建模的实际年化收益率都比整个市场低1到2个百分点。我们已经在讨论这会产生多大的影响。

也许，有一支完整的专家团队在监控这些模型，但他们是需要报酬的。而如果这种“监控”——即使在运行十多年之后——也不能产生佳绩，那是为什么呢？

如果从长期来看，我们的投资解决方案表现得物超所值，那么主张高收费可能是合理的。但事实并非如此。它们一直表现不佳，导致我的客户赔钱，而且价格昂贵……让客户花费更多的钱。

发现这种情况后不久，我就离开那家公司，去寻求更广阔的天地。

---

① 所有CFP®（除其他外）均遵守信托标准。作为受托人，你必须把客户的利益置于自己的利益之上。正如我所说，我不应该继续把我的客户推向一个我认为低劣的投资解决方案，即使这是唯一能让我得到报酬的解决方案。或者，一些金融专业人士在按照合适的标准行事，这可能导致利益冲突，最终可能导致客户损失大量资金（详情参见本书误区12）。

高收费的行业

那家公司在投资行业中不是一个小角色。事实上，他们的投资服务部门是五大独立经纪自营商[①]之一，在他们庞大的销售团队推动下，这些复杂的投资策略攫取了超过10亿美元的佣金和手续费收入[②]。

然而，这不是一个孤立的例子。一大串名声显赫的公司通过收取巨额费用来管理美元投资，着实让人感到不安。爱德华·琼斯（Edward Jones）管理着1.1万亿美元的资产，他的代理人对客户的前25万美元持续收取1.35%的管理费[③]（加上其他小额"隐藏"费用和基础基金费用——接下来会更多）。

- 摩根大通收取1.45%的咨询费；
- 美林收取2.00%；
- 富国银行收取2.00%；
- 摩根士丹利收取2.50%；
- 瑞银收取2.50%。

这种疯狂的"高额费用"的魔头之一，是阿默普莱斯金融公司（Ameriprise Financial）。阿默普莱斯管理着5 000亿美元资产，对较小的账户收取3.00%的咨询费。这只是咨询费——加上其他小额的"隐藏费用"和基础基金费用，一些客户最终可能每年支付3.50%或更多的费用！

受托人呢？

到目前为止，我列出的所有公司都是经纪自营商。但注册投资顾问

---

① 当你与某些人合作帮你投资时，他们很可能与经纪自营商或注册投资顾问（RIA）有关系。经纪自营商指为自己或代表客户买卖证券（股票、债券等）的个人或公司。对你（作为潜在客户）来说，最大的区别之一是注册投资顾问必须在授信标准下开展工作，而经纪自营商则没有。

② https：//www.investmentnews.com/2019-top-independent-broker-dealers-ranked-byrevenue-78864。

③ 引用的费用均来自每家公司的ADV文件。

（RIA）[①]是怎么收费的呢？实际上，他们遵守的是授信标准。从法律上来说，他们的行为应该是为了实现你的利益最大化。因此，理论上你会认为他们的费用更令人满意。是不是？

结果发现，他们在收费方面也好不到哪里去。仔细阅读《巴伦周刊》（*Barrons*）2019年最佳注册投资顾问[②]的排行榜，你会发现更多的高额费用稀释着投资者的收益。

目前全球最大注册投资顾问是爱德曼金融引擎公司（Edelman Financial Engines），拥有超过120万客户，他们向最小的账户收取1.75%的年费。

托尼·罗宾斯（Tony Robbins）的促进[③]创意规划公司（The Tony Robbins-Promoted Creative Planning）以1.2%[④]的年费排名第二，其次是私人顾问集团（Private Advisor Group）对500 000美元[⑤]以下的账户收取2.00%的年费。接下来，你会发现马里纳财富咨询公司（Malina Wealth Advisors）向“较小”的账户收取2.50%的年费[⑥]。

你知道了：很多人年复一年地支付大量费用。那么，最大的问题是：值得支付这么多吗？

为了精确地回答这个问题，你需要了解“成本”到底是什么。因为这不仅仅是1.5%、2.5%或任何百分比的问题——当涉及你的财务梦想时，这些都显得毫无意义。在寻求“专业人士”的帮助时，百分比与你的财富目标是严重脱节的。我们需要用美元来评估这个成本。

---

① 了解更多有关这一区别和意义的信息，请参见本书误区12。

② https：//www.barrons.com/report/top-financial-advisors/ria/2019。

③ 托尼·罗宾斯（Tony Robbins）名列《纽约时报》（*New York Times*）畅销书排行榜的《不可撼动：金融自由指南》（*Unshakeable*：*Your Guide to Financial Freedom*）是与创意规划总裁彼得·马洛克（Peter Mallok）合著的。总体上，这本书对创意规划给予了十分有效的支持，并对我们在这里揭露的种种误区进行大肆鼓吹。

④ https：//smartasset.com/financial-advisor/creative-planning-review。

⑤ https：//smartasset.com/financial-advisor/Private-advisor-group-review。

⑥ https：//smartasset.com/financial-advisor/mariner-wealth-advisors-review。

在本书后面的内容里，我们将评估这些公司采用的各种战略的有效性和价值[1]，但本章主要是评估和启发你去领悟“真实的成本”。

影响

从2017年到2019年，100万美元投资账户的平均年咨询费为1.02%[2]（大账户平均值较小，小账户较大）。对这个“真实成本”进行测算时，我们四舍五入到1.00%，以便了解这些费用对你合理预期的市场平均年增长率的影响。

当你把钱投入市场，扣除这个平均顾问费之后，实际实现的收益率已从10.3%下降到9.2%（记住：通常对“较小”的账户——如低于100万美元的账户收费会高得多——这将导致实际收益率进一步下降）。

还记得1926年投资的100美元吗？在最初12.1%增长率的假设下，它预计会增长到500万美元，但实际上，最后只值100万美元。

好吧，如果再扣除1%的咨询费，大概就值41万美元。比起“12%实际收益率”，从500万美元降至41万美元，这比让您信以为真的“12%实际收益率”足足要低92%！

对你的实际意义是什么？表2–1是你实际投资组合的价值减少的情况。

表2–1　　咨询费对10 000美元投资的附加影响　　（单位：美元）

	平均12.1%	实际10.3%	交纳咨询费后9.2%	
从1926年以来	529 000 000	107 000 000	41 000 000	低于92%
30年	310 000	187 000	139 000	低于55%
20年	99 000	71 000	58 000	低于41%
10年	31 000	27 000	24 000	低于23%

---

① 参见本书误区8、误区11、误区14、误区15、误区16。

② https：//www.advisoryhq.com/articles/financial-advisor-fees-wealth-managers-planners-andfee-only-advisors/#Percentage-AUM。

所以，即使一切都按照计划进行，你投资的10 000美元在30年后实际只增至139 000美元，而你的规划（和计划）是达到310 000美元。

埃德尔曼现实

在1996年《纽约时报》畅销书排行榜上《关于金钱的真相》一书中，里克·埃德尔曼（Ric Edelman）使用了多种令人信服的假设来鼓励读者投资股市：

> 尽管在过去10年中股票基金的平均收益率为14.5%，但我们不妨假设你的表现低于平均水平，年收益仅为12%。按照这个速度，（25年后）你的5 000美元也将增长到99 000美元①！

我们让约翰和玛丽先休息一会儿，看看我这位（虚构的）42岁朋友布罗迪（Brody）。1996年，他看到这条建议，对埃德尔曼先生的股票市场投资案例心悦诚服，对他“保守”的12%预期兴奋不已。他匆匆地把8万美元的养老储蓄金交给了埃德尔曼的公司，期望这笔钱到2019年底时增至100万美元，届时布罗迪年满65岁，准备退休。理论上，计算结果是这样的：80 000美元，按每年12%的投资收益率，2023年（1997年至2019年）将增长至1 084 000美元。

然而，对我这位可怜的朋友来说，现实情况远非那个“保守”的100万美元预测。从1997年初到2019年底，市场实现了10.3%的简单平均值。这与爱德曼在布罗迪和数百万人脑海中播下的14.5%的“种子”相去甚远。

他的实际收益率只有8.6%——不到他最初预期的一半！没错，这8.6%的实际收益率会让他最后到手53.8万美元，而不是“保守”预测的12.0%——100多万美元。

---

① 事实上，每年以12%的速度增长的5 000美元投资，过了25年将价值8.5万美元。这需要以每年12.7%的速度持续增长，才能达到9.9万美元……但我在这里不是和爱德曼先生讨论数学问题。

加上埃德尔曼对此种账户收取的1.75%咨询费[①]，有效年化收益率降至6.7%，导致账户余额仅为359 000美元——比布罗迪预期的低67%。

罪大恶极

在这里，埃德尔曼的金融引擎公司甚至算不上罪大恶极（至少从费用的角度来看不是，但从“声称12%”的角度来看，里克·埃德尔曼肯定是榜上有名）。“最离谱的费用”这一称号应该归于上面提到的阿默普莱斯金融公司，该公司拥有约5 000亿美元的资产[②]，收取3%的咨询费[③]。

这笔3%的咨询费将使你“自1926年以来”的钱数降至仅60 000美元——仅为你最初预期的1%！

30年后，期初的那笔10 000美元，如今只达到80 000美元，而不是你期待的310 000美元（见表2-2）。

表2-2　3%的咨询费对10 000美元投资的影响　（单位：美元）

	平均12.1%	实际10.3%	交纳咨询费后7.0%	
30年	310 000	187 000	80 000	低于74%
20年	99 000	71 000	40 000	低于60%
10年	31 000	27 000	20 000	低于35%

他们必须拿得出一些真正有价值的东西，这笔钱才不算白花。我认为花哨的电脑打印材料和笑眯眯的客户服务不值这个价。我更多想到的是清洁服务、儿童护理、随叫随到的私车等诸如此类。你知道，是这些工作！

值吗？

到目前为止，在本书的分析中，我们暂时还没有足够的数据来确定这

① 这是埃德尔曼当前的收费比率；以前更高。

② https：//www.investopedia.com/investing/broker-dealer-firms/。

③ 根据该公司ADV表格。

些费用是不是真的值得。很难想象其中有些费用物有所值，但在我们探究真相的过程中，必须考虑等式的两端——包括你花了这么多钱实际能得到什么。在本节中，我们只关注所有的费用和调整对你长期计划的最基本影响。稍后（误区 12），我们将探索这个问题的另一面——公司实际上提供了什么，有些公司的高收费是否物有所值，以及他们是否意识到人们很容易忽视这些“看起来相对较小”的百分比。

无论如何，对每一笔影响我们实际收益的费用的研究表明，我们需要更好地调整我们的预期。

一旦你接受了所有这些费用……我们还需要进一步调低预期。

基金手续费

想想这些经纪人和注册投资顾问最终会把钱投到哪里。大多数人会投到共同基金和交易所交易基金，这两种基金都会带来另一层费用（前者的费用比后者高得多）[①]。

① 即使你的公司将你的部分资金投到个人股票上（故不会产生基金的费用），他们也总有办法触碰你的底线。例如，爱德华·琼斯（Edward Jones）会对你以这种方式投资的钱，收取 2.5% 的佣金（https：//www.edwardjones.com/images/stock.pdf）；西北互助银行只有一个佣金交易平台（相对价格较高），你的销售代表在让你买入或卖出某种股票的时候，会自动从你的账户中扣除佣金；这样的例子不胜枚举——所有这些对小账户的破坏性更大。

共同基金

共同基金是一种投资项目，投资者实质上是将资金聚集起来，以便基金经理分散他们的持股。

先锋领航（Vanguard）、贝莱德（BlackRock）、富达（Fidelity）和美国基金（American Funds）是迄今为止世界上最大的共同基金家族①，各自拥有超过1.5万亿美元的资产。当贝莱德与先锋领航（Vanguard）在“低收费”方面展开竞争时，富达和美国基金继续对他们管理的超过3万亿美元的集合资产收取相当高的费用。

前面提到的许多主流金融机构，都依靠这些老牌巨头作出最终的基本投资决策。富达和美国基金收取的费用更高，使他们得以向中间商如经纪自营商和其个人代理（销售代表）提供更大的折扣。而以先锋领航为例，它收费较低，就没有那么多可分享的东西了。

持续性收费

大多数共同基金公司的基金费用年化率都不到2%②。例如，全美基金最大的一支是美国成长基金（Growth fund of America®③），资产为1 150亿美元。其年净支出率④为1.4%⑤。

显然，再减少1.4%，我们的投资金额将受到重大影响。有一些顾问

① https://www.morningstar.com/lp/fund-family-150—These four have a pretty commandinglead。这四家公司遥遥领先。其次最接近的基金家族管理的资产比他们少约1万亿美元。

② 关于如何系统化安排费用，顾问们销售的共同基金通常有不同的选项。这些不同的选项称为股份类别。欲知详情，请查看Spicer Capital.com/Go上的免费配套资源。最重要的是，您应该知道A股要收预付费，然后收取较低的后续费用，而C股不收预付费，但收取的后续费用较高。

③ 美国增长基金的股票代码（用于识别特定公开交易股票或基金的缩写）为GFACX（C股）和AGTHX（A股）。

④ 如果您亲自开展调查，要格外留意年度总支出净额比率，而不仅仅是管理费。总支出费用永远要比管理费一项要高（尽管对一些基金来说这种差异微不足道）。

⑤ 其C股类别详见：https://americanfundsretirement.retire.americanfunds.com/about/funds/details.htm? ticker=GFACX。

（甚至是我认识的一些人）会简单地将你加入美国基金或富达基金的投资组合中，并向你收取他们自定的高额咨询费（1.X%的咨询费+1.4%的基金费=会严重破坏你的投资底线）。

但公平地说，这是一个极端的例子。这些大公司的大多数顾问都是使用共同基金和交易所交易基金的组合方式。

交易所交易基金

交易所交易基金（ETF）是一种证券[①]，一般来源于经常跟踪标的指数的一组股票（例如，标准普尔500指数、道琼斯工业平均指数）。由于这些基金的基础持股是基于各自指数所关注的东西，而不是来自昂贵专业团队的严谨研究，因此在某些情况下，费用比率要低得多[②]。

在共同基金和交易所交易基金的组合情况下，这些大型咨询公司（前面提到的注册投资顾问和经纪人交易商）产生的平均附加费用约为0.4%[③]。让我们把这个因素纳入我们的计算范围[④]。

遵循我们一直使用的格式，表2-3显示它将如何影响你的收益预期。我们“自1926年以来”的投资额只能增至280 000美元——比戴夫·拉姆齐、里克·埃德尔曼和其他一些人诱导所得的预期低95%。

表2-3　基金费用对10 000美元投资的额外影响　（单位：美元）

	平均12.1%	实际10.3%	咨询9.2%	交纳咨询费后8.7%	
30年	310 000	187 000	139 000	120 000	低于61%
20年	99 000	71 000	58 000	50 000	低于49%
10年	31 000	27 000	24 000	20 000	低于35%

① 在金融领域，证券是一种可以预期利润的“票据”价值交易——它是一种具有货币价值的可交易资产，证券包括股票、债券、共同基金、可变年金、期权等。

② https：//etfdb.com/compare/lowest-expense-ratio/。

③ https：//www.personalcapital.com/assets/public/src/Personal-Capital-Advisor-Fee-Report.pdf。

④ 尽管有几个例子表明，在这一领域中，大型公司为其管理的数百万客户的数千亿美元的集合资金发生了较高的基金费用，但保守起见，我们的例子将坚持0.4%的平均水平。我们还将把我们假设的咨询费降回1%（而不是阿默普莱斯金融公司的3%）。

记住：我们这里假设的咨询和基金费用，使用的是平均数。这意味着，有数以千万计的投资者，即使一切按计划进行（即市场的表现一如既往），他们也将面临更加严峻的现实。知道哪里最适合你，并相应地调整你的预期。

前期费用

大多数共同基金都会为你提供一种减少这些持续费用的办法。前提是你要同意支付他们高额的前期销售费用。例如，美国成长基金会向你收取5.75%的初始费用①，以便将你的持续年费降至0.64%②。

这意味着，你的钱在投入该基金的第一天，即刻就会缩水近6%！然而，他们会轻松地帮你举例算出，从长远来看，如果你最初多付一些，肯定利大于弊③。

以下根据市场的实际历史收益，表2-4显示10 000美元的投资在10年、20年和30年后的情况。我在这里没有列出咨询费，只列出1.4%的年费，与扣除5.75%预付销售费用后降低的0.64%的费用进行比较。

表2-4　销售费用对10 000美元投资的影响　（单位：美元）

	10年	20年	30年
持续支付	23 030	53 038	122 148
预付	23 357	57 885	143 451

从历史上的市场收益看，交纳10 000美元的前期销售费用只需不到9年的增长，就能抵扣较高的持续费用，从而使投资增值。你看，对于一个想要“做正确的事”、为将来储蓄资金的年轻人，要说服他为这笔预付款

① 这是前面脚注中提到的美国成长基金A股类（AGTHX）。https：//americanfundsretirement.retire.americanfunds.com/about/funds/details.htm? ticker=AGTHX。

② 这些数字因基金而异，可能会随时间而变化。根据规定，允许的最高预付费为8.5%，但大多数在3%~6%。

③ 与C股同行相比，其持续费用为1.4%。

掏腰包是多么容易。

确实，这取决于你和你的计划安排。当然，你决定致力于退休投资，这可能是10年（或20、30年）以后的事，你是否真的决定选择这一种基金呢[①]？

总结

回想一下戴夫·拉姆齐对你在市场上能够实现12%的保证。在同一篇《12%的实际收益》的文章中，他鼓励你投资共同基金——理想情况下，预付的费率低于1%，他这样说[②]——还利用他的一位“专家”现身说法（详见误区8）。

当你将所有这些——实际（而非平均）收益、咨询费、基金费用比率——都考虑在内时，在这些股市贩子惯于引用的历史假设下，就连9%的年化收益也很难实现[③]。

到目前为止，文中提到的两位人物，都是美国想为自己的退休生活赚钱的普罗大众的主要影响者：戴夫·拉姆齐每周有1 400多万名听众，售出1 100多万本书[④]；里克·埃德尔曼公司的客户超过120多万[⑤]。

让我们来看看，与这些人提出的预期相比，那些美国人在过去10年、20年或30年里为退休生活的日常储蓄实际得到了什么。

对于戴夫，我们假设咨询费为保守的1%，完全可接受的基金年费为

① 在本书的结尾，我希望你能找到更好的方法来进行长期投资，因此这个问题的答案将是一声响亮的“不”。

② 如何选择合适的共同基金。

③ 本书误区4探讨了为什么这种做法虽然看似简单且合乎逻辑，但实际上具有潜在的破坏性。

④ https：//www.daveramsey.com/pr/fact-sheet。

⑤ https：//www.edelmanfinancialengines.com/about-us/edelman-financial-engines。

0.64%，销售费用为5.75%[①]。

对于里克，我们假设咨询费为1.75%，公司的低端平均基础基金费用为0.3%[②]。

假设实际的历史平均市场收益率和5 000美元年度缴纳费用，表2-5显示了你的实际所得与他们设定的预期之间的差距。

表2-5　专家的假设与12%的预期　（单位：美元）

	10年	20年	30年
12%的预期	103 273	408 494	1 356 463
拉姆齐假设	80 057	248 562	625 415
埃德尔曼假设	82 966	250 368	609 806

注：就30年后的投资实际价值而言，你在两家公司的所得都不到设定预期值的一半。

与戴夫“真正的12%”（尽管他言之凿凿地说了很多宽心的话[③]）和埃德尔曼“保守的”12%（还有那个扎根于许多读者、听众和客户大脑中的14.5%预期）都相去甚远。

但是，对于那些发现自己误信这一建议的勤奋之人来说，这一严酷的现实可能需要几十年才能浮出水面，因此，说大话的人可以继续聒噪同样的信息，兜售同样容易操纵的数据，并以他们的话术捞取成千上万的钱财。

低收费替代方案?

在这一点，我好像仅在提倡一种更自动化的方法。毕竟，对于这些顾问中的大多数人，你为他们支付了所有这些费用，而他们给你介绍的却是那些司空见惯的股票和债券、老一套买入并持有的方法，你如果为了省钱

① 上述AGTHX的实际费用。

② https：//www.thinkadvisor.com/2018/12/06/edelman-financial-engines-cuts-fees/。

③ ……外加愤怒地咆哮。

在别的地方也能找到！当然，有些顾问可能有自己的小把戏[①]或声称可以增值。但如果你采用股票和债券的投资策略，为什么不选择一个便宜的替代者呢？你只须支付一小部分的持续性收费就能入市。

你可以自己选择经纪交易商，比如先锋领航和嘉信理财（Charles Schwab），他们的顾问费可以忽略不计（分别为0.30%和0.28%）。还有所谓的机器人顾问：Betterment机器人投资顾问公司和Wealthfront自动化投资服务公司（两者的收费比例均为0.25%）[②]。

我们稍后将更详细地探讨这些——你花钱聘用的顾问的专业知识的价值[③]，以及购买和持有、只买股票和债券的策略的有效性[④]。但考虑到所有费用，这些低成本的玩家值得在这里提到（尽管你仍然不能指望12%的收益）。此外，我相信很多读者已经在为他们惊呼了。我只是想向你保证：我没有无视他们。

依然很复杂

好的，所以我们只是使用这个调整后的历史收益率来管理我们的预期。是不是？我们从12.1%的简单平均值下降到10.3%的实际平均值。然后，在计算了平均费用——咨询和基金——之后，实际历史收益率降至8.7%。这就是——我们现在应该使用的数字，对吧？再简单不过了……所以，我们需要做的只是多存钱，或者降低预期。

① 大多数并没有。
② 撰写本书时。
③ 详见本书误区8、误区12、误区13、误区14、误区15和误区16。
④ 在本书误区5、误区6、误区7、误区9和误区10中予以曝光。

误区：你有望从股票中获得10%的收益。

现实：无论你在股市如何投资，都会以某种方式支付费用。因此，你不能期望你的收益等同于市场本身。

不幸的是，这仍然没那么容易。现实要糟糕得多。

DISCOVER AND OVERCOME THE 16 MAINSTREAM MYTHS
KEEPING YOU FROM TRUE FINANCIAL FREEDOM

Stop Investing Like They Tell You

误 区 *3*

你可望从你的股票投资中获得至少8%的收益

错误的地点，错误的时间

年轻的时候，我和我的姐妹们从祖父那里得到一些钱。我们的计划很简单：到我们想买第一套房子的时候再动用它。这意味在我们完成学业的这些年，这笔钱会在幕后[①]默默增长。

我们三个都对商业和金融市场很感兴趣（可能受那位成功企业家的祖父的影响和遗传吧）。我12岁生日时要求母亲订阅《华尔街日报》，17岁时开办并经营我的第一家店面业务，我对做生意一直十分着迷。

年龄与我最接近的姐姐结婚了，她在2001—2007年牛市的末期买下一套房子。

我研究过股票市场。我知道“买入并持有”的咒语。我很自律。当市场在2007年底和整个2008年开始反转时，我就像一块石头一样，岿然不动、无动于衷。周围的世界都快崩溃了，而这正是我证明自己有能力摆脱混乱的机会。

我成功了，出乎所有人的意料。我证明了自己有那个能力。即使面临大约50%的暴跌，我仍可以“吸取教训”并“坚持到底”。2009年3月，市场开始快速复苏。其间，我一直保持“理性”，丝毫没有惊慌失措。不用说，那一刻我很自豪。我觉得这是我第一次真正的考试，我通过了！

同年夏天，我和高中时的恋人结婚了。婚后第一年，我们住在我300平方英尺的小公寓里，我们享受着每月250美元超级便宜的租金。

2010年6月，我们该改善住房了。作为一名财务顾问，我开始挣到不错的工资，所以我们放心地动用那个投资账户里的钱，来支付我们的首付。就在那时（和那个姐姐交谈过后），我意识到我手头的钱比她当时少

① 事实上，由爱德华·琼斯代表负责管理。

很多。记住：自从十年前收到这笔钱以来，我们是以完全相同的方式，投资了完全相同的金额，请的顾问也是同一位。然而，当她2007年买房时，她投资账户里的钱比我2010年需要时的多65%。

我没有抱怨，也一点都不沮丧（这不是重点）。我过去和现在都非常感激祖父的天赋和辛勤工作。事实上，正是从那时候起，我开始寻找更好的投资方式——挑战传统的金融模式。这也使我开始渴望批判性地思考所有的财务建议（哪怕是学者和“专家”都建议并接受的普遍做法）。

但是，我的个人经历使我意识到：你需要用钱的时机，会严重地影响你的财务底线。

巴德尔-迈因霍夫现象

事实上，这个现实对我来说并没有什么大不了。它丝毫没有使我退缩。毕竟，这笔钱是赠予我的，我本不该有。所以，至少在我看来，不管账户余额是多少，我都是赢家。

然而，对于那些辛苦几十年并存了钱准备退休的人来说，这种差异可能是毁灭性的。在那次亲身经历之前，我从未注意到别人身上会发生这种事。但是在那之后的几年里，我到处都能看见。这就像巴德尔-迈因霍夫现象（所谓“频率错觉”），当你发现一些模糊的信息后，就会看到它无处不在了。

由于2008年市场大跌，我的一个又一个客户需要推迟他们的退休计划。有些人甚至不得不告别退休生活，或者到沃尔玛做兼职导购员。我在新闻里和报纸上看到类似的报道——很难理解数以千万计的人受到了同样的影响。

在接下来的几年中，这些事件的发生频率有所下降，但直到2013年才不再被人提及。原本计划在2014—2016年退休的人，相对来说没有受到那场金融危机的影响，至少他们有足够的时间来适应不同的现实，并做好准备。他们没有像几年前那些目标和环境完全相同的人那样，被同样的掷硬币的现实打脸，“倒霉认栽”。那个早期群体的破产，仅仅是因为他们年长了几岁——提早了几年……

错误的地方。错误的时间。

时间问题

你对市场业绩的规划和预期不应该只是一个固定的X%——12%、10%、8%甚至6%。事情没那么简单。你在想要或者需要用钱实现你的目标之前所拥有的时间，会对你应该预期的东西产生巨大影响。

30年期

这似乎是大多数顾问和专家的看法，于是，人们一般都会接受30年的平均值，并与之保持一致。从表面上看，它确实让这一切看起来更加诱人。自1926年以来，即使采用实际收益率、1%的管理费和0.4%的基金费，标准普尔500指数在30年期内平均每年也能达到9.6%（见图3–1）。

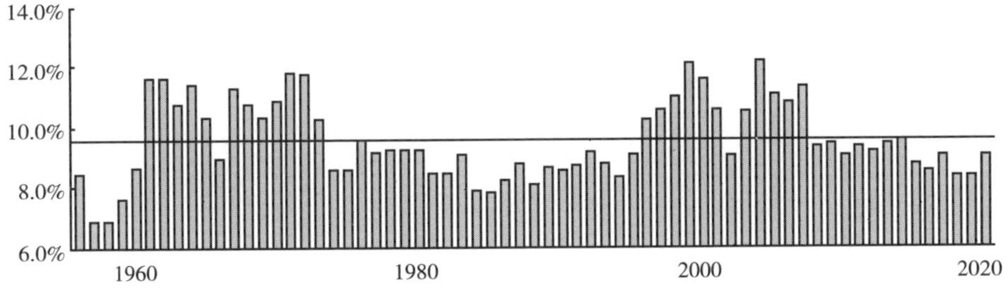

图3–1　标准普尔500指数的30年年化收益

太棒了！是吗？是的。

当然，我们这里说的是平均数，所以……掷硬币：你可能超过这个数字，也可能低于这个数字。但即便如此，从最好的30年期（每年12.2%）到最差的30年期（每年7.0%）的历史范围也不是很宽。

结论：如果你有一个30年的规划期[①]，而且完全无视我们对“市场肯定会继续上涨”误区的揭穿[②]，那么可以肯定，假设保守的平均年化收益率为9%，并对7%的“最坏情况”有心理准备，是完全合理的……这是在你的规划年的初始阶段。

但是，随着退休（或其他）目标的临近，考虑一个更相关的时间框架不是更靠谱吗？30年的时间真的适合你吗？当然，当你到了65岁（或你想退休的年龄），你可能已经投资了30多年，但是……这并不是这些数字的真正作用。

① 所以，如果你30多岁或更年轻，顺便提一句，你认真地对待此事真的很好呀！

② 详见本书误区10。

20年期

当你距离这个目标还有20年时，你的“最坏情况”，从历史上看，已不可能是7%。事实上，远非如此。

1926年以来，市场上20年期实现的最低平均年收益率为1.7%[①]。10 000美元在20年后仅增至14 000美元，而不是你预期的“最坏情况”的39 000美元（在7%的假设下）。

在任何15年期间，平均每年损失0.8%。

10年期，平均每年收益率为–2.8%。

5年期

但如果你离目标年龄只剩5年呢？这是很多人接受糟糕建议的时段。因为顾问们对客户谈论如何让他们的钱在退休期间为他们创造价值——在未来他们不工作的20年或30年里，让他们的资金在市场上增值——他们会继续盯住30年平均收益率的数字。

这是我从大萧条几年内所有准备退休的客户身上发现的[②]：他们不得不推迟退休计划，就因为原来的顾问所说的“不可预见事件”——不祥的黑天鹅[③]。

只是，这并非不可预见……

事实上，从历史上讲，这5年（2003—2008年）因那次萧条造成的平均年度损失（–3.8%）只是以前的一小部分。例如，市场最差的五年平均年收益率是–13.7%！

---

① 使用前文所述全部相同的假设：实际收益、1%的管理费和0.4%的基金费。

② 2007年9月。

③ “黑天鹅是一种不可预测的事件，超出了通常情况下的预期，并具有潜在的严重后果。“黑天鹅”事件的特点是极度罕见、影响严重，而且事后人们普遍声称其显而易见。”——百科全书投资公司

感觉幸运吗?

当然，这种损失并不寻常，也不应该是意料之中的事。但它远非“不可预见”。事实上，自1926年以来的90个五年期中，有15个年平均收益率为负。这就是16.7%的概率。在这种情况下，你有16.7%的概率用六面骰子掷出“1”来。

但这不是你每5年才掷一次的骰子。你每年都会掷一次。

考虑一下。如果是这样的话，你会以不同的方式来处置你的投资吗?如果每年年底掷一次骰子，决定你过去5年的平均年度收益是否为负值（当然，从历史上讲，在–13.7%到–0.9%之间），你60岁时会和20岁时一样玩这个游戏吗?

我明白了。你可能会觉得没有别的选择[①]。这是真正创造财富的唯一途径。无论如何，这些都是很好的机会。你只需要手指交叉，祈望那些负面魔咒不要在你即将开始退休生活之前降临[②]。

退休后的视野

当你退休时，情况可能会更糟。如果市场下跌50%，你该怎么办?如果你每一年都要维持目前的生活水平，你的退休预期就会减少两年（你需要卖出两倍的股票，因为它们的价值都是原来的一半）。从历史上讲，你退休期间至少会发生两次暴跌[③]。

这种固定的平均年收益假设，不仅不足以让你和你的资产为实现目标做好最佳准备，而且在退休后依赖它时，结果可能是毁灭性的。

了解市场投资的时间潜能，对于制订一个你有信心完成的计划至关重

① 我们将在本书误区15和误区16中探讨其他选项。

② 所有这些想法都源于金融行业的误区。读完这本书，你会知道一个更好的方法。

③ 我们将在本书误区4中深入探讨提款期的更多细节。

要。在那些年代，仅仅依靠专家们“哦，别担心，从长远来看，你可望达到8%（或诸如此类）的平均值”的话术，对你没有任何实际帮助。不过，这确实让他们的资金管理工作变得容易得多。

通货膨胀

美国经历失控的通货膨胀，已经旷日持久①。抗击通货膨胀的潜在毁灭性，可能是一项艰巨的任务。而这一次，它很容易对你投资的美元的购买力产生影响，绝对应该加以考虑并纳入你的长期规划之中。

历史平均年通货膨胀率（自1913年我们正式开始追踪以来）超过3%。这意味着，平均而言，维持你今天的生活水平所需的费用——同样的牛奶、面包和花生酱明年将上涨3%……此后每年都会上涨。通货膨胀使你的美元购买力逐年下降。

因此，即使你的市场投资组合在某一年内增长了9%，你仍然可能因通货膨胀而失去一些预期收益②。在这种情况下，扣除通货膨胀的影响后，你的实际收益率将降至6%左右。在市场下跌30%的一年里，嗯……最终感觉更像是下跌了33%。

以1973年初至1981年底为例，市场平均每年上涨7.3%。实际收益率为5.1%。然而，在扣除通货膨胀的因素后，收益是……（对此你有心理准备吗？）

平均每年损失3.8%！

想象一下。你在1973年退休，有一大笔积蓄，可以为你未来30年左右的生活提供足够的资金。但是，在你退休的前9年里，一切都变得非常

① 至少，依据了美国劳工统计局衡量通货膨胀的方式。更改消费者价格指数的计算方式——已做过多次——是另一个暗箱操纵数据的例子。

② 还有税。

昂贵——通货膨胀率明显高于你根据历史预期做出的估算。

假设早期的收益率为8.7%，那么你在1973年时需要有约50万美元，才能每年得到5万美元的退休金。如果保持生活水平不变，考虑到实际通货膨胀和市场收益，你将在不到9年的时间里就花光所有积蓄。

你的股票和债券、买入并持有的投资组合不会帮助你克服这个难题。

忽视这一现实，在你的理财规划生涯中仅仅点缀一些固定收益的假设（大多数顾问都习惯这样做），是一种冒险和懒惰的策略[①]。

误区：你可以从股票投资中获得至少8%的收益。

现实：当你距离需要用钱的时间在30年以上，这个假设才是成立的。但随着你的时间跨度缩短，可能的收益比例会更多样，通常是负值。

① 通货膨胀风险的一些潜在解决方案参见本书误区15。

误区 4

做退休规划时，只考虑单一收益假设就足够了

最后的“等等，还会更高！”

说来遗憾，事情变得愈发复杂了。当你没有在投资账户存钱或取钱时，收益的顺序并不重要。如果我将1926年以来的每个年收益率的顺序颠倒过来，并应用之前的100美元的规划假设，那么95年后仍然会一样得到500万美元——尽管1929年刚刚发生了大崩盘！我们仍然会获得12.1%的简单平均收益和10.3%的实际收益率。

但是，我们不在投资账户存钱或取钱的情况多长时间会发生一次？

序列风险

在退休前，我们每年都要向我们的账户里缴费。在退休期间，我们可能每年都会从账户里提款。在定期缴费或提款期间，这些收益的顺序实际上会产生巨大的差异。这被称为收益序列风险，或简称序列风险。

当你将这一风险纳入规划中时，从历史的角度看，特定时期的高点可能会更高，而低点……可能会低得多。这意味着，历史上最糟的-13.7%的5年期年化收益率，对个人投资者来说可能会更糟，这取决于收益的具体顺序，以及他们碰巧是在缴费还是提款。

在探讨更令人沮丧的历史最差情况之前，我们先来评估一个完美的平均10年期平均收益率：1974—1983年（这里不考虑通货膨胀）。如表4-1所示，这一时期的实际平均年收益率为9.1%（而所有10年期的平均年收益率为8.9%[①]）。

表4-1　　标准普尔500指数1974—1983年的收益率

1974	1975	1976	1977	1978	1979	1980	1981	1982	1983
-26.47%	37.20%	23.84%	-7.18%	6.56%	18.44%	32.42%	-4.91%	21.55%	22.56%

① 假设1%顾问费和0.4%基金费与此前相同。

缴费

这10年的简单平均收益率为12.4%。如果你在（这10年的）每年初向一个盯住标准普尔500指数的账户缴纳5 000美元，到1983年底它将增至11万美元（不含费用）。

如表4–2所示，如果我们打乱这些收益的顺序呢？如果把所有最糟的年份都放在开始，而最好的年份都放在最后呢？

表4–2　重组后的标准普尔500指数1974—1983年的收益率：从坏到好

年份1	年份2	年份3	年份4	年份5	年份6	年份7	年份8	年份9	年份10
–26.5%	–7.2%	–4.9%	6.6%	18.4%	21.6%	22.6%	23.8%	32.4%	37.2%

在所有其他假设与上次完全相同的情况下①，你的账户现在将增至151 000美元。同样的10年期，同样的收益，这是41 000美元——37%——在相同的10年间，获得更多的收益……只是顺序不同②。有效收益率达到23.09%。不错！这甚至比标准普尔500指数（S&P 500）有记录以来最好的10年（18.4%）还要优秀。

这怎么可能？它是如何从“平均”收益变为“优于最佳”的？

这是因为我们把坏的收益年份都放在最前面，把好的放在最后。但是，更重要的是，这种改变——更不用说巨大的改变——其原因都是因为你在缴费。

如表4–3所示，如果我们把好的收益年份都放在前面，把坏的都放在最后，会发生什么情况呢？我很高兴你这样问了！

表4–3　取自1974—1983年标准普尔500指数收益率：从好到坏

年份1	年份2	年份3	年份4	年份5	年份6	年份7	年份8	年份9	年份10
37.2%	32.4%	23.8%	22.6%	21.6%	18.4%	6.6%	–4.9%	–7.2%	–26.5%

① 每年初向一个盯住标准普尔500指数（S&P 500）的账户存入5 000美元，为期10年。

② 如前所言，这10年的简单平均值仍是12.4%，尽管最终总金额存在显著差异。

现在，同样是10年期结束时，你的账户余额将是6万美元。你获得的收益比历史顺序中的同期收益要少——45%——5万美元。这将使你的实际收益率从16.6%直降到4.1%。

这意味着，仅仅因为我们的缴费，就导致收益就从完全不受影响变成了深受影响。根据顺序，我们10年后的实际平均收益率（不含任何费用）可能从4%一路升到23%！这就是最终获得60 000美元还是151 000美元的差距。记住，这些是历史十年平均数字。

结论：只要你没有缴费，就不必担心这种现象。但是，在你退休前的成年阶段，特别是越来越接近退休的时候，你向投资账户的缴费难道比你没有缴费的时间还长吗？

如果是这样的话，你以史为鉴的预期需要考虑的因素，比目前讨论的这一点要宽泛，最重要的是要考虑到“最坏情况”。

新的“最坏情况”

当你临近退休时，难道你不是——不应该——更担心你的收益可能比平均水平还低吗？

1999年至2008年是市场最差的10年。简单平均收益率仅为每年0.7%。扣除费用和影响实际收益的因素后，你看到了一个比那个比例低不止3%的数字。

当考虑到我们之前的5 000美元等值缴费情景时，几何收益率是6.4%的年化损失。在你计划退休之前的10年里，持续6.4%的平均年化损失是灾难性的。

如果约翰和玛丽在家庭生活期间（计划退休前的最后10年）发生了这种情况，你认为他们夫妇应该从戴夫·拉姆齐的提醒——前10年的收益率每年约为17%，20年的总体收益率为6.8%——中得到安慰吗？这还

不算太差……[1]

如果你发现自己处于这个境地，会感到宽慰吗？你10年前是完全正确的。你做得很好。你只是不幸碰到了这可怕的10年，你的股票收益率平均每年将近-6%。现在怎么办呢？退休金这么少？还能延迟退休吗？

底线：当约翰和玛丽50多岁时，试图明智地让自己处于一个无论发生什么都可以退休的位置，这种“希望我们得到的几十年能优于平均水平”的策略是轻率的和不负责任的。

同样，这种“你有望每年在市场上平均获益X%”也成为一文不值的空话。

然而，这就是顾问们持续给出的建议。他们同样希望未来几年将带来稳定的收益。因为如果顾问们不这么做——有时不可避免地不这么做——他们就会失去客户。在这样一个毁灭性的现实面前，投资者炒了现任顾问，选择下一位。遗憾的是，这位新的顾问很有可能在10年前提供了完全相同的建议，而且今天继续提供相同的建议……因为行业里的专业人士、专家和学者都是这么做的。

牛津大学将赌博定义为“为了期望的结果而采取冒险行动”。

有什么不同吗？

---

① 记住：这是拉姆齐“12%现实”帖子中采用的宽心套路。https：//www.daveramsey.com/blog/the-12-reality。

兜售给你的是“理想的结果”，而不是可能的现实。

提款

按同样的思路，最后一个需要考虑的问题是：选择什么样的提款期？这一现实问题非常严峻，只是因为它指向一个时期，届时你指望用这笔钱来维持你的生活——却因为钱太少而无法承担。

韦德·普法（Wade Pfau）①，美国金融服务学院退休与收入专业的教授，积极研究序列风险。如图4-1所示，他观察到，在一个人退休后的那几年，投资组合所实现的收益不成比例地影响着其自身长期的生存能力②。

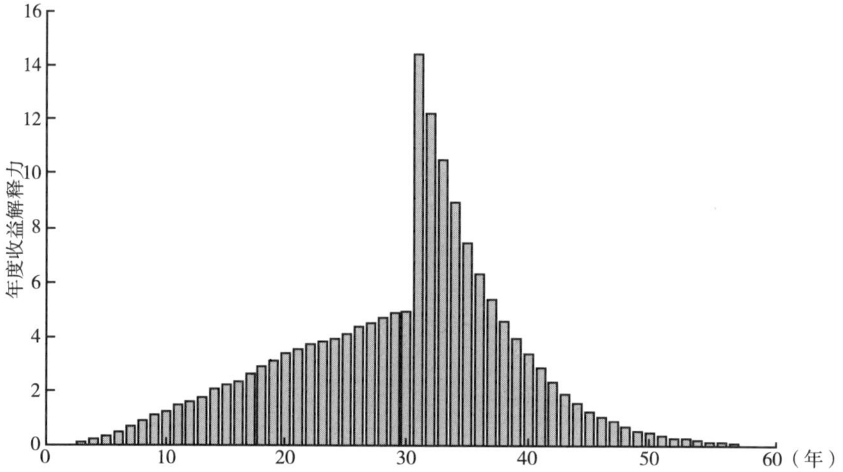

图4-1 每年收益序列的风险影响

注：前30年表示个人定期缴款期。31—60年为缴款或提款阶段。第1年提款时实现的收益率对他们能否成功退休的影响，比其他任何一年都大得多。事实上，人们发现，前7个提款年每1年对退休储蓄能力的影响，都大于其他任何提款年的收益。

---

① 韦德·普法，博士、注册金融分析师，RICP，也是《退休研究者》的创始人。https：//retirementresearcher.com/。

② 韦德·普法，《收益的终身序列：退休规划的共识》，2023年9月1日。社会科学研究网：https：//ssrn.com/abstract=2544637。

让我们来看看这对你意味着什么。这里最重要的，仍然是应该把你的顾问所警告的“最坏情况”之一向你真诚地解释清楚①。如果出现了优于平均水平的甚至优于历史最佳业绩的情况，那太棒了！恭喜你，这次掷骰子对你有利。但有些人——实实在在的人——数以百万计的人——实际上在退休期间都会陷入这些“历史最坏情况”。

想想前面提到的我职业生涯早期的所有那些客户吧。他们要作出艰难的选择：推迟退休、节衣缩食、重返工作岗位。所有这些，都是他们不想作出的选择。这些选择都不在计划里。他们处于这样的境地，是因为他们的顾问和主流专家没有帮助他们计划好——甚至考虑到——对他们来说不可避免的最坏情形。

在取款的期间，最好尽早获得较好的收益。让我们取1974—1983年期间一个相同的历史收益率。如图4-2所示，假定你的账户里有100万美元，每年提现90 000美元。先遇到最好的年份，即使你每年有费用支出，到10年期结束，你的100万美元账户将增至166万美元，从而产生12.7%的实际年化收益率（而不是12.4%的简单平均水平）。

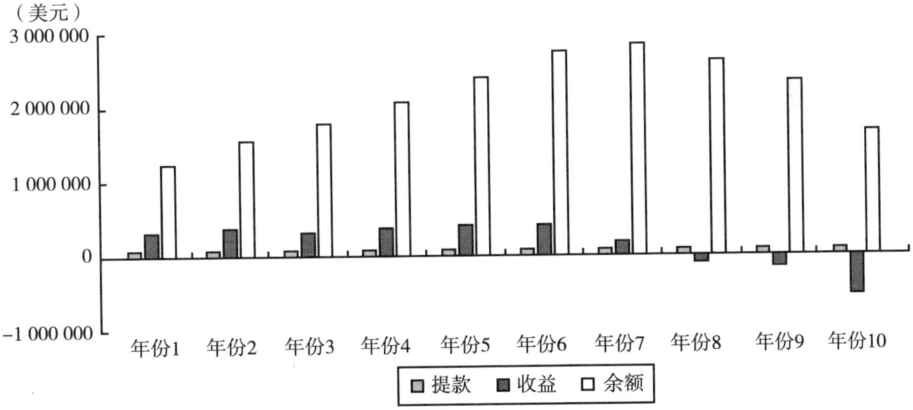

图4-2　取款期间的序列风险——1974—1983年标准普尔500指数的收益率：从好到坏

① 理想情况下，如果更糟糕的情况发生，你甚至会有所准备。在你读完了本书误区10之后，就会明白它的重要性。

然而，如果先遇到最差的年份，你会发现每年实际损失1.4%——在第10年结束时，你只剩下了22 000美元。这意味着，根据历史平均10年比率得出的假设，你的实际平均收益率可能在12.7%到–1.4%之间（见图4–3）。

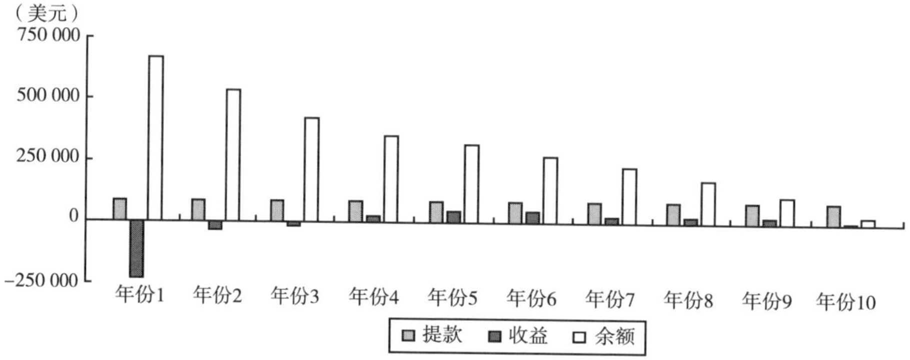

图4–3 取款期间的序列风险——1974—1983年标准普尔500指数的收益率：从坏到好

但是在取款期，你最应该关心的是收益序列对你剩余积蓄的影响。在这里，这意味着，仅在一个10年期结束时，你的收入会在丰厚的166万美元和微薄的22 000美元之间，而这一切都没有考虑任何收费（见图4–4）！

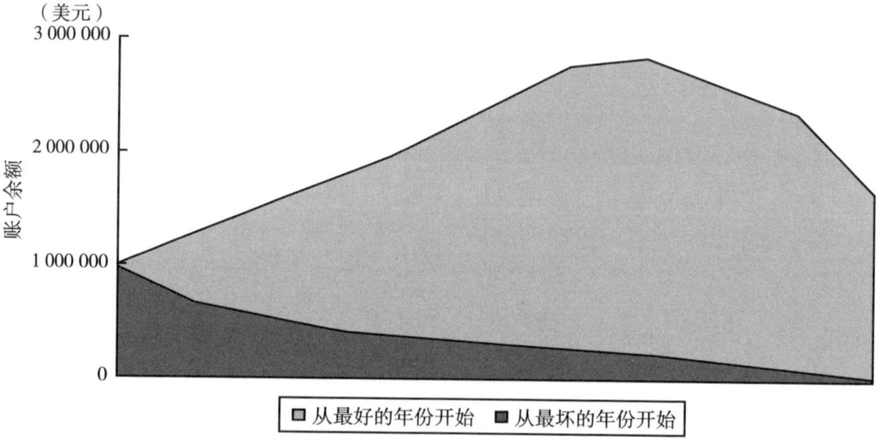

图4–4 提款期间的风险顺序——从坏到好和从好到坏的对比

注：在这两个假设的投资组合中，其他一切都是相同的。就连收益也是相同的——唯一不同的是它们经历的顺序。

这种分歧，就是欣喜若狂的“我们这么有灵活性，不必为钱而有压力”和心灰意冷的“看来必须节衣缩食，为了生存而回去工作”这两者之间的差异。

可替代的现实

思考一下迈克尔和米歇尔的奇怪案例，你就能体验到这两个极端了。这是两种不同的人……有着相同的生活。他们在同样的年龄——60岁——退休，手里有一笔完全相同的养老金。他们每年从基于市场的退休账户中提取完全相同的年度收入分配。他们的财务顾问告诉他们，根据市场历史平均收益率得出的保守估计，他们应该没问题……

他们确实应该没问题。

我们先说迈克尔。他于2000年1月1日退休，账户里有200万美元，每年可以提取12万美元（见表4–4）。

表4–4　迈克尔的退休账户明细　（单位：美元）

年度	年初账户价值	年利润率	年度收入分配	年末账户价值
2000	2 000 000	–9.1%	120 000	1 708 920
2001	1 708 920	–11.7%	120 000	1 403 016
2002	1 403 016	–24.0%	120 000	975 092
2003	975 092	28.8%	120 000	1 101 359
2004	1 101 359	11.7%	120 000	1 096 178
2005	1 096 178	5.2%	120 000	1 026 939
2006	1 026 939	15.6%	120 000	1 048 422
2007	1 048 422	4.9%	120 000	973 915
2008	973 915	–39.1%	120 000	520 034
2009	520 034	26.5%	120 000	506 043
2010	506 043	15.1%	120 000	444 335
2011	444 335	2.0%	120 000	330 822

续表

年度	年初账户价值	年利润率	年度收入分配	年末账户价值
2012	330 822	17.1%	120 000	246 873
2013	246 873	35.3%	120 000	171 659
2014	171 659	19.1%	120 000	61 526
2015	61 526	15.8%	120 000	（67 713）
2016	−67713	19.2%	120 000	（223 754）
2017	−223754	31.4%	120 000	（451 693）
2018	−451 693	−10.2%	120 000	（513 380）
平均年收益率		8.1%		

从2000年到2018年，他的平均年收益率为8.1%。最右边的一栏反映了迈克尔的账户每年年底的新余额——包括他的取款和当年的收益率。截至2015年底，在他退休的第16年，迈克尔的期末账户余额降至0美元以下。他在76岁高龄时正式宣告破产。

现在再来看看米歇尔。她和迈克尔一样，于2000年1月1日退休，账户里有200万美元，每年从账户中取出12万美元。注意，米歇尔的平均年收益率也同样是8.1%（见表4–5）。

表4–5　米歇尔的退休账户明细　（单位：美元）

年度	年初账户价值	年利润率	年度收入分配	年末账户价值
2000	2 000 000	−10.2%	120 000	1 688 240
2001	1 688 240	31.4%	120 000	2 060 667
2002	2 060 667	19.2%	120 000	2 313 275
2003	2 313 275	15.8%	120 000	2 539 813
2004	2 539 813	19.1%	120 000	2 881 997
2005	2 881 997	35.3%	120 000	3 736 982
2006	3 736 982	17.1%	120 000	4 235 486
2007	4 235 486	2.0%	120 000	4 197 796
2008	4 197 796	15.1%	120 000	4 693 543

续表

年度	年初账户价值	年利润率	年度收入分配	年末账户价值
2009	4 693 543	26.5%	120 000	5 785 532
2010	5 785 532	–39.1%	120 000	3 450 309
2011	3 450 309	4.9%	120 000	3 493 494
2012	3 493.49	15.6%	120 000	3 899 759
2013	3 899 759	5.2%	120 000	3 976 307
2014	3 976 307	11.7%	120 000	4 307 495
2015	4 307 495	28.8%	120 000	5 393 493
2016	5 393 493	–24.0%	120 000	4 007 855
2017	4 007 855	–11.7%	120 000	3 432 976
2018	3 432 976	–9.1%	120 000	3 011 495
平均年收益率		8.1%		

然而，仔细观察她的年末账户余额，会发现它与迈克尔的账户形成了鲜明对比。

到底发生了什么？一开始他们的钱一样多。他们每年提取的钱也一样多。他们都实现了相同的超过8%的平均年度收益。

这里唯一的区别是收益的顺序。仔细观察，它们完全一样，只是顺序相反。迈克尔在退休的第1年平均年收益率实现了–9.1%，而这是米歇尔在退休的最后一年才实现的。在这张图表上，迈克尔最后一年的收益率为–10.2%，而那是米歇尔第一年的收益率。你会发现在这些序列中都是这种情况——它们的收益完全相同，只是顺序相反。

那么，你想成为哪一位？

毋庸置疑，我们都愿意选择米歇尔。16年过去后，76岁的迈克尔破产了，而米歇尔赚了500万美元。

那么，米歇尔有哪些不同的做法？我们在自己的财务规划方面如何仿效她的成功呢?

我们仿效不了！事实上，米歇尔只是运气好罢了。她表现优异并不是因为她有更好的策略。他们都是根据主流投资建议去投资的——那种被动的、重仓、买入并持有的策略。尽管最终结果存在巨大的差异，但是在控制自己的结果方面，谁也不比谁强。

米歇尔的收益时间和顺序恰好对她有利。数百万人就是这么退休的——他们只是希望（即使没有意识到自己这样希望）他们的收益时间和顺序对他们有利。

这不是他们的错——也不是你的错。这是顾问们的错。这是主流投资模式的错。他们教你预期——告知你应该保守地进行预期——你退休的股票投资获得的平均收益率会是8%。

事实上，这就是迈克尔得到的①。他的情况不太好，对吧?

如果你认认真真地制订一个全面的财务计划——一个让你安度退休生活的计划，**平均年收益率的数字就变得毫无意义**。

神奇的数字

对很多人来说，100万美元是一个神奇的数字，是他们为之奋斗一生的目标。他们认为退休需要100万美元。这可能是因为他们听说过所谓的4%的安全提现率②，他们认为:“在最坏的情况下，我每年都可以取出4万美元（扣除通货膨胀因素），把日子过下去③。”

让我们用一个历史上的“最坏情况”来测试这一点。标普500指数④表现最差的15年平均收益率为4.7%。这段时期里有一些市场大幅上涨的年

① 顺便说一下，迈克尔的收益是在近段时间内的市场实际发生的。米歇尔的收益则正好相反。
② 本根定律在本书误区9中有更详细的探讨。
③ 正如“安全提现率”所示。
④ 从1929年初到1943年底。

份——任何人在退休期间赶上这些年份都会欣喜若狂——包括34%和48%的涨幅，甚至是54%的涨幅，市场有史以来最好的一年。

经过一番快速计算（未考虑我们迄今为止提及的所有因素），将会产生一个预期：在“有史以来最糟糕的15年期”结束时，你会有158万美元。

然而，如果你根本没有考虑到最坏的情况，只是一味听从8%的陈词滥调（如大多数顾问所说的那样），那么你就会期望在同期结束时获得320万美元[①]。如果从4万美元开始的“安全”提款，扣除通货膨胀，每年仅增长2.5%，那么在15年结束时你预计将剩下190万美元。还不错。当你带着这些预期步入退休时，你可能感觉良好。

不要兴奋得太早，让我们用一个更关键的视角来分析这个问题。经过历史上最糟糕的15年之后，实际收益率会从4.7%下降到0.6%，你就只剩下了110万美元。这比你预期的最坏情况少了47.5万美元（30%）。

在扣除适中的1%顾问费和0.4%的基金费后，实际收益率为–0.8%。这样，在15年期结束时，你会发现自己只剩下不到90万美元，这比你预期的最坏情况少了68.5万美元（44%）。

现在，如果你也提取“安全的4%”，应该没问题，对吧？你的资金应该还可以持续吧？毕竟，据说这是历史上最糟糕的、最低限度的数字，对吧？

有绝对的数据支持这个论据……但是请看现实中这些数字是如何起作用的：到了第13年，你的资金就枯竭了（见图4–5）。

① 10%是422万美元，12%是550万美元。

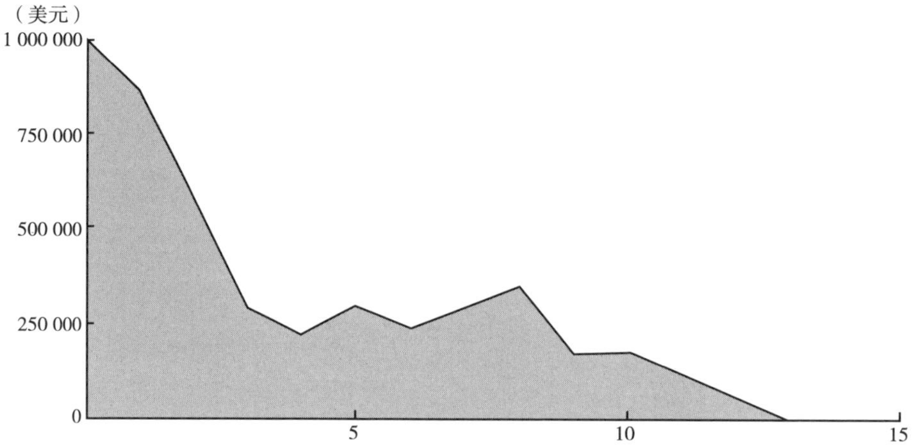

图4-5　提款期间的序列风险——资金结构平衡假设

如果在第15年，根据你超级保守的提款计划，你的顾问经过简单的经验方法计算，预计你将得到190万美元，真是令人沮丧。那么，怎么办呢？回去工作？或者，当你退休没几年就发现事情变糟时，会大幅降低你的最低生活标准吗？

你愿意冒这个险吗[①]？

可悲的是，尽管你可能对此感到不适应——你应该不适应——但似乎大多数顾问和专家都乐见你冒此风险。尽管这种说法上不了台面，但当你遵循传统的投资建议时，显然你是在承担风险。

现代资产组合理论

行业的答案（尤其是对最后一个问题）是一门象牙塔哲学，即现代投资组合理论（Modern Portfolio Theory，MPT）。这就是普通投资者的买入并

① 尤其在您不必这么做或有更好办法的时候。在本书误区13、误区14、误区15和误区16中详细探讨。

持有、只投资股票和债券的投资策略的来源。

本书的大部分内容旨在揭示和探索这一基本误区的逻辑谬误和历史失误。因此，对其如何运作和从何而来，我将给出一个更为详细的解释[①]。

无论如何，建议买一些债券放在投资组合的最底层。这背后的很大一部分思路，是认为债券的风险较小。我敢肯定，在本章的某个时刻，不止一个读者会愤怒地对着书大喊："这就是你需要添加债券的原因！"当然，从历史角度来看，这应该能减少那些忽下（和忽上）的意外。同样，我们很快就会深入探讨这一切的有效性——还有总体的现代资产组合理论。

但是，至于能否让你接近预期的8%、10%或12%的收益……肯定不会。

根据我们在此讨论的债券类型，债券的历史平均年度收益率[②]将使你的预期介于3%至7%[③]之间（而股市的预期为10.3%）。因此，添加这些元素会进一步降低你的绩效预期。

考虑到所有因素，"保守的"8%也是不负责任的指望——而在最坏的情况下，它似乎就像天方夜谭。

重塑预期

尽管可以通过查看可用数据的方法，来验证每年8%、10%甚至12%的承诺，但在规划过程中，提出这样的主张并不是特别有帮助。事实上，这对普通投资者来说可能是危险的，因为他们不知道实际结果会有多大的变化。

---

① 但本书误区1—误区8也都与MPT的各种潜在内容有关。

② 几何平均数。

③ http：//pages.stern.nyu.edu/~adamodar/New_Home_Page/datafile/histretSP.html。

想想看：即使历史会重演（正如“专家”所建议的），如果你恰好处于正常（基于历史的）周期中错误的一端，这可能意味着巨大的差别，一边是你预期的舒适的退休生活，另一边是彻底的破产。

在人们生活的各个阶段，金融行业都在宣传“平均收益率会存在足够长的一段时间”的理念。这很不负责任。这是一个老生常谈的话题，目的是让金融业继续轻松地繁荣下去。这个理念有足够令人信服的数据支持，其他金融“专家”也不假思索地信口重复，然而对你这位最终用户——投资者——来说，是很危险的。

除非你是赌徒，否则不要把你的整个投资决定建立在“市场在N年内平均增长了X%”的误导性事实上，或建立在更危险的“你应该期望平均增长X%”的虚假陈述上。

新的观点

更有用的观察和思考应该是洞悉历史不同时段的最坏情况。你还应该了解市场表现欠佳的各种现象的发生频率。所有这些都要考虑到定期缴款或取款的期限。例如，准备退休的投资者可以从如表4-6中一些关键数据得到启发。

表4-6　　重塑你的预期

	缴费期内				
	最差	<10%	<5%	<2%	负值
5年	-24%	49%	30%	22%	17%
10年	-3%	54%	20%	9%	5%
15年	0	60%	20%	3%	0
20年	4%	49%	4%	0	0
30年	8%	58%	0	0	0

第1列显示了每个特定时期（5年至30年）历史记载的最差平均年度

收益率。其余4列显示不同水平（小于10%、5%、2%和负值）收益所发生的频率。

因此，当你距离退休目标还有5年的时候，你应该——至少在心理上——为你的股票投资组合24%的潜在历史年化亏损做好准备，而不是期待8%（甚至保守-6%）的年化收益率。这并不是你期望发生的事情，而是可能发生的事情。如果你想确保实现目标，而不是祈祷老天保佑，依赖希望运气……那么你就需要做好准备。

注：当然，所有这些都是基于我们所掌握的有限的历史数据——不能解释未来可能发生的更糟糕的事情……这是一种显而易见①，但经常被忽视的可能性②。

表4-7不包括那些正在进入退休、准备提款的人：

表4-7　重塑你的预期

	缴费期内				
	最差	<10%	<5%	<2%	负值
5年	-13%	49%	32%	24%	18%
10年	-4%	56%	26%	14%	8%
15年	-3%	61%	23%	5%	4%
20年	-1%	60%	11%	4%	3%
30年	2%	71%	6%	2%	0

从表4-7中可以看出以下几点：

- 在退休后的任何一个5年期，出现1个负年化收益率都是完全合理的——在有记录的90个5年期中，这种发生率为18%（差不多是20%）。
- 每4个5年期中，就有一个收益率低于2%。
- 在有记录的80个15年期中，约25%的平均收益率低于5%。

① 我希望这样。
② 更多信息详见本书误区10。

- 实际上有些20年期的平均年收益率为负。
- 在我们有记录的65个30年期中，最糟糕的年化收益率是令人沮丧的2%（相比我们早些时候在不考虑提款的情况下考察的7%——看看能产生多大的差异！）

这两张表中的数据，比笼统的“平均”收益的承诺要实际得多——误导也少得多。

正如顾问（以及一般的金融专业人士）告诉你的，在不可预见的市场波动到来期间，你需要控制自己的情绪，这些信息在帮助你了解市场风险的真实程度，以及这些风险实际上会带来多大痛苦等方面，更具有实用性。

> **误区：** 在做退休规划时，考虑单一收益假设就足够了。
>
> **现实：** 仅仅考虑单一的收益假设，很容易让你感到意外和导致财务崩盘。健全的财务计划应该为更广泛的收益可能性做好准备。

你是否能够“吸取教训”，控制本能的冲动，在这些不可避免的混乱波动中控制你的情绪，好吧……这是我们接下来的几个误区要讨论的话题。

DISCOVER AND OVERCOME THE 16 MAINSTREAM MYTHS
KEEPING YOU FROM TRUE FINANCIAL FREEDOM

Stop Investing Like They Tell You

误 区 5

你可以忽略自己的情绪，不至于陷入对虚幻泡沫的兴奋中

彼得·林奇

彼得·林奇被广泛认为是有史以来最具传奇色彩的共同基金经理。也许，他比其他人做得更好的地方是在巅峰时刻的激流勇退。没有利用自己的传奇地位再干几年，赚个盆满钵满，他1990年退休，结束了作为富达（Fidelity）麦哲伦基金（Magellan Fund）经理13年的工作。

哇，他真是进展神速。1977年他接手时，该基金管理的资产（AUM）只有1 800万美元。在他的任期结束时，该基金的规模已经暴增至140亿美元，获得“世界上最大的共同基金”的称号。

林奇辞职时，将他的业绩载入了史册。他在这13年中，为该基金获得了平均29.2%的年化收益率，使麦哲伦基金成为“世界上表现最好的共同基金”①。

这意味着，当林奇1990年离任时，他在1977年投资麦哲伦基金的1 000美元已经价值28 000美元。

林奇反思自己的成就，想知道他旗下基金的普通投资者在他监管下的表现如何。他吃惊地发现，普通投资者的年化收益率不到基金年化收益率的1/4。根据他的计算，麦哲伦基金的投资者在相同的13年间的每年平均收益仅为7%②。

因此，在林奇离开时，最初向基金投资的1 000美元——经过买卖之

---

① https：//web.archive.org/web/20141226131715/http：//www.ajcunet.edu/story？TN=PROJECT-20121206050322。

②斯宾塞·雅各布（Spencer Jakab），《头我赢，尾我赢》，2016年。纽约：投资组合/企鹅出版集团。

后——可能只增长到微不足道的2 400美元，而不是28 000美元，只占投资者在该基金投入应得的8.6%。

基金表现良好时，投资者的资金就会涌入。基金会一路上涨，直到偶尔遭遇卡顿。基金在表现不佳时，资金将开始流出。这似乎表明，投资者在每一个峰值会持续向该基金投入大量的资金，而在低谷时撤出的资金比其他任何时候都多。

投资者总体表现不佳，只能用“错过好时光却偏逢坏日子”来解释。

令人惊讶的是，富达公司的结论在某种程度上比林奇的更加残酷。当基金公司出于同样的目的——了解个人投资者的表现时——他们的计算结果显示年均收益为负值[①]！

现在，这1 000美元投资的价值，嗯……已经不到1 000美元。不知何故，该基金兑现的平均投资者收益比其基础投资（基金本身）少了2.7万美元。这是平均水平——一些投资者得到的甚至更少！

从1977年到1990年，麦哲伦基金的普通投资者的年化率比基金本身低22%还是29%，对我们来说已不重要。无论具体情况如何，有一点是明确的：尽管在此期间投资了全球最好的共同基金，但普通投资者的表现仍然比市场水平低得多（在这13年中，平均约为15%）。

① 富达投资。

这是怎么发生的？

早先我最后一次承诺“等等，还会更高”的时候……嗯，我指的是那个阶段的最后一次。因为接下来的这几个误区——涉及人类心理学——进一步加剧了“市场投资历史预期”计算方式带来的负面影响。

尽管我们可能会避免这种情况，但我们（作为投资者）往往在所投资的基础基金中表现不佳，总体上的表现也低于市场预期。如果这些事实就像历史记录的市场收益一样，它们应该被忽视吗？当然不应该——如果你对存钱的目标很认真的话。

所以，让我们把这件事搞个水落石出，好吗？

行为鸿沟

《纽约时报》专栏作家、畅销书作家、世界著名的餐巾涂鸦者[①]卡尔·理查兹，他的职业生涯就建立在研究和解释这一现象的基础上。他把投资者和投资收益之间的差异称作“行为鸿沟”（见图5–1）。

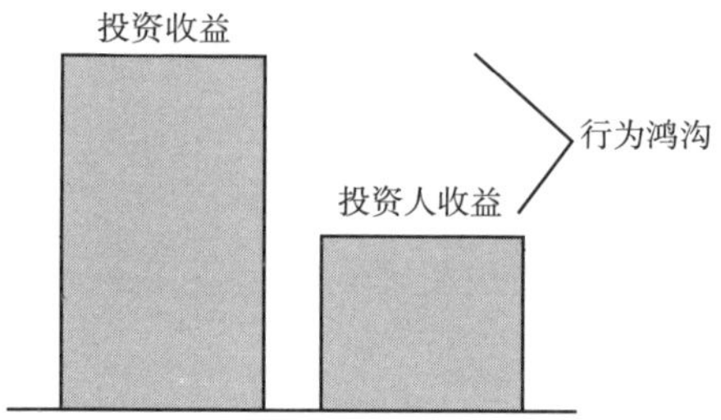

图5–1　卡尔·理查兹描述的行为鸿沟

资料来源：卡尔·理查兹。

正如他在书中假设的，也是今天被普遍接受的观点：导致我们表现不佳（无论我们准备得多充分）的是我们的人性——我们的本能、我们的行为。

---

① 卡尔·理查兹因此在投资上闻名世界：https：//www.nytimes.com/by/carl–richards。

许多情绪因素助长了这种行为。其中影响最大的两个因素是：从众心理和损失规避。

从众心理

从众心理的根源是害怕错失良机。这种恐惧吞噬着老百姓——普罗大众——你和我。人们看到其他人在市场上赚钱很轻松。他们可能不知晓全部细节，那并不重要。错失的恐惧（FOMO）变得压倒一切。因此，他们以为参与这项投资的每个人实际上都知道自己在做什么。

有时，即使是最伟大的思想家也会成为其牺牲品：艾萨克·牛顿爵士屈服于群体的疯狂，结果几乎失去了一生的积蓄[①]。好像几乎没有人——无论多么聪明——是免疫的。

甚至职业基金经理也会成为从众心理的受害者。他们谁也不想成为最后一个参加派对的孩子——以为另一个专业投资者已经获得了一些他们还不知道的见解，他们作出投资决定是因为害怕——害怕错过信息，害怕错过一个让人千载难逢的机会，害怕因此失去高薪工作。

即使错了，至少也是大家一起错的，这一事实可能会让他们感到安慰。你总不能把他们统统解雇……

所以，当一个大投资者出于某种原因，担心被超越而推高价格时，他的竞争对手已经紧跟其后了……无论他们是否理解领跑者的最初动机是什么。随着越来越多的大笔资金的涌入，他们担心自己错过了某些关键信息——“显然有人知道一些内幕”——他们进一步推高了价格。

这种亢奋渗入主流——通过我们的金融新闻渠道进行传播，从美国消费者新闻与商业频道（CNBC）专业人士的谈话，到视频网站（YouTube）频

① 关于这个故事的更多内容将在稍后介绍。

道20岁“股市通灵大师”的现身说法。一旦小投资者都被感染了，我们就会达到狂热的程度，几乎每个人都以远高于合理和公平价值的价格买入。

在历史上

你很容易觉得自己高人一等，知之甚多……不那么容易被迷惑！然而，民众（包括一些非常聪明的人）被愚弄的例子在历史上比比皆是。让我们进行一次简短的时空考察，探索几个最极端和最有趣的例子。

郁金香热

我们的考察就从虚幻的郁金香热开始吧，它因查尔斯·麦凯（Charles Mackay）《非同寻常的大众幻想与群体性疯狂》① 一书而广为人知。在17世纪的荷兰，郁金香球茎曾风靡一时，成为身份的象征。后来，当一种新型郁金香在17世纪30年代进入市场时，这个国家没有为即将到来的疯狂做好准备。

这些被称为奇异郁金香的球茎含有一种罕见的病毒，它改变了郁金香的基因组成——使花瓣呈现多种颜色。一道道红色、紫色和其他鲜艳的颜色，像火焰一样在花瓣上绽放。该品种极为罕见，很难培植。种子需要7~10年才能开花。即使如此，带病毒的郁金香还是很抢手。

集奇异、绚丽和稀有于一身的球茎，可以彰显人们显赫的地位，因此，精英阶层对它们更是非常渴望——价格不成问题。

随着价格飙升，一些幸运的中间商赚了大钱。看到这么容易赚钱，越来越多的人抛下工作，投身于郁金香球茎贸易。只要你能找到一个球茎货

① 由于这一事件发生在17世纪30年代，我们的数据有限——所掌握的大部分信息都来自随后几个世纪流传下来的宗教宣传。他们的手法是：阻止投机。所以，那时候的一些奇闻轶事也许都有点夸张。

源，就总能找到另一个人——一个更大的傻瓜[①]——以更高的价格从你手里把它买走。

据说，在郁金香热的高峰期，一朵郁金香的售价是一名熟练工匠年收入的10倍。另一朵的售价则是12英亩土地的价格。还有这样一个故事：一位商人怜悯一名饥饿的水手。他邀请水手到家里，请他坐在桌边，并为他准备了一顿饭。吃饭的时候，水手吃掉了一个他以为是洋葱的东西。结果却是一个郁金香球茎，据说其价值足以养活船上所有船员一整年。由于这个错误，可怜的水手被监禁了好几年[②]。

传说有一天，一个卖家出现在公众市场上，这里通常是投机者买卖郁金香订单的地方，但有史以来第一次，竟然找不到买家了。这可能是因为在整个欧洲肆虐的黑死病，或者是真的没有更大的傻瓜了。不管原因是什么，卖家在耳闻目睹这一切后，终于意识到："最终这些郁金香球茎订单真的都会砸在手里了……"

于是……他们想退出了。他们六神无主。然而，交易的另一端却没有买家，价格暴跌。

南海公司

不到一个世纪，贪婪的人们又中招了。1711年，南海公司成立。该公司承担了英国的战争债务，以换取对海外贸易特许经营权的垄断。他们有一个引人注目的故事。这家公司有了对新世界财富的垄断，它的成就不可限量。

正是在这个时候，我们遇到了艾萨克·牛顿爵士（Sir Isaac Newton）。作为社会精英，他很早就觅得投资良机。在这样的盛况和氛围下，他怎么

① 大傻瓜理论认为，你可以在不考虑资产实际潜在价值的情况下进行一项投资（股票、房地产、郁金香球茎等），并从中获利。这种策略是有效的，只要市场上有其他人也愿意在未来以更高的价格从你那里买走它们（同样，不管真正的价值）。

② 这个故事很有可能是杜撰的，因为没有经过精心处理的郁金香是有毒的。经验法则：没饭吃的时候，先吃杂草，再吃郁金香球茎。

能拒绝呢？他以每股200英镑的价格购买了一只热门股票。不到几个月，价格就翻了一番。他卖掉股票，对自己的投资十分满意。

然而，股价继续攀升。牛顿搞不明白——在他看来这很荒唐。他眼看着朋友们以比他最初高得多的价格入市，随着股票的继续飙升，他们赚的钱越来越多。

你能想象吗？牛顿那些势利的朋友竟然在晚宴上取笑他，说他理解和阐述万有引力的能力可能限制了他在股市上的成功。

嫉妒和贪婪一定对牛顿产生了很大的影响，最后，他以每股700英镑左右的价格回购了这些股票。为了弥补失去的时间，他投入的钱比以往任何时候都多——其中一些是借来的。

此后不久，现实浮出水面。事实证明，市场达到了顶峰，这次他成了最大的傻瓜之一，南海公司的股票价格暴跌，他成了倒霉的接盘侠。

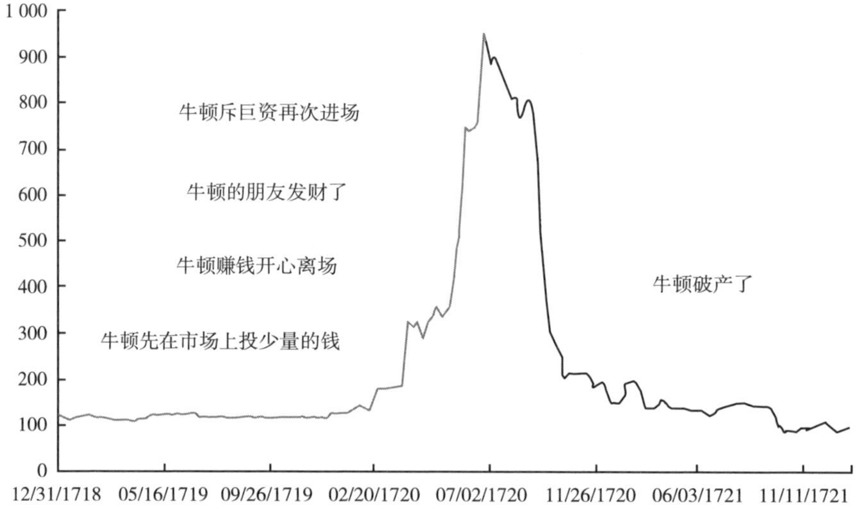

图5-2　南海股票：1718年12月至1721年12月

资料来源：麦嘉华公司。

据说，在那场灾难中，他损失了一生的积蓄，约2万英镑（相当于今天的450万英镑）[①]。牛顿反思道："我能够计算天体的运动，却算不出人的疯狂。"

密西西比公司

与此同时，在法国，一个非常相似的计划正在酝酿之中。路易十四去世后，年幼的路易十五只有5岁，故暂由菲利普二世（Philippe Ⅱ）、奥尔良公爵（Duke of Orléans）接管政权。路易十四的长期执政和对外战争使法国负债累累。菲利普开始着手纠正这种情况。

他是苏格兰经济学家约翰·劳（John Law）的忠实拥趸。菲利普急于看到劳制定的创新方案发挥作用，就让他组建了一个实质为法国中央银行的机构。他还让劳和密西西比公司在几年时间里近乎垄断了法国的海上贸易。后来，他甚至任命约翰·劳为法国财政总监。

1719年，密西西比公司上市。事实证明，劳不仅是一个金融奇才，还是一个营销天才。他散布流言，说"新世界"充满了黄金城市，无知的当地人愿意用贵重物品换一把叉子。他让数百名"志愿者"在去移居和探索新世界的路上招摇过市。实际上，他刚刚说服菲利普释放囚犯，条件是他们必须与妓女结婚并前往密西西比！劳的阴谋还不止于此……

首次公开发行（IPO）了5万股，每股500里弗。劳设计了一种新的方法，就像我们现在的深夜电视广告一样，让更多的公众参与这个惊人的产品。人们可以以75里弗的价格拥有密西西比公司的股份，然后以每月25里弗的价格轻松分期付款19次！

就像20世纪90年代末任何以".com"为名的股票一样，密西西比公司的股价几乎在一夜之间从500里弗飙升到1 000里弗。如果你是少

---

① 根据国家统计局的数据。数据只能追溯到1750年，南海公司泡沫于1720年破裂。

数有幸获得这些原始股票的人之一，你的投资价值不仅翻了一番，还上涨了667%[①]！这是利用杠杆[②]进行投资的力量——所有参与者都在这么做。

首战告捷之后，劳又想出了一个绝妙的点子。密西西比公司将承担所有的国家债务，与此同时，按照类似的方案，以每股500里弗再向市场发行30万股股票。为什么不呢？！上次做得很好嘛！

没错，这次又成功了，截至1719年中期，密西西比公司发行的股票超过60万股。尽管如此，狂欢远未结束——该公司对未来财富的承诺令人难以抗拒，而且股票相对比较便宜（鉴于劳的创新性体系）。截至1719年底，每股价格达到了15 000里弗。越来越多的投资者发了财。事实上，“百万富翁”这个词显然就是那个时期创造出来的，用来描述密西西比公司的投机者赚的钱[③]。

你能持续一年当旁观者，心想“大家都疯了”吗？抑或你已经开始怀疑自己？也许是你错过了什么……

然而，截至1720年中期，随着人们开始了解劳的金融游戏，股价下跌的速度就快于上涨的速度了。密西西比公司倒闭了，约翰·劳一贫如洗，并被逐出法国。

土地繁荣的佛罗里达

这一次，我们快进到20世纪20年代早期的佛罗里达。该州被宣传为

---

① 第一天：你投75里弗，还欠425里弗，你的股票价值为500里弗。第二天：你的股票价值成了1 000里弗，比你投和欠的总和多500里弗。如果你以1 000里弗的价格出售，并偿还你所欠的425里弗，你的盈余是575里弗。考虑到最初的75里弗投入，你的利润将是500里弗。在整个交易中获得了666.67%（500/75）的有效增益——仅仅一天，很不错哟！

② 杠杆是一种有风险的投资策略，投资者使用借来的钱或特殊的金融工具来增加投资的潜在收益。

③ 墨菲·A. E.，《约翰·劳：经济理论家和政策制定者》（*John Law: Economic Theorist and Policy-maker*）。牛津：克拉伦登出版社，1997。

热带大陆的天堂——极尽海岛度假的奢华和乐趣，甚至不需要坐飞机！

州政府想尽办法鼓励人们搬过来。正是在这五年间，他们引入了许多优惠的税收待遇，这些待遇至今仍使该州闻名于世。

银行也推波助澜，推出了宽松的信贷政策。

房地产公司变得很敏锐。他们雇了“定金伙计”守在待售的房产外面。这些伙计会从感兴趣的人那里收取“定金”——一小笔钱，锁定对方在30天内购买剩余房产的权利。房地产的这些定金，就像股票的期权①一样。对于投机者来说，这简直就是天堂。你可以花2 000美元的定金买下一栋5万美元的房子。现在，你有30天的时间，要么卖掉那笔定金，要么转手卖掉整栋房子。而且，随着房地产价格开始上涨的速度，你完全有理由预计在一个月内，同样的房子会价值更高！比如，你在30天期限内以6万美元的价格卖出了那栋房子。你向前房主支付48 000美元的余款。你有10 000美元的差价收入囊中——不到一个月，收益率400%！

正是这种低税收、宽松信贷和金融魔法的独特环境，该州人口在短短5年内增长了30%②。不难想象，在今天的技术背景下，网络频道和社交网红都会向世界展示，在这个“新天堂”里一夜暴富是多么容易。

在1920年历史上这一美妙时期，发生了一则温馨故事，一位老人花了毕生储蓄1 700美元买了一处房产。他的几个儿子很担心他的精神状态。所以，他们做了任何有“爱心”的孩子都会做的事——把他送进了监狱！几年后，这处房产价值30万美元——是他当初购买时的175倍。律师利用

---

① 期权是使用杠杆的另一种方式（如约翰·劳为密西西比公司发行的保证金条款）。它们是一种从基础证券中获得价值的金融工具——一种在不实际拥有基础证券的情况下押注基础资产价格走势的方式——如股票（在佛罗里达州的土地繁荣案例中，基础资产是房地产）。期权合约的买方有机会买入（又称“看涨”期权）或卖出（又称“看跌”期权）相关资产。业主如果选择不购买或出售资产，期权合同并不要求他们购买或出售资产，他们只拥有选择权。

② 从1920年到1925年，佛罗里达州的人口从96万人激增到超过125万人。

这个契机使他得以释放。当然，他做了任何一个“通情达理”的父亲都会做的事情——起诉他的几个儿子[①]。

我相信佛罗里达是一个非常宜居的地方，但1925年左右，墨菲[②]搬了过来——所有会出错的事情都出了错（而且几乎同时！）。

第一，《福布斯》发表了一篇措辞严厉的文章，批评房地产估值仅仅基于这样一种理念：以后会有“更大的傻瓜”以更高的价格购买它。其他出版物也很快出现类似的文章。

第二，佛罗里达所有建筑的主要供应商是三大铁路公司。他们对所有的障碍和混乱感到沮丧，于是制定了一项禁令。在可预见的未来，他们只会送食物和其他必需品。幸运的是，佛罗里达州的投资者们仍然可以通过港口获得材料和物资……

第三，1926年1月10日，“瓦尔德玛王子号”——一艘241英尺长的纵帆船——在迈阿密港沉没。沉船使港口封堵好几个星期。建筑物资断货了……

第四，1926年9月，自投机活动以来，第一股飓风袭击了该州。

祸不单行。随着该州不断遭受越来越多的破坏，房地产价值暴跌。1928年，又一场飓风肆虐。1929年，华尔街大崩盘。1930年，一种新型的果蝇开始毁坏这里的庄稼。佛罗里达州用了几十年时间，像经历了一场世界大战才恢复元气。

说到1929年的股市崩盘……

---

① 奈特·T.,《恐慌、繁荣与进步：五个世纪的历史与市场》(*Panic, Prosperity and Progress: Five Centuries of History and the Markets*)。新泽西州霍博肯：约翰威立国际出版集团，2014。

② 墨菲定律：“任何可能出错的事情都会出错。”

咆哮的20年代[1]

20年来，市场一直像过山车一样起伏不定。美国投资者们经历了五个繁荣—萧条的周期之后，又回到了起点。如果你在1900年投资100美元的道琼斯工业平均指数[2]，到1921年其价值也仅有100美元。

好吧，现在一战结束，美国渴望经济反弹。

在接下来的几年里，投资者对市场每年持续上涨10%感到满意。这大概是合乎情理的。再加上几年20%的年化收益率，投资者们欢欣鼓舞！然后，疯狂的事情发生了。

从1928年6月到1929年8月，股市飙涨90%。市场从未在如此短的时间内攀升得如此之快。专家们对这种经济繁荣的新模式大加吹捧。他们说："市场终于开始接纳评估一家公司价值的新方法了。"

但也有几位重要的生意人看到了不祥之兆。美国钢铁公司（U.S. Steel）首席执行官公开反对给公司（哪怕他自己的公司）过高估值。商务部部长赫伯特·胡佛（Herbert Hoover）曾宣称这是一场"疯狂投机的狂欢"。

然而，《华尔街日报》（*The Wall Street Journal*）等知名媒体予以回击。他们声称，华尔街往往成为人们幸灾乐祸的对象，因为煽动者需要一个容易瞄准的靶子。

尽管罗杰·巴布森（Roger Babson，著名经济学家）此前曾多次预测过崩盘，但在1929年9月的一次演讲中，他再次预测股市暴跌之后，市场开始波动。巴布森立即被媒体抨击为疯言疯语和大错特错。有的媒体甚至请来顶级著名经济学家之一、耶鲁大学教授欧文·费雪（Irving Fisher）来驳斥巴布森的说法。费雪有一句名言，他认为股市已经达到"永恒高地"，大家没有必要担心。

---

① 此处是指20世纪20年代。——编者注

② 记住，这发生在1926年标准普尔500指数启用之前。

市场逐渐开始下滑。截至10月中旬，股市下跌了约15%。《纽约时报》（*New York Times*）的报道称，预计未来股市将持续增长出现新的高点和持续增长，给市场贴上讨价还价、有跌有涨的标签。

接着，10月28日终于迎来了黑色星期一。市场在一天之内暴跌12.82%①。

媒体再次转向费雪。10月30日，他播出了一条带来希望的消息。他把股票市场的崩溃归咎于恶意的大量抛售行为②。他声称："并不是股价太高了"③，股价已经触底，人们又开始投资了。尽管股市在11月6日又跌了10%，但到1930年4月，它已经开始回升。从前一年11月的低点上涨了50%，看来费雪是对的。

时任总统赫伯特·胡佛（Herbert Hoover）也加入了这一行列。他开始通过广播表示，美国的市场已经开始复苏。他错了。显然，这场狂欢的范围比他想象得更加广泛。接下来的三年，对那些在市场上投钱的人来说如同过山车，股市总跌幅达到创纪录的④89.19%⑤。

---

① 在那个时点上，市场经历了有记录以来最差的交易日。道琼斯工业平均指数第三糟糕的交易日（截至本书撰写时）。最差的是1987年10月19日（另一个黑色星期一）的-22.6%，其次是2020年3月16日的-12.9%。

② 大量抛空是投资者串通压低股价的行为（现在是非法的）。他们会卖空股票（从股价下跌中获利的一种方式），并散布目标公司的负面谣言。

③ 美国证券交易委员会历史档案：http：//www.sechistorical.org/museum/film-radio-television/ video-player.php？ vid=1809148597001&title=Professor%20Irving%20Fisher, %20Yale%20 University, %20on%20stock%20market%20crash；Longer version: https：//www.youtube. com/watch？ v=e_Im69cn1tw。

④ 提取借款，是指在特定时期内的投资、交易账户或基金的价值从峰值到低谷（高点到低点）的下降。它通常用百分比表示——等于总跌幅除以之前的峰值（高点）。例如，如果你的投资账户中有10万美元，资金在回到10万美元以上之前下降到8万美元，那么你的账户实现了20%的提取借款=（10万-8万）/10万。

⑤ 图表以对数比例显示下降过程中的相对百分比。http：//www.macrotrends.net。

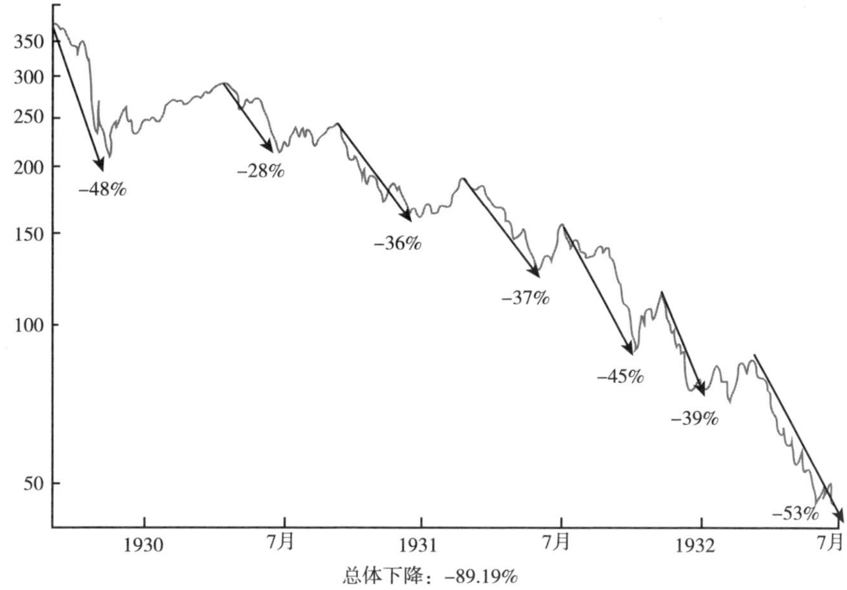

图5-3　咆哮的20年代之后市场总体下降情况

1929年9月3日，道琼斯工业平均指数达到381.17的最高点。1932年7月8日（注：这一时期最重要的经济学家预测的3年之后），道琼斯工业平均指数最终以41.22点触底。

我们的下一站去哪里？ 20世纪的日本。

"日本可以说不"

日本从1986年开始进入某种程度上的衰退。日本央行急于扭转败局。也许是受到约翰·劳金融魔法的启发，他们开始授权采取一切可能的货币和财政刺激措施，以保持经济的稳定——大幅降低利率，并开始向该国的金融体系注入资金。

果然见效！日本经历了前所未有的经济繁荣。从1985年到1989年，城市土地价格翻了三倍。事实上，当时东京皇宫的估价比整个加州的还要高！

现在听起来很疯狂，但在当时，你最好相信人们都在为其合理性而辩解："日本终于释放了它的全部潜力"，"日本央行前所未有地控制了局面"，此外，"那里的土地有限，这显然是估价如此之高的原因。"支持天文数字市场估值的所谓智慧，几乎总是以可信的方式呈现。

1989年，一篇名为《日本可以说不：为什么日本会在同类国家中独占鳌头》的文章概括了这个时代的精神。它（以一种非常精细的笔触）论证了日本如何发展成为下一个超级大国的清晰轨迹。这篇文章的作者是两位非常有影响力的人，一位是国土交通大臣石原慎太郎（Shintaro Ishihara），后来成为东京都知事（1999—2012年）；另一位是索尼的联合创始人兼董事长盛田昭夫（Akio Morita）。这些人是十分睿智、备受尊敬的有影响力的人物。他们就像前面提到的艾萨克·牛顿，令人很难与之争辩或提出异议。如果你与他们深思熟虑、雄辩高谈的论据相佐，你会觉得肯定是自己错失了良机。

日本股市也同样冲顶。1989年12月，日经225指数（The Nikkei 225，类似于美国标准普尔500指数）创下历史新高，差一点就达到4万点①。

此后它再没有达到那个高度。

耐心的日经指数投资者们忍受了超过80%的长期跌市。1929年股市崩盘，只用了3年时间就跌至最低点，而这次却用了20年。在经历了几次大幅飙升和随后的一路低点之后，直到2009年3月才达到（目前）约7000点的低位。

这里的关键在于：这个故事还没有结束。现在，30年过去了，日经225指数仍在2万点左右——是昔日辉煌时期的一半。每一天，他们都在创造一个新的纪录：发达国家的股市可以在多长时间内滞留在以前的高点之下。

---

① 我们将重新审视这个例子，并看看日经225指数从当时到今天的股票图表。

网络疯狂

仅仅10年，我们就会看到类似高涨、波动的美国市场。然而，这次危机影响到的人比以往任何时候都多。早在20世纪70年代，市场上的交易十分昂贵（每笔交易100美元）。而到了20世纪90年代，借助互联网的问世，像嘉信理财（Charles Schwab）这样的大型经纪公司[①]开始通过每笔不到10美元的交易费用让股市投资变得更加普遍。当时的一个新闻标题是："好消息：你要成为百万富翁了。坏消息：其他人也是……"

这种小型交易的出现，促进了主流新闻来源的兴盛。美国全国广播公司财经频道在成立后不久，就迅速将重点转移到了零售交易上，领先一步填补空白。然而，不幸的是，它的存在只会给疯狂的股市煽风点火——现在每个人都觉得自己大权在握。

沃伦·巴菲特（Warren Buffett）是几位公开反对当时疯狂的股票估价的保守派投资者之一。在谈到市场的疯狂时，他有一句名言："只有当潮水退去时，你才能知道谁在裸泳。"他警告说，这些新的市场进入者根本没有为接下来的局面做好准备……

然而，"潮水"似乎停留了非常长的时间。这些持熊派[②]态度的老派投资者们似乎只是老了。其中一个最明显的例子，是传奇对冲基金经理朱利安·罗伯逊（Julian Robertson）。罗伯逊在过去20年[③]取得了令人羡慕的25%年化收益率[④]。他和巴菲特一样，是发声的熊派人物。在他看来，估价

---

① "wirehouse"一词源于经纪公司通过电话和电报线与分公司连接的时代。这使得他们的经纪人能够立即为客户找到市场数据。现在，它是一个用来描述全面服务的术语，从小型地区性券商到全球性机构都适用。

② 熊派是指对某一特定投资或市场持悲观态度、认为它正在下跌的投资者。相反，乐观主义者被称为牛派。

③ 时间跨度从他的基金——老虎资本管理公司（Tiger Capital Management）1980年成立到2000年初。

④ 同期标普500指数平均为17.5%。Tiger的优异表现尤其令人印象深刻，因为在该基金的最后几年里，与疯狂的市场对赌会造成重大损失。

显然是疯狂的。但与等待“潮水”退去的巴菲特不同，罗伯逊一头扎了进去，试图从他预见到的不可避免的崩盘中获利。他在20世纪90年代中后期做空许多互联网和科技股（当时这些股票经历了有史以来增长最快的几年）。不幸的是，宇宙的时间轴与他的不同步：在他公开宣布关闭基金的同一个月，市场变得越加疯狂，直达顶峰[①]。

吉姆·克雷默（Jim Cramer），如今是美国全国广播公司财经频道《疯狂的金钱》（*Mad Money*）节目的名人，当时他是一个对冲基金的经理。他对这些老腔调的熊派人物说：

> 在网络出现之前你必须抛弃存在的所有矩阵和公式。你必须把它们扔掉，因为它们不再能为你们赚钱，这才是最重要的。（在我们的基金中）已不再使用市盈率[②]倍数。如果再谈论市净率，我们会误入歧途。如果我们还在使用多德（Dodd）和格雷厄姆（Graham）[③]传授给我们的东西，我们可能连一分钱也没有。

遗憾的是，克雷默的最后一句话可能是正确的：如果他使用本杰明·格雷厄姆（Benjamin Graham）和大卫·多德（David Dodd）的方法来评估股票的价值，他可能就不会管理那么多钱。人们希望科技股上市。他们不想要什么陈旧缓慢的办法。如果克雷默（以及其他无数一夜成名的股市专家）没有采纳这种新模式，他可能永远不会成为今天的“权威”[④]。

具有讽刺意味的是，上述引用的话是克雷默于2000年2月29日所说，

---

① https：//www.nytimes.com/2000/03/31/business/the-end-of-the-game-tiger-managementold-economy-advocate-is-closing.html。

② 市盈率（PE）和市净率（PB）是用于分析特定公司股票价值的估值方法。前者将股票的当前价格与标的公司的盈利进行比较，而后者将该价格与公司的账面价值或净值进行比较。这些计算将为人们提供比率，用于与同一行业、整个行业内的其他公司进行比较。

③ 本杰明·格雷厄姆是沃伦·巴菲特的导师。他是《聪明的投资者》（*The Intelligent Investor*）一书的作者，被广泛认为是价值投资之父。他与戴维·多德（David Dodd）合著了一本关于价值投资的教科书《证券分析》（*Security Analysis*），首次出版于1934年。

④ 关于吉姆·克雷默的更多信息见本书误区11。

而纳斯达克100[1]指数在2000年3月达到了峰值。当克雷默鼓励人们抛弃旧的估值方法时，他所推广的股票的整个市场都将暴跌。

艾伦·格林斯潘（Alan Greenspan）是另一个“专家”力挺市场的例子。作为时任美联储（Federal Reserve）主席、当今最受尊敬的经济学家之一，他最初似乎发现了这个问题。在1996年的一次演讲中，他表达了对市场参与者“非理性繁荣”的担忧。市场开始震荡了——显然，投资者不希望听到一位最重要的金融管理权威人士暗示跌市已露端倪。市场没过多久就恢复过来了，这似乎足以平息格林斯潘对未来的担忧。事实上，从那时起，他似乎基本接纳了疯狂的互联网热潮。例如，在1999年，他开玩笑说要卖掉Allen.com，用得来的钱偿还国债。

到处都是行情看涨。“股市专家”撰写的书籍，诸如《道指3.6万点》《咆哮的21世纪》（该书预测道琼斯工业平均指数将达到4万点）和《道指10万点：事实还是虚构》等，都在宣扬长期的快速上涨[2]。

1999年，纳斯达克指数上涨了约85%。2000年的前几个月里，该指数的年化涨幅差一点就高达200%。

这是一种让人无法摆脱的狂喜。以亿创理财（E-Trade）的超级碗广告[3]为典型例子。在车库里，两个男人和一只猴子拍手跺脚闹着玩，20秒后屏幕变黑，传出声音说：“哎呀，我们刚刚浪费了200万美元。”

著名的熊派们仍在亏损。传奇投资人、乔治·索罗斯（George Soros）[4]的“门徒”斯坦利·德鲁肯米勒（Stanley Druckenmiller）感觉自己的处境与罗伯逊类似。他发现有几只股票多年来损失了数亿美元，没有获得预期

---

① 纳斯达克100指数（NASDAQ 100）是追踪美国100家最大、交易最活跃的非金融公司的指数，主要是科技股。

② 在这一周期，道指的峰值略高于11 000点。

③ https：//youtu.be/qbBLDBohgrY。

④ 量子基金是有史以来最成功的对冲基金之一，在过去40年里平均每年增幅超过20%。https：//dealbook nytimes.com/2011/07/26/soros-to-close-fund-to-outsiders/。

的收益。这些公司的价值似乎被严重高估了[①]。他做了空头。但在1999年，这些股票的涨幅甚至超过了以往任何时候。和牛顿一样，他是个天才（但这一次是“市场天才”），他开始质疑自己的能力——逻辑、方法论，以及对市场和股票如何运作的理解。不难想象，他会产生“也许我错了”“我一定是考虑不周”，或者“也许这真的是一种新模式——我还没有完全理解……”的想法。

他终于精疲力竭，从净做空转为净做多后不久，市场见顶并开始崩盘。因为他是一个熟练的、活跃的交易者（与大多数人不同），能够迅速认识到自己的错误，在市场开始下跌时迅速转到空头，并挽回一些损失。事实证明，这些空头的大部分（在短时间内，他一直是净多头）下跌了99%，许多一路跌到零。

有几个事件可被确定为触发互联网泡沫破裂的原因：总体乐观看涨的《巴伦周刊》（*Barron's*）的一篇负面报道，或者最高法院对微软[②]（当时市值[③]最大的公司）垄断地位的裁决……但是，试图找出可能压垮骆驼的那根稻草将是浪费时间。

总而言之，人们在疯狂中迷失了理智——我们显然倾向这么做，然后当估值回到现实的时候，他们连裤子都输掉了。

一个月内，纳斯达克市值蒸发了三分之一。它花了大约15年的时间才重回前面的高点。

---

① “做空”（卖空或空头）是指出售卖方尚未拥有的证券或金融工具，如股票。为了促进这笔交易，卖方借入了资产（所有这些都是由经纪公司在幕后操作）。卖空者认为，借来的证券的股价将下跌，使其能够在未来的某个时候以更低的价格回购。简而言之，卖空是当你相信股票价格会下跌时获利的一种方式。

② 纳斯达克：微软。

③ 市值，是指一家公司发行股份的股票总价值——实际上，它是市场投资者总体上分配给一家特定公司的价值。其计算方法为每股股票的市场价格乘以发行总股数。整个股市上所有上市公司的市值总和，即股票总市值。

房地产市场泡沫

格林斯潘迅速采取行动，平息了互联网泡沫破裂引起的经济风暴。他多次将利率降至1%左右，这是近50年来的最低水平。对于这段时间的投资者，像20世纪80年代的日本一样，他们比以往任何时候都更容易获得低息贷款[①]，我们进入了一个信贷极为宽松的时期……

但导致房地产泡沫的很大一部分问题，早在2000年之前就出现了。

1938年，富兰克林·德兰诺·罗斯福的新政（FDR's New Deal）竭力想给不景气的美国经济带来新的生机，房利美（Fannie Mae）得以成立。房利美的官方名称是联邦国家抵押贷款协会（FNMA），其目的是扩大二级抵押贷款市场。他们将直接从银行购买贷款，将其打包为抵押贷款支持证券（MBS），然后卖给投资者。因为这有效地将银行贷款转化为可以再次投资的快钱，他们能够发放更多的贷款，让更多的人实现“美国梦”。

1970年，联邦住房贷款抵押公司（FHLMC），即房地美（Freddie Mac），以同样的操作方式成立。尽管房地美和房利美是上市公司，但都是政府支持的企业（GSEs）。这给两家公司一种隐性的担保——如果它们陷入财务困境，政府将介入救助。

为了崇高的“抗击贫困”目标，努力帮助更多低收入家庭获得拥有住房的幸福，政府强令房利美和房地美将一定比例的贷款用于负担得起的住房项目。这一比率由住房和城市发展部（HUD）制定。

1992年，这个比率启动时为30%。1995年达到了40%；2000年为50%；2005年为52%。到2008年，这些政府支持企业购买的所有贷款中，有58%[②]是给低收入个人的。

根据这些比率授权，它们要想真正盈利，就需要银行发放更多不够理

---

① 比较而言，利率在1982年达到了18%的峰值。

② https：//www.law.cornell.edu/uscode/text/12/4562。

想的（次级）贷款。房利美和房地美绝不是小玩家。截至2017年底，按总资产排名，房利美（超过3.3万亿美元）成为美国最大的公司[①]。

由于聚焦低收入贷款，这种被称为次级贷款的利率从1994年发放的仅仅5%上升到2006年的20%。如果银行找不到跟进的方法，就会被甩在后面。它们必须创造性地寻找新的方法来发行这些政府支持企业想要购买的次级贷款。因此，在某些情况下，审核标准似乎被完全抛弃了。忍者贷款（NINGA）和负摊销贷款（NegAm）以及其他的林林总总都被设计出来，作为解决方案。忍者贷款的广告宣传是针对没有收入、没有工作、没有资产的人群（忍者）。而负摊销贷款则宣传人们的还款甚至不需要覆盖全部到期利息。随着时间的推移，人们可以将差额加到本金余额中。

可以想象，如此宽松的标准使得金融机构转售这些特定贷款的工作变得越来越困难。当时的挑战是让所有人都去购买次级债券，因为这些债券往往被评级机构评为较低的信用评级[②]，即违约的可能性很大——可能永远不会得到全额偿还。

这些信用评级机构的工作，是为市场上的各种债券提供评级。他们应该是个人投资者的倡导者——站在投资者一边——帮助投资者知道他们是否可以在未来依赖某一种债券来获得现金流。但他们也存在巨大的利益冲突[③]，因为他们的收入主要源于试图出售债券的机构（最终出售给那些相同的投资者）。这些次级债务（在评估了债务人能够维持定期还款的可能性后）本身可能会被认定为“垃圾”。但是，如果你从这些贷款中剥离一小部分，将其与一些最好的贷款打包呢？——那些借贷者有着可观收入和现金流，并有着良好的还款记录。

---

① 房地美紧随其后，以2万亿美元的资产排名第四：https：//www.relbanks.com/rankings/top-us-companies。

② 评级机构：在转售给投资公众之前，抵押贷款支持证券由债券评级机构进行评估和评级。这些公司理应评估债券的信誉。在美国，主要有三大债券评级机构：标准普尔（Standard & Poor's）、穆迪（Moody's）和惠誉（Fitch）。

③ https：//corpgov.law.harvard.edu/2018/01/05/non-rating-revenue-and-conflicts-of-interest/。

所有这些评级机构都很武断：只要总债券池中的次级债券比例不超过X%，整个债券组合就会获得AAA的优质认证。这一策略为狡猾的金融家提供了简单的方法来兜售这些高风险贷款。

这些实体都是既想赚钱又想摆脱风险……

- 从银行贷款买房；
- 房利美和房地美试图将这些贷款从账面上剥离；
- 聪明的金融家试图向你兜售AAA级、"安全"的抵押贷款支持证券。

按照"击鼓传花"的线路，他们将风险转移到下一个人身上。这条线从日常的小投资者开始，也以小投资者结束。

然而，信不信由你，把好事和坏事混在一起并不能消除问题。即使汉堡肉饼中的牛肉只有20%变质了，产生的腐烂汉堡让你生病的可能性仍然比其他任何人想象的都高。

"变质牛肉"的影响在房地产市场估值中特别难以察觉。自大萧条以来，房价没有在任何一年内下跌过（就整个美国而言）。房地美首席执行官和美联储主席尤其喜欢这种"大合唱"。他们会引用这一统计数据作为证据，证明房价在很长一段时间内不会下跌，更不用说是严重的下跌。

但这一统计数据（事实证明许多数据都是如此）具有令人担忧的误导性。从1890年到2004年（剔除通货膨胀因素），房价年增长率仅为0.4%。然而，从2004年到2007年，其增幅接近100%。

更糟糕的是，现在由本·伯南克（Ben Bernanke）领导的美联储开始逐步提高利率。在17次加息之后，联邦基金利率[①]回升到5%[②]以上。从

① 联邦基金利率：联邦基金利率是大型银行隔夜拆借和拆借超额准备金的目标利率。它通常为利率定下基调，你可以获得房屋抵押贷款的利率。当这一利率处于最低水平时，普通大众获得信贷要容易得多。

② https：//fred.stlouisfed.org/series/FEDFUNDS。

2005年到2007年，银行发行了无数的可调整利率抵押贷款（ARMs）①，作为出售更多住房贷款的策略。但现在，由于利率的提高，这些新房主的每月还贷款额超过了他们的预期。

随着越来越多的借款人无力还款，整个金融界感受到一波又一波的另类冲击。

别担心。2007年10月31日，吉姆·克雷默站在了“普通人”的一边，再次分享了一些永恒的投资者智慧，“你就像在购物，不但要接受它们的价值被高估，而且要接受它们继续走高的事实。我知道这听起来很不负责任，但这就是你赚钱的方式。现在的情况是‘上就是下，左就是右，和平就是战争’。”

他几乎不知道，就在10月9日市场已经见顶……

尽管如此，在2007年12月7日，另一位常在美国全国广播公司财经频道访谈节目中露脸的人物、后来在唐纳德·特朗普总统任职期间担任美国国家经济委员会主任的拉里·库德洛（Larry Kudlow）安慰大众投资者，说道：“不会出现衰退。悲观主义者们错了。这是不会发生的……布什的繁荣仍然存在。它已经持续了六个年头，未来还会有更多。”

尽管他们呼吁保持冷静，但群体的狂热还是被规避损失引发的恐慌②所取代：标准普尔500指数以37%的巨额亏损，成为有史以来第二个最差的年份③。

① 可调整利率抵押贷款是一种在贷款期内利率不同的抵押贷款。在此期间（2005—2007年），银行经常使用超低的利率出售贷款。这些临时利率将持续一段时间，然后调整到通常最终从联邦基金利率给出的利率。如果联邦基金利率增幅超过5%，那么借款人的抵押贷款利率就会大幅上升，甚至更高，有时会导致每月多出数百美元。

② 参见本书误区6。

③ 房地产市场（按美国房屋销售价格中位数计算）在接下来的几年里从峰值下降了29%。

历史教训

了解这些事件，便很容易（以某种方式）判断卷入狂热的人们。我们往回看得越远，场景似乎就越“清晰”。你可能很容易想象自己会独善其身，不被卷入郁金香球茎的疯狂，对吧？事后看来，大骗子约翰·劳的骗术似乎并不高明。不是吗？或者，认为日本皇宫的价值可能和整个加州一样，肯定是疯了。

不是吗？

有了事后诸葛亮的更清晰和更完整的画面，你很容易认为自己能掌控一切。但从众心理可能具有强大的欺骗性，而且不知为何——尽管这些例子看起来非常明显——但在当时几乎都不可能被察觉。

请考虑狂热症的三个共同特征。它们都表现为：

- 包装成一种新的模式；
- 在一场投机狂潮中强行灌下；
- 被越来越多的专家认可。

新的典范

每一次繁荣的背后至少有一个不可抗拒的理由，那就是“这次不同”。

- 在郁金香热时期，它是一种新的花卉变种。以前从来没有哪一种商品如此珍贵。这就是全世界经历价格飙升这么离谱的原因；
- 南海和密西西比的公司也在兜售同样的愿景。以前，此类交易从未成交过。这毕竟是他们负责的神秘新大陆。当然，这些公司的估值也应该是前所未有的；
- 那些幸运的佛罗里达人，发现了一个独一无二的热带大陆天堂！由于没有其他土地像它一样，它是一种相对稀有的商品；

- “一战”后美国的世界地位大大提高，这很容易解释它的市场估值为什么会在20世纪20年代飙升。一切都和以前不一样了；
- 日本不再被压制——这是第一次，它得以向全世界展示它的真正价值；
- 互联网正在以我们想象不到的方式改变世界。因此，如果你还试图用以前其他公司的那种术语来解释这项新的革命性技术的估值，那就非常不明智了；
- 在2000年，我们看到一些疯狂的金融和经济创新魔法让人们的住房拥有权达到了前所未有的程度。这是进步和繁荣的新模式。

尽管每次都是不同的事件和不同的玩家，但话术总是一样：“你不理解这些估值（在你看来可能很疯狂），只是因为它是全新的——用以前的方法评估它是没有意义的。这件事（这一次）完全不同！”

他们的后一句看法通常是对的：的确不同。在这些情况下，真正的“公平”估值很难确定——有时根本不可能。接着，随之而来的投机狂潮淹没了一切。

投机狂潮

也许，你越自律，就越能忽视噪声，但通常不可能完全消除它。随着周围越来越多的人获得了相当的财富，这种“新现实”经常被推到你的面前。泡沫持续的时间越长，就越可能让最精明的投资者质疑其投资标准。

想象一下旁观者看到的情况……

- 郁金香球茎开始时被用来交换12英亩的土地，相当于你年薪的10倍；
- 密西西比公司的股价在首个交易日翻了一番，然后在不到一年的时间里飙升了3 000%；
- 你那位年迈的邻居以175倍的价格出售了他在佛罗里达州投资的地

产，而这是他三年前刚买下的；

- 道琼斯指数在20世纪20年代末不断上涨，年复一年，最终在一年内上涨了90%，这是前所未有的；
- 一家又一家互联网公司的股票以最初公开发行[1]价格的数倍增长。仅在1999年，你就看到高通的股价上涨了2 619%，其他12只最大的科技股上涨了1 000%以上；
- 进入21世纪后，随着无数百万富翁的诞生，“炒房”一词（指投资性房地产）变成流行词汇。

仔细预测和分析被遗忘了，每个人都认为自己只是还未理解新的范式，等他们理解了，可能就太晚了；他们可能落在后面，抱憾终身！所以，他们不顾一切，一拥而上……

你的周围和你的眼前都是这种“成功范式”，你会质疑自己的投资标准和对估值的总体认识也就可以理解了。然后，在这个方程式中加上专家和其他聪明人，强化了这样一个事实——你肯定在错失良机。

专家支持

当你依赖专家告诉你一切都很好——这只是一种新的常态时——你很难不同意。你凭什么说这个“金融专家”不知道自己在说什么？或者，当你十分尊重、认为其绝顶聪明的那个人也支持这项运动时……你又凭什么跟他们叫板？

- 艾萨克·牛顿爵士经过仔细评估，把毕生的积蓄投入南海公司的股票；
- 法国总审计长（当然，他肯定是见多识广的……）是密西西比公司的最大支持者；

---

① 首次公开发行（IPO）是指公司决定向公众发行所有权股份。一家公司首次公开发行后，其股票从有意愿的卖家交易到有意愿的买家。

- 世界上最重要的经济学家宣布，股市在1929年9月达到了一个新的“永恒高地”；
- 索尼（Sony）的联合创始人、未来的东京都知事在1989年12月写了几篇关于日本未来繁荣的文章；
- 著名对冲基金经理吉姆·克雷默向普通投资者阐释如何在互联网疯狂的巅峰时期投资这个“新模式”，然后又在房地产泡沫最严重的时期进行投资。

未来

尽管我们可能会竭力避免，但我们会再次面临这样的市场。投资行业倾向于针对我们过去面临的具体问题提出解决方案。然而，在现实中，未来的投机热潮不会像以前那样出自同样的来源。无论它们是什么，都将以一种新的模式出现——逻辑上可以用“这次真的不同了”这样一句话来解释。

人们肯定会赚得盆满钵满。这些新的“投资大师们”将成为视频网站（YouTube）或社交媒体的明星。假以时日，他们将一跃成为足够有远见的专家，从这种新模式中获利。你可能还在犹豫是否要加入，但专家和天才都会把你往那个方向推。他们甚至可能公开羞辱那些抗议的人。他们会让你觉得错过机会很愚蠢。

这手牌简直没法打：

- 保持观望，冒着感觉自己是傻瓜的风险，看着其他人都在这个显而易见的机会中大发横财，还是……
- 投入其中，拿你的毕生积蓄去冒险。

经历了上述几个史上崩盘的例子后，你现在的决定似乎是显而易见的。但在现实中面临这种两难困境时，要作出这样的决定绝非易事。所有的泡沫都开始迅速攀升，以至于任何想以某种方式参与其中的人都几乎没有时间考虑，以避免错失良机。

然后，在这种亢奋状态下度过几个月或几年之后，当终于没有“更大的傻瓜”继续推高价格时，市场大厦没有坚实的基础，轰然崩塌，压垮了数百万人。

误区： 你可以忽略自己的情绪，不至于陷入对虚幻泡沫的兴奋中。

现实： 所有来自历史和人类心理学的证据都表明情况并非如此。在你的一生中，很有可能遭遇不止一件令你亢奋的事，等你明白过来，为时已晚。

DISCOVER AND OVERCOME THE 16 MAINSTREAM MYTHS
KEEPING YOU FROM TRUE FINANCIAL FREEDOM

Stop Investing Like
They Tell You

误区 6

在市场崩盘期间很容易不恐慌

损失厌恶

在我们方程式的另一边，放大负面结果，你会发现我提到的第二个因素叫：损失厌恶。

诺贝尔奖获得者、心理学家丹尼尔·卡尼曼（Daniel kahneman）[①]挑战了现代投资组合理论中盛行的人类理性假设。在他有丰富举例的文章《思考，快与慢》（*Thinking*，*Fast and Slow*）中，读者会发现，作为人类，我们更容易被痛苦而不是快乐驱使。

也就是说，我们对赔钱的恐惧驱使我们采取行动，远比我们想要挣到钱的愿望所采取的行动更快。例如，当我提出要下一点赌注时，这个概念就能被展示出来。

如果我掷硬币，要是反面的话，那么你会损失100美元；要是正面的话，你会赢到一些钱。你想可能赢的是多少金额，你才会下注呢？

当数字是150美元时，大多数人仍然没有兴趣玩。即便这个等式已经明显地累积到对他们有利，也不值得他们冒着失去原来的100美元的风险——因为这是他们的本钱。然而，在略高于200美元的情况下，一般人却都会下注了。

① 他在2015年《经济学人》评出的世界最具影响力的经济学家中排名第七。

你内心是一个赌徒，会接受100美元的报价吗？这对某些人来说可能听起来很疯狂，但这些赔率比你在任何赌场都能找到的要好。或者你非常厌恶风险，甚至不会考虑它，直到你至少有10：1的赔率，这对你有利吗？当然，在某个时候你会这样做；否则，你可能根本不应该投资股票市场……

事实证明，这种对损失资金的恐惧导致人们在那些罕见的混乱市场中恐慌性抛售的现象出现。为了更好地了解你的反应和原因，我们将在你能更好理解的上下文中讲解。

蛇

你最害怕什么？

我绝不是怕蛇怕得要死，但我绝对也不是蛇迷。发现蛇可能会比看到一只大蜘蛛更让我激动（但那是紧随其后的）。当我有时间辨析我所观察到的蛇的类型时，如果它完全没有攻击性，而且我生活的地方的大多数蛇都不危险，我就能集中我的智慧，设法表现得很冷静。

但是，在最初的那一刻——就在我掀开防水布，或割掉一些蒿草，或移动我的烧烤架时，一条蛇突然滑进我的视线——那一刻，我慌了。我没有时间进行理性思考。在那一刻，在那一刹那，我——一个成熟的成年人——作出了不理智的反应。

其实，当市场开始崩溃时，投资者也会这么做。理性思维是短暂的，恐慌吞噬了投资者们，根深蒂固的、原始的厌恶损失的本能导致如此。如果了解并认识到这几乎是每个人都会面临的事实，那么我们会产生一个问题：克服（避免）成为无法控制这些情绪的受害者的最好方法是什么？这种情绪困扰着普通投资者？

好吧，如果你有一个顾问，或者你自己做过任何关于管理投资组合的研究，那么你可能会遇到主流的建议：注意统计数据，在下次市场失控时控制自己。就这么简单。如果你能做到那一点，一切都会好的[①]。

让我们来看看这个建议到底有多荒谬和不切实际。

逻辑与现实生活的不同

按照这种思路，你可以考虑用统计数据向我证明，每次偶然发现蛇时，我最初的恐慌反应是不现实的。例如，你可能会告诉我，在美国，一个人被雷击死的概率是被蛇咬死的九倍[②]。事实上，在我的家乡，蜜蜂或黄蜂的叮咬更有可能杀死人[③]！而且，如果距离我最近一次遭遇蛇魔已经过去了足够长的时间，我可能会说服自己，有了这些事实的武装，我确实做好了准备。

你自己考虑一下吧。确定你最害怕的一件事（恐高、蜘蛛、鲨鱼）。在纸上探索一些统计数据，从逻辑上证明你的恐惧是不切实际的。就是这样。恭喜你！你治愈了！去享受你新的自由吧：攀登到新的高度，自愿去处理你在家里发现的下一只讨厌的蜘蛛，在海里无忧无虑地游泳吧！

这能行吗？

毫无疑问，（至少对我来说）在我下一次意外地突然发现时，我还是会惊慌失措。这些类型的恐惧只是我们神经网络的一部分，它们并不能受理性支配。我们不能说服自己让它们消失。

市场引发的恐惧更严重

如同我对蛇的恐惧一样，大多数人都害怕失去辛苦赚来的钱。事实

---

① 这是现代投资组合理论的一个盛行原则——没有它就行不通。我们将在本书误区 9 和误区 10 中彻底揭穿现代投资组合理论的荒谬和不切实际。

② http：//ufwildlife.ifas.ufl.edu/venomous_snake_faqs.shtml。

③ https：//www.uaex.edu/publications/pdf/FSA-9102.pdf。

上，我认为后者更难克服，原因如下。

第一，确定性。说到蛇，不同种类蛇的数量是有限的。具体来说，在我住的地方，只有四种有毒的品种，而且它们的外观都很独特。这意味着，看到外观颜色我就有一秒钟的时间让自己冷静下来，然后继续处理好正在发生的事情，我很容易知道该做什么：不要担心无害的花园蛇，或者明智而冷静地离开那个特定的位置。

而股市就没那样好了。现实可能的情景数量是无限的。无论你有多少时间来处理你所看到的，它都没有确定性。事情不会以完全相同的方式发生，有时，它们是以一种比以前经历过的更糟糕的方式发生：

- 市场在一小时（日、周、月、年）内下跌速度比以往任何时候都要快；
- 市场从上到下的跌幅比以往任何时候都要大；
- 市场比以往任何时候都需要更长的时间才能触底或达到新高。

这下你明白了吧。

如果这一次——也就是下一次崩盘——市场复苏所需的时间比1929年（25年）或日本（30多年后仍未完全复苏）要长[①]，如此可能会极大地改变你的投资现实。突然间，你的保守派顾问承诺的每年6%的“安全”平均值变得不可能，你只是希望拿回你的本金……

第二个原因是我们根深蒂固的市场恐惧更难克服：**频发**。如果我每天都接触到蛇、蜘蛛或暴露在高处，尽管听起来很不愉快，但我更有可能接受它们。我可能每隔几年就会近距离发现一条蛇。这种矛盾使我放松了警惕。结果，我每一次都感到惊讶和恐惧。

再一次，市场变得更加糟糕。有时，它几十年如一日地越爬越高，

---

① 关于这两个例子的更多信息，请参见本书误区10。

一边抚慰着人们，一边帮助他们忘记过去曾经的一切混乱。例如，1999年12月，当破纪录数量的投资者和投资资金进入这个市场时，盖洛普（Gallup）的一项调查显示，投资者预计在未来10年将实现19%的年化收益率。

他们的假设竟然大约是每年20%，太高了！这是他们留在市场里的假设。如果他们像大多数人一样恐慌，随着市场的剧烈波动而进进出出的话，他们的收益率可能会更糟糕。

如果我们每天经历50%的波动，那么这将是一个不同的对话。进入市场的人会为这些事情做好准备，这是意料之中的。但是，当然，我们没有。这种波动幅度甚至比更糟的情况还罕见。

但它们绝对会发生，而且不像罕见的致命蛇袭，这些波动会“咬伤”每一个在市场上下了注的人。它们很少出现，但这让我们忘记了——或者还不知道——看着自己的账户余额迅速蒸发到底有多痛苦。这可能会让我们产生一种不现实的“准备好了”的错觉。

情感上的锻炼

你是否曾试着想象过，在一个动荡的市场中，你会如何反应——你会经历什么样的情绪？这对你进行的任何投资都是一种审慎的做法。尽你所能，诚实地考虑你投资的可能情况（我甚至建议考虑一些以前从未发生过的情况），试着理解你的情绪会如何影响你的决策。

显然，市场不可预测的特性使我们不可能对每一种可能的结果都这么做。任何想象都不能让你完全准备好面对现实生活带来的情绪混乱，但让自己进行这种练习总比什么都不做要好得多。

如果你从来没有做过，那么你应该现在就去做。来吧，试试。它不必是精心设计的或愚蠢的；你只需要对自己诚实。让我们快速尝试一下……

想象一下，你投在股票上的所有钱从经纪账户到个人退休账户，再到401（k）计划（企业年金），等等。就在你的面前。你现在脑海中的上述画面需要代表你在市场上投入的所有资金——无论是100美元还是1亿美元。尽你所能，试着对这个想象中的画面产生情感上的依恋，就像你对真正的钱一样。

你有吗？你准备好了吗？

现在，考虑一下下一次崩盘。想象一下，由于一些意想不到的事件，市场迅速下跌。你面前的现金会立刻减少10%。如果你有100万美元，你的总金额一夜之间就会下降到90万美元。虽然很心疼，但我们都可以对这样的跌落不屑一顾。你知道下跌是有可能的。

如果下跌20%，那么就可能会更加令人担忧，具体取决于下跌的速度。但是，你记得统计数据表明，普通投资者的表现不如市场，所以你决定坚持到底。你很聪明，你不会成为这些数字的一部分[①]——你将是一个与市场保持同步的例外。所以，你要咬紧牙关，坚持到底。干得好……

但这次崩盘——就像过去的一些崩盘一样——并没有减弱。市场继续下滑，目前已比之前的高点低30%。你惊慌失措地打电话给你的顾问。不要害怕！在接受现代投资组合理论（Modern Portfolio Theory）的训练后，顾问重复自己在这种情况下演练过的陈词滥调："你只需要保持自律，坚持下去。""市场总是会回升，再创新高。"表现不佳的是恐慌的投资者。"

这对你有用吗？对一些人来说，这可能是一个令人信服的论点。这足以让你平静下来吗？还是你会认输？你的100万美元现在只剩下70万美元了，但你要留下来吗？你这么自律？好吧……

---

① 我们将在本书误区9中详细探讨这些统计数据。

好吧，如果它继续下去呢？然后呢？下跌了40%、50%、60%……每天早上你醒来，祈祷下跌已经结束了，然后，你看了看手机，才发现市场又在遭受严重的下跌，没有任何缓解的迹象。

你感觉怎么样？你什么时候才会……休息？！

也许你在市场收益率下跌了10%、20%或30%的时候没有感受，但当你能直观地（在你的脑海中）注意到你面前的一堆现金已经失去了以前的一半荣耀时，你那冰冷的纪律难道不会开始动摇（如果不是一点点的话）吗？你的未来计划还能承受多少打击？你是否打算在10年后退休，并假设8%的收益率？因为，我不想打击你，但在这一点上，这不可能发生，特别是如果市场收益率继续下跌。现在，你意识到，在近段时间里，年化收益率为0%——或者更糟——是绝对可能的。

你的顾问恳求你“坚持到底”[①]。

你意识到你可以止血。这在你的能力范围内。你可以让痛苦消失，花点时间整理一下自己，至少你会为仍然拥有你所做的事情而感到高兴。当然，你希望40万美元增至100万美元。但是，你需要40万美元才能达到你的最低退休目标。所以，你会冒险跌破这个数字吗？还是你现在就退出来？

你坐视不理，眼睁睁地看着它再下降几十万美元，甚至可能在未来几十年里保持这个低水平——迫使你工作到你计划中的退休，这样的压力值得吗？

我希望你明白：无论你今天的信念有多坚定……在某个时刻，所有的逻辑和理性都会被抛到一边。这已经不重要了。你不在乎成为一个统计数据。你不在乎“损失厌恶”。你根本不在乎你的顾问在给你讲什么。你知道它会再次反弹——可能很快——但这已经不重要了：这是你一生的积蓄！你压力太大，不能坐下来观察。你有能力让它停止！

---

① 现在你可以忽略一个事实：对于大多数投资顾问来说，**如果他们的每个客户都退出市场，他们就会失业。**听起来不止是一点利益冲突——当心道德风险。

所以，你决定结束这种痛苦。你不加选择地卖。你清盘。至少现在你能再次感到自己稍微控制了局面。

在某些时候，情绪比顾问的任何建议都更有影响力。什么时候对你来说能“打破”这一点呢？如果不是我们得到的60%，是70%吗？ 80%？拜托，这就是我们正在谈论的你的毕生积蓄！

而且，这些场景并非不可能[①]。之前曾发生过接近90%的峰谷下跌[②]。市场需要几十年的时间才能恢复并创下新高[③]。

坦率地说，如果我的投资组合中有如此多的资金投资于股市的健康状况，我可能也会感到恐慌。这听起来可能有点矛盾，但我认为你应该惊慌失措，赶紧离开市场！但我正在超越自己[④]……

据统计，在低谷（低点）退出市场的人比其他任何时候都多[⑤]。许多人可能发誓再也不会让自己陷入这种不可预测的旅程。只是不值得……也许，只有看到别人从反弹中获利，他们才决定重新进入市场，做好准备迎接复苏。

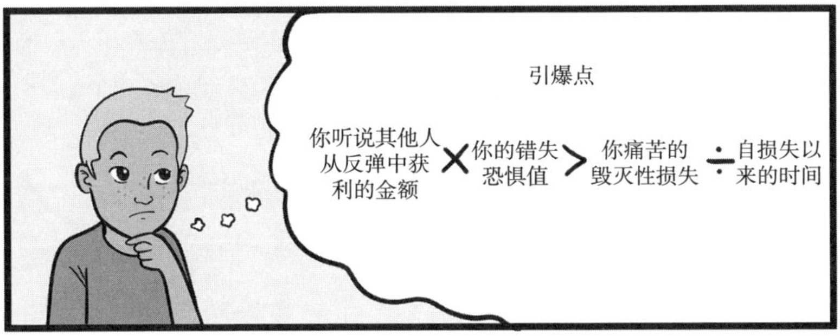

① 2020年3月。
② 1929年的华尔街崩盘。
③ 美国，1929年；日本1989年（仍未完全恢复）。
④ 本书误区9和（特别是）误区10。
⑤ 达尔巴，2019年。

这种练习可能很难——很难对自己诚实，甚至很难知道在像那样的极端情况下，当真实的情绪对我们起作用时，我们会如何反应。所以，尽你所能做好心理准备（我仍然推荐这样做），要找到一个完美或完整的解决方案还有很长的路要走。

连环出击

正是这种从众心理和厌恶损失的心理结合，导致了高买低卖——这与我们都知道应该做的事情完全相反……但正如我们所看到的，这些罪魁祸首的原因都是人类的本性。这就是我们的生活方式。它根植于我们的生存本能。

这意味着，对大多数人来说，不管我们准备得有多充分，也不管我们如何告诉自己，我们可以在市场风暴中控制自己的情绪。当我们发现自己处于下一个前所未有的混乱之中时，我们会惊慌失措，凭本能行事。

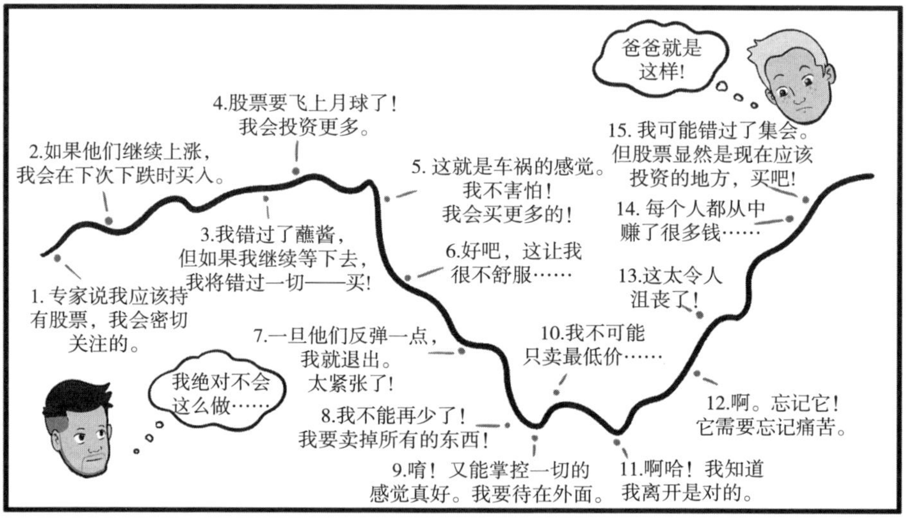

卡尔·理查兹总结道：

并不是我们笨。我们天生就会避免痛苦，追求快乐和安全感。当我们周围的人都在害怕的时候卖出，在感觉良好的时候买入，这种感觉是正确的。这听起来可能是对的，但并不理性。

现实生活中的差距

所以，事实证明，人类是情绪化的。即使我们有机器人管理我们的资金（机器人顾问①），平均而言，作为一个群体，我们仍然倾向于在所有错误的时间取出资金。我们的情绪是罪魁祸首！

传统现代投资组合理论的支持者会告诉你，现代投资组合理论的长期有效的唯一方法是人们“关闭”自己的情绪，抵制碰钱的诱惑。尽管我们愿意相信我们能够做到这一点——正如历史一再证明的那样——但我们做不到。我们不能。我们是人，我们的生存本能导致了情绪化的决定，导致现代投资组合理论的失败②。

这一事实得到了充分的研究和广泛的接受，但我们继续以同样的方式投资，希望在下次市场崩盘时我们能做得更好。

投资者行为的定量分析

从事金融服务市场研究的达尔巴（Dalbar）公司，每年进行投资者行

① 就像本书误区2中提到的改善和财富。

② 再一次，我们将在本书误区9中分解现代投资组合理论的其余原则，让你思考：“我为什么要尝试坚持那个策略呢？”所以，即使你是那些认为自己凌驾于一切之上的人之一，或者是少数真正能克服自己情绪的人，成功地这样做仍然会让你陷入麻烦……

我真诚地相信，有些人确实有能力克服（或只是压抑）他们的情绪——毕竟，根据我在2008年的个人经历（在本书误区3中相关），（尽管我很年轻，钱是被赠给的）我自信地把自己归入这一类——但与此同时，我不再相信这是最好的策略。看完本书误区9和误区10，你就会明白其中的原因，到本书结束时，你也会明白一些更好的解决方案。

为的定量分析（QAIB）[1]。他们的研究表明了投资表现与个人投资者实际实现的收益之间的差异。从1986年到2015年，标准普尔500指数年收益率为10.35%，而持有类似股票的普通投资者年收益率仅为3.66%——这是1 000美元增长至近20 000美元与略低于3 000美元之间的差距！

达尔巴指出，造成这种差异的部分原因是客户向顾问和基金经理支付的费用（详见本书误区2）。但根据他们的发现，造成这种差异的最大原因是他们所称的“投资者自愿行为”。在这里，你会发现从众心理的影响，损失厌恶，以及无数其他导致我们表现不佳的人性因素。

投资者行为的定量分析（Quantitative Analysis of Investor Behavior，QAIB）列出了九种行为偏差，并将其定义如下：

- **从众心理：**追随他人的所作所为，导致“高买/低卖”。
- **损失厌恶：**对损失的恐惧导致在最糟糕的时候，也被称为“恐慌性抛售”。
- **狭窄框架：**不考虑对总量的影响就投资组合的一部分作出决策。
- **锚定：**保持专注于以前发生的事情而不适应不断变化的市场的过程。
- **心理会计：**从心理上区分投资绩效，以证明成功和失败。
- **缺乏多样化：**相信投资组合是多样化的，但实际上它是一个高度相关的资产池。
- **后悔：**对之前的失败感到遗憾，没有采取必要的行动。
- **媒体反应：**为了从广告商那里销售产品，吸引浏览量/读者群，媒体倾向于乐观主义。
- **乐观主义：**在现实中，过于乐观的假设往往会导致观点或投资方法发生相当大的变化。

---

① https：//www.dalbar.com/。

遗憾的是，这并非大脑对我们有害的全部。神经科学专家杰森·茨威格（Jason Zweig）[①]在伦敦欧洲资产管理协会（European Asset Management Association）发表的一篇文章中阐述了更多内容[②]。

- **幻觉的控制：**低成本、在线经纪平台的大量涌现，蛊惑投资者笃信投资组合收益的大小，与他们付出的关注程度成正比。

这使他们比过去的投资者更频繁地交易头寸，这导致了更大的交易成本，并**增加了许多其他行为偏差的频率。**

- **寻求刺激：**剑桥大学的沃尔夫拉姆·舒尔茨（Wolfram Schultz）和贝勒大学的里德·蒙塔古（Read Montague）共同研究了经济收益引发的多巴胺释放。获得的可能性或可预见性越低，释放的多巴胺就越多，持续的时间也越长。所有这一切巧妙地推动投资者参与更多（风险更高）的投机活动，以寻找他们的下一个大赢家（阅读：《多巴胺刺激》）。
- **预测成瘾：**杜克大学（Duke University）的神经心理学家斯科特·胡特尔（Scott Huettel）证明，在一件事连续发生两次之后，人类大脑会自动期待再一次重复。因此，当股票价格连续上涨两个点时，我们的大脑会直觉地认为下一笔交易也会上涨，即使这些过去的波动对接下来发生的事情完全没有影响。

一个人不需要完全了解所有行为偏差的程度，就能认识到一个问题：由于我们的情感本质，个人投资者的表现往往低于市场预期。

---

① 杰森·茨威格（Jason Zweig），自2008年起担任《华尔街日报》（*the Wall Street Journal*）的个人金融专栏作家，著有《你的钱和你的大脑》（*Your Money and Your Brain*）（西蒙与舒斯特，2007年）。他还被认为是本杰明·格雷厄姆（Benjamin Graham）教导出来的专家，格雷厄姆被认为是价值投资之父。茨威格是本杰明·格雷厄姆的《聪明的投资者》（*the Intelligent Investor*）（哈珀·柯林斯，2003年）修订版的编辑，沃伦·巴菲特（Warren Buffett）将其描述为“迄今为止最好的投资书”。

② http://jasonzweig.com/benjamin-graham-the-human-brain-and-the-bubble/。

自1994年以来，达尔巴一直在探索这一现象。在这些年和研究的不同时间段（每项研究的时间跨度从12个月到30年）中，由于“自愿投资者行为”而表现不佳的比例在1%~2%[①]。

这些数字

让我们再次参照本书误区1中的例子。还记得吗？我们在1926年投资的100美元，按照最初12.1%的假设，预计会增长到500万美元，但后来，它实际上（考虑到实际收益和低于平均水平的咨询和基金费用）只占总数的5.6%，只有28万美元（这甚至还没有考虑到税收、通货膨胀或顺序风险）……

好吧，当你诚实地考虑这些“自愿投资者行为”对你的长期收益可能产生的影响（至少接受你作为人类也可能成为这些非常人类倾向的受害者的可能性）时，你在这里的实际收益可能不到10万美元[②]。

这对你意味着什么？即使只考虑1%的低端“投资者自愿行为”假设，你的实际投资组合价值也会减少（见表6–1）。

表6–1　“投资者自愿行为”对10 000美元投资的额外影响

	平均12.1%	实际10.3%	咨询9.2%	基金费用8.7%	投资者行为后7.7%	
30年	310 000	187 000	139 000	120 000	90 000	低于71%
20年	99 000	71 000	58 000	50 000	40 000	低于60%
10年	31 000	27 000	24 000	20 000	20 000	低于35%

所以现在，即使市场做了过去所做的事情，你表现得像一个正常人……30年后，当你预测和计划超过300 000美元时，你的10 000美元投资仅增长到90 000美元。

① 达尔巴的历史投资者行为的定量分析报告。

② 使用“盖布”调查结果中1%的低端“自愿投资者行为”假设，最终价值将是我们最初预测的11万美元——2%。加上2%的高端假设，我们还剩下42 000美元。

误区：在市场崩盘期间不容易恐慌。

现实：人类生物学和历史学会提出不同的建议。

DISCOVER AND OVERCOME THE 16 MAINSTREAM MYTHS
KEEPING YOU FROM TRUE FINANCIAL FREEDOM

Stop Investing Like
They Tell You

误 区 7

基金将助你跑赢大盘

小心台阶间跨度

达尔巴并不是唯一一家对这种差异感到好奇的公司[①]。以共同基金星级评级系统而闻名的独立投资研究公司晨星（Morningstar）采取了不同的方法。在他们的年度报告《小心台阶间跨度》（*Mind the Gap*）[②]中，他们没有将投资者的收益与整个市场进行比较（如Dalbar所做的标准普尔500基准），而是将个人投资者的表现与他们所投资的基金（包括共同基金和交易所交易基金[③]）进行比较。

该研究显示了5个10年期的平均投资者收益率（截至撰写本书时，最新的报告显示2014年至2018年的10年期的情况）。这意味着最近的10年并没有包含2008年市场崩溃的所有混乱，因为它的范围是从2009年1月1日到2018年12月31日[④]。正如可能预期的那样，报告指出，在更加动荡的市场波动[⑤]期，投资收益率差距更大。这支持了"厌恶损失"的前提，即

① 在超过25年的任期内，达尔巴的工作并非没有受到批评。其中最具尖刻影响的一篇文章来自美国大学教授韦德·普弗（Wade Pfau）。普弗必须对用于生成"盖布"（报告）中结论的公式做出几个假设。鉴于这一公式的"黑箱"性质（在撰写本书时），很难确切知道他的批评有多有效。达尔巴将这个公式锁起来的事实也带来了它自己的担忧：要么该公司确实有什么东西要隐藏，要么由于当今计算能力的巨大，他们有理由担心会有模仿者，从而失去其作为市场上独特资源的价值。

② https：//www.morningstar.com/lp/mind-the-gap-global。

③ ETF最近的这份报告增加了一个有力的补充，根据晨星投资实验室，现在有更多的资金投资被动股票基金（指数基金和交易所交易基金），相比积极管理型基金（两者合计更多超过4T美元）。**这表明，即使采用"被动"投资策略，人类的情感仍然困扰着我们。**

④ 标准普尔500指数2008年下跌37%，2009年3月跌至低点。

⑤ **不稳定性（波动性）**的定义是容易发生快速和不可预测的变化，尤其是更糟糕的变化。

随着市场变得更加混乱，个人投资者表现不佳的幅度会更大。

研究显示，股票基金投资者的平均表现比他们所投资的基金低0.56%。也就是说，如果基金实现了7.06%的年化收益率，那么基金内个人投资者的平均收益比基金本身低6.50%~0.56%。

为了获得更多关于恐慌性抛售的事实和影响的证据，我们可以研究股票型基金相对于基金波动率表现不佳的细分情况。如图7–1所示，晨星公司根据这一标准将股票基金分成五等份。在美国，排名前五分之一的基金中波动最小（即价格随时间波动更稳定的基金），排名后五分之一的基金中波动最大（即价格波动更容易引发市场恐慌的基金）。

标准偏差五分位数	投资收益	总投资收益	差距
1	7.11	7.30	–0.19
2	6.98	7.18	–0.20
3	5.59	6.63	–1.04
4	5.77	7.18	–1.41
5	4.72	6.58	–1.86

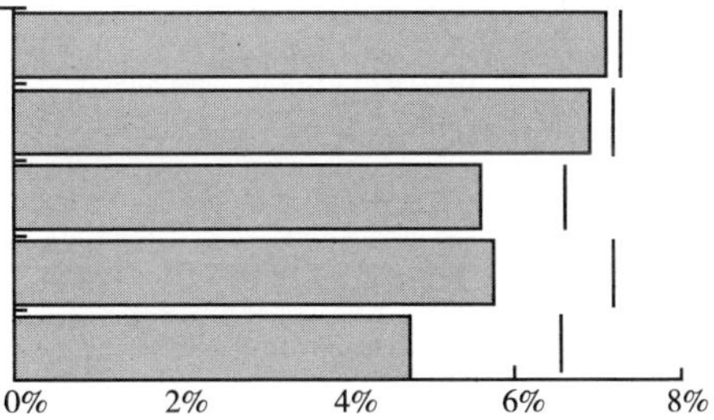

图7–1 波动性越小，结果越好[1]

恐慌性抛售的影响及其与剧烈波动的相关性在三个五分位数的差距中得到了充分的体现。中间组的平均差距为1.04%，而**最差的组别其基金表现为1.86%。**

那么，对于我们通过前几个误区得出的底线数字，这意味着什么呢？我们应该每年额外[2]提出来0.56%吗？至少……

① 改编自晨星公司的《小心台阶间跨度2019年》（*Mind the Gap 2019*），https：//www.morningstar.com/articles/942396/mind-the-gap-2019。

② 除了咨询费和基金费。

再次强调一下，我认为谨慎的投资者应该考虑到，这种计算已经是保守的，因为研究的五个时间段中的一个甚至没有考虑到市场崩溃期间投资者的行为[①]。

这就是我们应该计划的情况，对吧？

从历史上看，市场平均每4年就会经历一次15%或更多的下跌[②]。难道我们不应该做好准备，在你希望能够使用你的投资资金的10年内，应对大幅下跌吗？

无论如何，很明显（即使我们把那个极其繁荣的10年考虑在内）还有其他表现不佳的地方。那么，这种表现不佳是因为那些所谓的行为偏见吗？没关系。无论我们是否有它的名字——无论我们是否理解它——这种差异都是不可否认的。

然而，我相信，一个更准确（也更有帮助）的学习时期，应该是让我们看到所有5个10年周期反映亢奋—恐慌周期中的情绪所产生的影响。对此，我们可以看看晨星公司的《小心台阶间跨度2017年》（*Mind the Gap 2017*）[③]。在这项研究中，美国大盘股[④]基金的投资者的10年平均收益差距年化1.41%！

正是这些情绪的起起伏伏时期——导致人们以意想不到的方式作出反应——最终导致市场收益率表现不佳。

---

① 截至2018年的10年期间，标准普尔500指数的收益率（包括再投资股息）为：27%、15%、2%、16%、32%、14%、1%、12%、22%和-4%，在此期间，下行波动相对较小（与历史上绝大多数几十年相比）。

② 标准普尔500指数每年大约下跌10%或以上，平均持续114天（从高峰到低谷）。它经历了大约每4年一次15%或更多的下降，平均270天。它大约每7年下降20%或更多，平均431天。资料来源：RIMES、标准普尔。

③ 晨星，截至2016年12月31日的数据。

④ 大盘股的市值（股价乘以流通股数）往往在100亿美元或以上。标准普尔500指数中的几乎所有股票都符合这个特征。它们占据整个美国股市的90%以上（如威尔希尔5000总市场指数）。https：//wilshire.com/Portals/0/analytics/indexes/characteristics/wilshire-5000-characteristics.pdf。

基金业绩

但请记住,《小心台阶间跨度2017年》是在比较投资者收益与基金收益，而不是我们的基准指数标准普尔500——我们最初形成12.1%理论的标准。现在，对于那些使用被动型基金的投资者来说，0.56%的差距[①]可能是公平的。但是，对于仍然依赖主动基金经理专业知识的另一半投资者来说，在主动型基金经理中，差距将会更大。那么，这些积极管理的基金与我们过去的市场基准相比如何呢?

标准普尔道琼斯指数（S&P Dow Jones Indices[②]）就是为了解开这个谜题。自2001年以来，他们发布了标准普尔道琼斯指数与活跃指数（SPIVA）记分卡。而2020年的数据并不乐观[③]。截至2020年12月31日，超过75%的美国大型基金在过去5年期间（从2015年1月1日起）表现低于标准普尔500指数。但是，整个2020年是一个波动相当大的一年，是一个积极的基金经理声称他们会大放异彩的一年。不过，其中60%的基金的表现还是落后于标准普尔500指数。

2020年也不仅仅是唯一一年出现异常现象。事实上，自他们2001年开始跟踪以来，这是个人年度表现较好的半年（见图7–2）。

别担心，戴夫·拉姆齐（Dave Ramsey）有办法：只要找到一个一贯的基金击败市场。你知道，在过去5年里，25%的基金表现出色。就这么简单！拉姆齐是个性的，克里斯·霍根（Chris Hogan）解释道[④]：你希望选择具有强劲历史收益的基金。关注长期收益，如有可能，10年或更长时间。你不是寻找一个特定的收益率，但你确实需要一个始终优于大多数同类的基金。

---

① 请记住，0.56%的数字来自包括被动资金在内的研究。1.41%仅包括积极管理的基金。

② 标准普尔全球公司的一个部门。

③ https：//us.spindices.com/spiva/。

④ https：//www.daveramsey.com/blog/how-to-choose-the-right-mutual-funds。

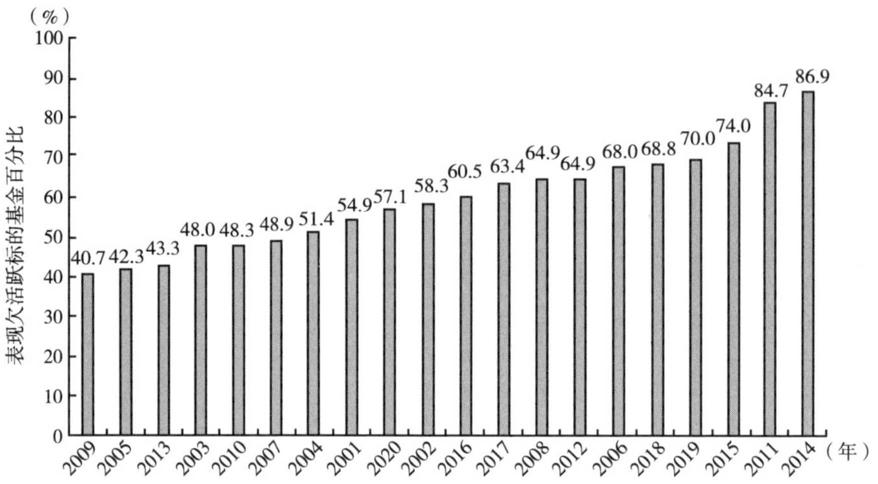

图7-2　国内股票基金表现与标准普尔综合1500指数的比较[①]

资料来源：SPIVA美国记分卡2020。标准普尔道琼斯指数有限责任公司截至2020年12月31日的数据。图表的目的用于说明，过去的业绩不能保证未来的业绩。

这一切听起来都很容易。但在实践中，事实证明，这并不是基金年复一年的收益率。同样的基金并不总是名列前茅。事实上，从历史上看，在某一时期表现最好的基金在下一时期再次处于高位的可能性并不比它们处于低位的可能性更大……

运气还是技能？

《标准普尔持久性记分卡》[②]每年都会研究这种现象。截至2015年9月初，国内大盘共同基金有220只排名该类别的前25%。如果任其发展，25%（或55只）的相同基金仍将在第二年的同类基金中排名前25%。然而，实际上，只有14%（31只）的基金做到了这点了，**远远低于预期！**

5年后（2019年9月），如果有机会，我们也会看到一位众星云集的杰

① 标准普尔综合指数1500代表了美国1 500家最大的上市公司。

② 过往的表现重要吗？《持久性记分卡》，2019年12月。

出人物。然而，现实再一次没有那么美好，留给我们的是零。在过去5年里，没有一家美国大型基金公司能够在同类基金中保持在前25%。

但在这些报告中，情况并非总是如此——经常有一两家基金公司仍然存在。但事实上，一只基金在这里的持续表现接近或低于预期，这应该促使你反思，“依然坚挺”是否是运气的标志，而不是技能的标志。

当然，也许年复一年，持续的基金表现并不比运气好。但你在乎的是长远，对吧？那么，5年期间排名前25%的基金呢？在接下来的5年时间里，这些“优秀”的经理人有足够的时间去超越他们的表现吗？

在标准普尔道琼斯指数最新的业绩记分卡中，在前5年（截至2014年9月）名列前25%的基金中，有30%在2014年至2019年期间也名列前25%。的确，比概率（25%）略高！

然而，情况并非总是如此。在2017年的绩效记分卡中，只有22%的人仍然名列前茅——低于可能的概率。更有趣的是，在第一个五年期排名靠前的基金中[1]，有28%的基金在第二个五年期末的表现最差，根据过往业绩选择基金的投资者（就像拉姆齐公司所建议的那样）选择失败者的概率**比选择明星基金的概率要高！**

考虑到这些数据，很明显，基金大部分时间都表现不佳。但是他们这样做的程度是难以计算的[2]。造成这种默默无闻的表现的主要因素之一被称

---

① https：//www.economist.com/finance-and-economics/2017/06/24/fund-managers-rarelyoutperform-the-market-for-long。

② 这是我想要在这里考虑的一个数字——如果没有别的原因，只是为我们提供了一个非任意的、额外的百分比，我们应该据此调整我们的计算。

为“生存偏差”。

生存偏差

基金行业一直是一个利润极其丰厚的行业。这些共同基金背后的大型金融公司知道如何盈利。几十年来，他们已经学会了什么是有效的方法，即把所有东西都往墙上扔，看哪些能粘住。基金公司不断地构思和推出新的共同基金，以满足投资者贪婪的胃口。抛硬币吧，有些新基金的表现会在所有基金中名列前茅令人惊喜。如果这些公司能够推出足够多的产品，甚至有可能有一些公司连续5年（甚至10年）的表现都优于其他公司。

对这些基金公司来说，趁热打铁——这是他们出手的时候。他们倾其所有，用它那闪亮的、持续跑赢大盘的新纪录来推广这只基金。

对于基金公司来说，第一年[①]的投资收益率（ROI）是如此之高，所以，不管花多少钱，把这一纪录到处宣传都是值得的。比如，《华尔街日报》、美国消费者新闻与商业频道（CNBC）。全世界都需要知道这只基金有多棒！

不过，我们现在知道真相了，不是吗？尽管5年或更长时间的表现优于大盘，但这似乎也与未来的高收益毫无关联[②]。

所以，这就是基金公司所追求的：这是他们的“金鹅”。他们会骑着它，直到它表现不再出色，然后他们会转向下一个。

只要他们继续努力……就会有下一只“金鹅”——下一个值得推广的伟大纪录。

但是，他们投入投资领域的那些无用的（持续表现不佳的）产品呢？他

① 戴夫·拉姆齐（Dave Ramsey）和许多财务顾问都主张，投资者要提前支付5.75%的销售费用。

② 我并不是说一只基金不可能一直跑赢大盘。甚至，这可能要归功于一个真正有技术的管理团队。我在这里说的是，一个人的记录似乎是一个极其有缺陷的，你没有更好的机会找到未来的赢家。遗憾的是，我不确定是否有更好的解决方案。

们只是把这些都掩盖起来。他们要么通过清算，要么通过合并来实现这一点。

如果你的谋生之道是兜售共同基金，你发现自己手上有一件这种无用的东西，那么你会怎么做？股市表现不佳的时间越长，就越难以争取到支持并阻止投资者资金外流。“可恨的晨星1星评级！”

好吧，如果你的基金规模足够小，那么你可以卖掉它的所有资产，然后把收益分配给基金的股东①，这就是清算。

你可以将你的低水平基金与目前表现较好的基金“合并”。你还是会卖掉所有资产，但你会立刻把它们转移到另一只基金。瞧！现在，那笔旧基金的糟糕业绩已经不复存在了！你可以继续推广业务和推荐你的“优胜者”。

这种清算或合并的过程一直都在发生。**在过去的15年里，57%的国内（美国）股权② 基金被合并或清算**。例如，在5年之后，484只国内股票型基金中有四分之一的基金排名垫底。

截至2014年9月，超过30%的基金公司（150家）在接下来的5年时间里③被合并或清算——就这样，它们消失了。

伯顿·麦基尔（Burton Malkiel）在2013年修订他的投资经典著作《漫步华尔街》（*A Random Walk Down Wall Street*）时，曾有传闻称，当他1970年首次开始写这本书时，市场共有358只共同基金。今天，市场有数千只。“我们只能测量84只原始基金的长期记录，因为其他274只已经不存在了。因此，书中展示的数据属于幸存者偏差，你可以肯定，幸存下来的基金都是那些记录最好的基金。”

看起来，在你今天能找到的每一只成功的基金中，都有几十只——也

---

① 有些基金只持续一年，有的持续3年，有的持续5年。这使得所有共同基金的平均收益率的计算变得复杂起来。

② 股票。

③ 斯皮瓦（SPIVA）的2019年绩效记分卡。

许几百只——有着足够糟糕的业绩记录，以至于它们的母公司完全将它们拒之门外。

金融公司对那些不“粘手”的资金是这样处理的。而且它留下的混乱局面让人无法确定整个共同基金的年均表现是否欠佳。

有证据表明，选择持续“赢家”的概率似乎并不大于（在某些情况下甚至更糟）随机的概率。

总之，基金平均表现明显逊色，任何一年的优异表现都与未来的跑赢大盘无关。

> **误区：**基金将助你跑赢大盘。
>
> **现实：**基金的平均表现明显不佳，任何一年的表现都与未来的表现无关。

DISCOVER AND OVERCOME THE 16 MAINSTREAM MYTHS
KEEPING YOU FROM TRUE FINANCIAL FREEDOM

Stop Investing Like
They Tell You

误 区 8

顾问会帮助你克服你的情感偏见

顾问能够救援吗？

所有这些都很有趣[1]，但它真的与那些雇用财务顾问的人有关吗？这是他们工作的一部分，对吧？

在混乱时期说服你摆脱困境？那么，这些达尔巴和《小心台阶间跨度》（*Mind the Gap*）中投资者表现不佳的数据真的适用于你吗？

绝对有用！你看，这些数字不仅是为那些没有寻求“专业”帮助的散户投资者[2]计算出来的[3]，它们还是根据所有市场参与者的表现计算得出的。这意味着，爱德曼所有120万客户的表现都反映在这些数据中——“专业人员手把手教你”等。

也许你认为大多数人都很愚蠢。这可能是真的。但市场上绝大多数的钱都掌握在远非愚蠢的人手中。你可能会想：“我可以比我的邻居做得更好。”

同样，这也可能是真的。但是，你不可能比杰夫·贝佐斯（Jeff Bezos）、马克·扎克伯格（Mark Zuckerberg）或其他超高净值的个人获得更好的信息或建议。

想想那些最富有的美国人。难道你不认为他们会雇用“最好的”金融专业人士来管理他们的资金，以帮助他们避免这些凡人所犯的悲伤的小情

---

① 至少对我来说……我希望这对你也有帮助！

② **散户投资者**是对个人、非专业投资者的行业术语。

③ 我怀疑，如果我们只考虑那些不知情的普通投资者，那么情况会更糟。

感错误吗？事实上，最富有的10%的美国人拥有84%的股票市场①。

因此，达尔巴和晨星的数据不仅包括顾问和专业人士，实际上他们构建了完整数据。显而易见，这些数据能代表普通投资者在专业人士指导下的预期表现。

全貌

那么现在，面对这个情感现实，让我们回到对里克·埃德尔曼（Ric Edelman）和戴夫·拉姆齐（Dave Ramsey）建议的探讨②。假设埃德尔曼的高薪顾问们都很擅长自己的工作——能够帮助你将这些“行为偏差”的损失限制在达尔巴的“自愿投资者行为”研究结果的低端（1%）。拉姆齐认可的本地供应商③（ELP）能够帮助你将情绪损失限制在晨星信托管理的共同基金表现低于1.41%的平均水平（由于很难知道任何精确的值，正如本书误区7最后部分所探讨的，我们必须忽略一个明显的事实，即这些单个基金本身的平均表现比市场还差，因此，我们在这里的最终数据是一个保守的预测）。

表8-1　专家的假设与12%的预期　（单位：美元）

	10年	20年	30年
12%的预期	103 273	408 494	1 356 463
拉姆齐假设	73 705	207 257	465 778
埃德尔曼假设	78 247	220 182	495 212

① 美国国家经济研究局，2017年11月。

② 参见本书误区2。

③ 这只是戴夫·拉姆齐（Dave Ramsey）对他的潜在客户生成系统的名称。人们信任他，所以他们在他的网站上输入他们的名字。随后，他将该名称转发给三个电子学习产品，这些电子学习产品覆盖了潜在客户所在的区域。然后，我们鼓励这些电子学习产品尽快与潜在客户联系，以确保业务安全。如今，他的投资行业电子学习产品被称为智能投资者专业人士。

尽管我非常（公开地）不同意拉姆齐的投资理念，但他为我提供了八个ELP名额之一。所有这一切都是因为每月只需750美元的低额付款！目前，在较大的大都会统计区——大城市（MSA）中获得一席之地，每月需要花费参与顾问超过900美元。

鉴于这些历史上的平均考虑因素，你只剩下最初预期的35%（这还不包括通货膨胀、税收和序列风险）。尽管不完美，但这些都是基于历史的衡量方法，衡量的是行为偏差对我们实际长期收益的真实后果。

根据这些专家的假设，仅这些国家就将30年的预测再削减了6位数[①]。

你可能会想："我高于平均水平。我不需要考虑额外的1%或1.41%的'情感'折扣。"你很可能会高于平均水平，（事实上，我相信本书至少有一半的读者会……）但有些读者的水平也一定低于平均水平。而且他们的收益可能比我们刚才讨论的还要糟糕得多。

不幸的是，你真的不可能事先知道你会成为什么样的人。我们在这里讨论的潜在的引发恐慌的事件是很少的，而且与之前的任何实例都非常不同！

过分自信

关于平均水平的有趣之处在于，超过一半的人认为他们在大多数事情上都高于平均水平。当然，根据定义，这是不可能的。这是另一种"行为偏见"。过分自信，你自然会认为自己高于平均水平。例如，在一项研究中，81%的新企业主认为他们有70%或更高的成功机会，但只有39%的同行这么认为[②]，另一项研究发现，在安全方面，美国82%的年轻司机认为自己在同龄人中处于前30%。

彼得斯（Peters）和沃特曼（Waterman）在《追求卓越》[③]（*In Search of Excellence*）中介绍了一项对成年男性进行随机抽样的心理学研究。在被要

① 与我们之前（行为前偏见）在本书误区2结尾的同一图表的评估相比：拉姆齐预测的是159 637美元，埃德曼预测的是114 594美元。

② 埃尔沃利尼（Ervolini），文学硕士，2014，《管理股票投资组合：提高技能和投资流程的行为方法》。马萨诸塞州，剑桥：麻省理工学院出版社。

③ 《追求卓越》（*In Search of Excellence*）对IBM、惠普等43家美国经营成功的企业进行系统研究，总结出优秀企业的八大特征。该书于1982年首次出版发行。——编者注

求对自己与他人相处的能力进行排名后，“所有受试者都把自己排在人群的前50%。其中，60%的人把自己排进人群的前10%，还有25%的人谦逊地认为自己是人群中的前1%[①]。”

你很可能高于平均水平，但上述差距给你留下了很大的鸿沟。

最重要的、具有讽刺意味的是，这种对投资界的过度自信可能会导致更糟糕的表现。如果你仔细想想，那些信奉“坚持到底”的主流信条的高水平投资者可能最终受到的伤害最大。卡尔·理查兹（Carl Richards）总结如下：

> 最大的讽刺是，那些尽最大努力地坚持自己的计划的人——那些在最终投降前坚持时间最长的人——最终受到的伤害最大，因为他们买的是最接近峰值的股票。一旦那些顽固不化的人屈服了，你就知道“山顶”不会太远了，因为再没有人可以买了。

我认为反过来也是对的。当市场“自由落体”时，“纪律严明”的投资者在他们最终投降之前坚持的时间最长，所遭受的损失最大。

对于那些真正有能力“坚持到底”的人

即使你百分百确定你不会“突破自己”，接下来的两个误区也会让你对这个策略产生怀疑。他们应该让你重新考虑你那无论如何都要坚持下去的冷酷愿望。

记住，我就是那个人。当我的朋友和同事们试图说服我的时候，我一直在一旁观望。在混乱的坠机事件中，我一直保持纪律[②]，我已经向自己证明，只要我愿意，无论发生什么，我都可以坚持主流路线。

---

① 彼得斯，T.J.和小沃特曼，R.H.，1982，《追求卓越》。纽约：哈珀（Harper）和罗（Row）出版公司，56–57。

② 例如，我在2008年金融危机期间的经历详见本书误区3。

在这一点上，经过我所有的研究，我发现简单地“坚持”股票和债券的投资组合并不是“灵丹妙药”。我发现，在未来，这甚至可能是你完全错误的行动方案。

> **误区：**一个顾问将帮助你克服情感偏见。
>
> **现实：**截至目前，我们审查的数据主要是投资者，他们的顾问试图“帮助他们”。证据表明，一个“贬低”你的顾问并不等于其在市场上有超常的表现。

DISCOVER AND OVERCOME THE 16 MAINSTREAM MYTHS
KEEPING YOU FROM TRUE FINANCIAL FREEDOM

Stop Investing Like
They Tell You

误区 9

你只需要购买并持有股票和债券

理解现代投资组合理论

解决这整个“情绪问题”的流行方法——帮助你避免在所有错误的时间买进卖出——是一个被称为“现代投资组合理论”（Modern Portfolio Theory，MPT）的学术概念。它已经演变为顾问使用的首选投资策略，并被世界各地的学者和权威人士推广。在很大程度上，它是无人质疑的，被广泛接受为“投资福音”。

“我认为买入并持有是一堆废话。”

——马克·库班（Mark Cuban）

这一理论是由哈里·马科维茨（Harry Markowitz）在1952年发表在《金融杂志》上的一篇论文中率先提出的[①]。金融界对这个理论喜爱有加，后来还授予他诺贝尔奖以表彰他的贡献[②]。

现代投资组合理论是一种“关于风险厌恶的投资者如何构建投资组合，以优化或最大化基于给定市场风险水平的预期收益”的理论[③]。这种理论的观点认为，通过适当的股票和债券组合[④]，人们可以分散任何可能超出

---

① 马科维茨，H.M.，“投资组合选择”，《金融杂志》，1952，7（1）。

② 不要介意他的观察，即该模型**从未打算应用于日常投资者**，所以……就像整个金融世界一样，我们暂时会忽略这一点。别担心，我们很快就会回来。

③ 投资百科，2020。https：//www.investopedia.com/terms/m/modernportfoliotheory.asp。

④ **债券**是指投资者向借款人（通常是公司或政府）提供的贷款。它通常被认为是比股票更保守的投资，因为它代表贷款期限结束时到期的特定金额，通常包括借款人在此过程中向投资者的付款。有关更详细的探索，请在SpicerCapital.com/Go网站获取免费的配套资料。

他们承受能力的风险。

为此，股票和债券已成为大多数个人投资者投资组合的简单组成部分。

自我评价

现在正是你考虑所有投资的好时机。去把你的账户调出来。让我们看看你今天的主要投资组合是什么样子的。去做吧。真的。我会等待。

那么，你的股票/债券配置是什么？是60/40吗？或者是70/30？还是80/20？你的投资组合是否完全来自股票和债券？也许你会拿出5%~10%的资金用于其他投资，比如房地产或大宗商品。你认为这足以降低只投资于两种主要资产类别（股票和债券）的风险吗？其他人是存在（这种选择）的，你知道。毕竟，分散投资是现代投资组合理论背后的一个关键原则，但大多数从业者仍然建议你几乎只投资股票和债券。

多样化

多样化和相关性的重要性对于理解现代投资组合理论的不足是至关重要的，所以一定要了解这部分内容。多样化的概念被印证为一条老生常谈："不要把所有的鸡蛋放在一个篮子里。"其理念是，通过在投资组合中混合某些资产类型，你可以以更低的风险实现更高的收益。我们不必深入这背后的数学问题，才看到它的意义。

一个简单的例子

在20世纪初，有数百家独立制造商试图在汽车行业取得成功。到20世纪20年代末，这一情况被福特和通用汽车主导。如果你在福特成立之初就购买了它的股票，那么今天你就会赢得很漂亮。但是，如果你选错了，把你所有的积蓄都放在了错误的“马背”上——众多汽车制造商之一破产了——那该怎么办？

这是最基本的多样化需求。如果你对汽车行业很有信心，但又不确定该押注哪一家公司，就直接在这数百家汽车制造商中的每一家都买一点股票，那么结果会怎样？

当然，你会经历很多相对微小的失败，但少数的长期成功会为你的投资组合带来可观的收益。与试图预测哪匹“马”会获胜相比，把赌注押在汽车行业整体上更安全，也更有利可图。马科维茨称这种现象为“唯一的免费午餐”。通过分散投资，投资者可以在没有额外成本的情况下降低风险，同时提高预期收益。**这是不劳而获的伎俩**[①]。

比以往更容易

在一个资产类别内实现多元化从未如此容易。如今，如果你想押注汽车行业，那么你可以找到追踪某一特定行业指数的交易所交易基金（Exchange Traded Fund，ETF）。把你的钱投资到这样的基金中，就像在相关行业或部门中购买每一家上市公司的股票一样。事实上，投资者可以利用交易所交易基金在大多数类型的投资中实现多元化。

投资追踪指数的交易所交易基金，而不是投资于单只股票，可以消除单只股票破产的风险，从而使你失去所有的投资。它可以让你在整个投资类别中分散投资，比如大型美国公司[②]。

其实，交易所交易基金提供一种具有成本效益的方式。这些基金根据既定规则投资其标的资产，通常只是系统地跟踪和模拟各自指数的确切构

---

① 从技术上讲，你放弃的并不是“一无所有”：你是在减少可能伴随投机或赌博而来的收益（不要与预期收益混淆）。

② 例如，通过一只追随标准普尔500指数的ETF。

成。因此，它们不需要昂贵的管理人员，也不需要太多的管理费用[①]。

如果你投资一只标准普尔500指数的交易所交易基金，那么你就会拥有组成该指数的500家公司中[②]的每一家的一小部分，这样做只会花费你很少的时间和金钱。全球有数以万计的公司利用交易所交易基金提供了一种相对便宜的方式，来获得更多样化的敞口，分散风险。这种多样化使你的收益更加平稳，使其更可预测，波动性更小。

早在本书误区1中，我们已经探讨了降低波动性产生的重大长期效益。还记得这两个投资组合的比较吗？其中一个在10年里有7年表现优异的投资组合，在总体上仍然表现不佳。

造成这种明显矛盾的原因归根结底是由于在一个账户上的损失比收益更大[③]。

在本书误区7中，我们再次看到，共同基金或ETF的波动性越大，其相关投资者的收益就越差[④]。

简而言之，减少波动性是对可行财务计划的可喜补充。

多样化的主要目标之一是尽量减少损失。这就是为什么投资的多样化是如此重要[⑤]。你可以在一个资产类别内分散投资，就像我们刚刚谈到的ETF一样。你也可以在不同的资产类别上分散投资——把一些钱投在大公司的股票上，一些投在国际股票上，另一些投在政府发行的债券上，等等。

这就是相关性的作用：它帮助你以稳定的方式分散投资。

---

① 交易所交易基金的年费低至0.02%（ETFdb，2020年5月，https：//etfdb.com/compare/最低费用比率/）。即每投资1 000美元就获得20美分的收益。超级便宜！

② 有趣的事实：标准普尔500指数中通常有超过500只股票，例如一些公司有多个股票类别，如伯克希尔哈撒韦公司和Alphabet（谷歌）。在撰写本书时，标准普尔500指数中有505只股票。

③ 如果你不记得这一点，你应该回去再学一遍——如果你想从本书的其余部分获得最大的收获，这是一个非常关键的概念……包括我们在本书误区15和误区16中探索一些潜在的解决方案！

④ 自晨星公司2019年《小心台阶间跨度报告》。

⑤ 但不要过度多样化，这一点我们将在本书误区15中更详细地讨论。

相关性

理解相关性可以帮助你大幅减少整个投资组合的波动。基于历史数据，相关性度量两种资产相互关联移动的程度。这个关系被赋值为1和-1之间的值。这个数字被称为**相关系数**。

当资产同步移动时，存在正相关关系。如果一个下降了，那么另一个也会下降。如果一个上升，那么另一个也会上升。相关系数越接近1，说明资产的同步程度越高。例如，美国和国际股票往往保持接近1的相关性：当一个发达国家的股票表现良好时，全球其他发达市场的股票平均也会表现良好。系数在0附近意味着几乎没有关系。

负的系数意味着资产趋向于相反的方向——当一个上升时，另一个趋向于下降。例如，从历史上看，股票和债券的相关性很低。在过去，它们的系数大多为负——它们朝相反的方向移动。然而，自1990年以来，债券倾向于与股票的走势相同（呈正相关），尽管这种相关性仍然相对较低（接近于0而不是1）。

在你的投资组合中加入不相关的资产可以使你的收益年复一年更加一致。当一种资产类别下降时，另一种不相关或负相关的资产类别可能上升。这种一致性降低了投资组合的波动性，正如我们所看到的，这可以带来更高的长期收益。

如今的现代投资组合理论（Modern Portfolio Theory）认为，投资者最好通过购买和持有一个股票和债券投资组合，使用广泛、低成本的ETF为每个资产类别（大公司股票、小公司股票、公司债券等）提供资金。由于股票和债券历来关联度较低，这种组合的理念是降低风险，实现平稳收益。

沃伦·巴菲特和查理·芒格在伯克希尔·哈撒韦公司年会的问答期间讨论现代投资组合理论……①

芒格："现代企业融资课程中教授的大部分内容都是蹒跚学步的。"

巴菲特："愿听详解？！"

芒格："你不能相信这些东西：现代投资组合理论……"

巴菲特："……它没有效用……它是精心制作的。有很多小希腊字母和各种各样的东西让你觉得自己在大联盟中，但没有附加值。

芒格："对于现代投资组合理论，我有点像迟钝的学生一样难以理解。而它还涉及一种甚至让我无法名状的错乱！如此离奇古怪的东西，竟然大行其道。"

"最坏的情况"假设

现在你已经对现代投资组合理论应该如何工作以及为什么工作有了深入的理解，让我们来测试一下你的决心。现代投资组合理论依靠历史数据来支持其假设，即为你提供一个你可以容忍的风险水平。但它总是以平均收益和标准差②的形式进行呈现，这使人们很难理解极端情况。

让我们考虑一些最坏的情况吧。如果你现在在市场上有钱流通，那么在考虑这些问题时，要考虑到你自己的钱。如果没有，请注意，这将影响你最终实施的长期储蓄策略。

① https：//buffett.cnbc.com/annual-meetings/。

② 标准差是一种在金融中用来解释历史波动的统计度量方法。过去价格区间（高点和低点）较宽的证券和市场将有较高的标准偏差。因此，规模较小、波动较大的股票会有较高的标准差，而稳定的大公司的标准差通常要低得多。从历史上看，股票市场的标准差高于债券市场。

历史最坏的情况

美国股市最糟糕的20年是“咆哮的20年代”（Roaring 20）之后的崩盘时期。股市在1929年9月3日达到381点的峰值，并在1932年7月8日触及41点的低谷。它用了25年的时间才达到新高。在1929年到1948年的20年间，市场平均收益率每年仅增长1.7%[①]。

1989年的日本经历了发达国家股市最糟糕的20年时期[②]。市场在1989年12月29日达到38 957美元的峰值，在2009年3月10日跌到7 054美元的最低点[③]。它还没有完全恢复，也就是说，从1989年到2009年的20年间它还没有达到新的高度（当年收盘价为10 546.44美元），市场平均收益率每年下跌4%[④]。

这些场景会为你的投资组合带来什么影响？

让我们假设美国债券的平均历史收益率[⑤]，并且你在此期间没有进行供款或取款——正如我们所看到的（见本书误区4），这有可能使我们即将研究的这些收益变得更糟糕……

我们还将假设（这是一个很大的假设）你会一直投入其中。正如本书误区6中所讨论的那样，对于大多数投资者来说，这不太可能，特别是考虑到我们谈论的是，在短短3年内，第一种情况会迅速下降89%，而另一

① 如果你把从持有的股票中获得的股息进行再投资，你只需“坚持”15年就能收回最初的投资。注：如果本书的目的只是证明一个观点，我们可以省略红利。但这不是我们的目标，我们的目标是诚实地探索我们的投资现实，这样无论发生什么，我们都能最好地适应并长期发展。因此，在这种情况下允许股息再投资是更现实的。

② 日经225指数就是一个例子。

③ 在撰写本书时，30多年后，它仍然保持着昔日高点的一半左右。

④ 这两个数字（1.7%和–4%）都是假设误区2中列出的顾问和基金费用低于行业平均水平（分别为1%和0.4%）。然而，它们没有考虑通货膨胀或税收。根据这段时间的平均通货膨胀率进行调整，投资者实际上每年会损失7%！

⑤ 最常用来表示美国投资级债券表现的指数是彭博巴克莱美国综合债券指数（该指数之于债券，就像标准普尔500指数之于股票——约占美国债券市场的43%）。过去15年，该指数平均年化收益率为4.44%。

种情况则是像过山车一样缓慢而痛苦地下降82%。你会这样坐着看吗？你愿意吗[①]？

投资组合的影响

鉴于上述假设，表9-1是每隔20年不同投资组合的表现。

表9-1　　投资组合年化收益率给定历史最坏的情况

	100/0	80/20	60/40	40/60
美国大萧条	1.70%	2.37%	2.97%	3.50%
日本失落的十年	−4.00%	−0.92%	0.99%	2.40%

注：每列顶部标签的第一个数字代表你的假设投资组合中配置股票的百分比；第二个数字，债券的百分比。图表中的百分比显示了每种投资组合的年化收益率，前提是上述每种场景的假设成立。

如果你以40/60的股票/债券组合投资了20年，你20年前投资的10万美元只能增长到14万美元（100/0）或19.9万美元。相比之下，一般“保守估计7%”的增幅为38.7万美元。

即使有债券，那些负增长的年份也会阻碍你的长期计划（特别是如果你完全依赖现代投资组合理论）。

如果你认为这些日本股市的假设也有可能出现在美国市场（当然有，为什么不可能呢？），那么潜在的“最糟糕情况”就更可怕了。20年后，你的10万美元只值4.4万美元（100/0）到16万美元（40/60）。

再说一次，这都是假设你在整个过程中“按计划行事”，尽管所有的混乱不会因投资或撤资而使自己面临序列风险，但这些因素（加上税收和通货膨胀）使现实情况更加严峻。

通过这些例子，你可以看到，在股市增长特别缓慢的时期，债券可以

① 在本书的下一个误区中，有更多关于为什么你甚至不想这么做的说明。

为你的投资组合增加一些价值。在这两种极端情况下，债券在显著提高总体收益方面都做得很好——即使这些“改善”远远低于任何主流的20年预期。

债券市场不景气

这一切都是在假设债券收益率来自近期的历史平均水平的前提下得出的。为什么不，至少探索一种历史上最糟糕的情况，把债券持有者收益的最糟糕时期混合到这些糟糕的股市情况中。

因为，说实话，我不认为这是一个对债券近期表现不切实际的假设。沃伦·巴菲特对此表示赞同：“债券如今不是投资的好地方……全球固定收益投资者——无论是养老基金、保险公司还是退休人员——都面临着黯淡的未来[①]。”

请记住：债券与股票的相关性很低，不相关的东西往往会独立移动。股票和债券可能同时表现很好，股票可能表现很好，而债券可能表现很差，反之亦然，当然，股票和债券在同一时期的表现都可能很糟糕。

在过去的几十年里，债券一直是一个受欢迎的补充，因为它们一直处于疯狂的牛市中（在某种程度上，相对温和的债券牛市也可以疯狂）。这与20世纪80年代以来利率的逐步下降是相关的：利率和债券是负相关的。当利率上升时，债券表现不佳。当利率下降时，债券表现良好。

然而，今天的利率接近于0%。上一次债券收益率如此之低时，接下来的几十年对债券持有人的收益来说可不是什么好兆头。

想想我们本轮牛市开始前的几十年。从1953年到1981年，随着利率

---

① 沃伦·巴菲特2020年致伯克希尔·哈撒韦股东的年度信函。https：//www.berkshirehathaway.com/letters/2020ltr.pdf。

从1%上升到20%①，债券扣除通货膨胀后的平均年收益率只有0.2%（见图9–1）。

图9–1 美国利率：1953—2021年

注：阴影部分是美国经济衰退期。

资料来源：美国联邦储备系统理事会和晨星直通的利率数据（以有效联邦基金利率衡量）。对于股票，我们使用：标准普尔500指数；固定收益：巴克莱美国阿格债券交易。

"投资债券的经济学已经变得愚蠢了。"

——雷·达里奥（Ray Dalio）

更糟糕的"最坏的情况"

不经通货膨胀调整，多元化债券投资组合的最差20年年化收益率为0.79%②，考虑一下，如果这是你未来几十年的平均收益（当你准备退休时，或者更糟的是，当你进入退休时）对你的投资组合的影响。有了这个改变，你的收益会是这样的。

① https：//fred.stlouisfed.org/series/FEDFUNDS。

② 从1940年到1959年，由3个月期国库券、美国国债和投资级公司债券组成的多元化债券投资组合，在我们一直使用的相同的咨询和基金费用假设下，可以实现0.79%的年化收益率。债券数据来自：http：//pages.stern.nyu.edu/~adamodar/New_Home_Page/datafile/histretSP.html。

表 9-2　　基于历史假设的投资组合年化收益率进一步恶化

	100/0	80/20	60/40	40/60
美国大萧条	1.70%	1.53%	1.35%	1.17%
日本失落的十年	-4.00%	-2.62%	-1.54%	-0.64%

注：每列顶部标签中的第一个数字代表你分配给股票的假设投资组合的百分比；第二个数字代表债券的百分比。图表中显示的百分比显示了每个投资组合的年化收益，给定上述每种情景的假设。

假设你投入的美国债券越多，你的结果就越糟糕——从14万美元减少到12.6万美元（40/60）。而且，以日本为假设，债券仍无法带来正的20年年化收益。即使是“超级安全”的40/60投资组合（根据现代理论和实践，这种投资组合可能被推荐给一个60岁的人来轻松使用），你仍然无法做到收支平衡——在这20年结束时，你的账户上只剩下8.8万美元[①]。

这些收益与你的“多元化”计划对增长的假设有多大不同？如果你现在30岁左右，这将如何影响你的退休计划——你实现目标的能力？如果你现在60岁左右，这对你退休后的生活质量有多大影响？

你接受这个现实吗？你只要看看自己80%的股票投资组合，就会意识到，尽管采用了传统的分散投资方式，但未来20年平均每年亏损超过2%的现实可能性还是存在的。

这些长达20年的**噩梦**场景是否不可能在未来发生？**接受这种潜在的可能性**是不是很疯狂？

当然不是。为什么会这样？

这想法可不怎么好。这让财务顾问的工作变得更加困难。但这些情况都是有可能的。别误会我的意思，我并不是说它们有可能。但即使你不认

① 同样，考虑退休人员的提款，这些收益会大幅下降（由于顺序风险，在本书误区4中详细探讨）。

为它们有可能，它们也存在非常真实的可能性。毕竟，它们直接来自历史（学者们喜欢关注这些理论的创始人）。

我在本节中多次强调这些数据是“基于历史”的原因有两个：

1. 在这个原则的背景下，记住这些数据的来源是特别重要的：没有人凭空捏造它们；但它们确实发生了①。

2. 历史只提供给我们一个有限的数据集。**绝对没有理由在未来不会发生更糟糕的事情——完全出乎意料的事情。**

再说一次，这不是一个令人愉快的想法，但时代正在发生变化……

> “简单的股票债券组合需要进行微调。”
>
> ——伯顿·马尔基尔（Burton Malkiel），《华尔街随波逐流》的作者

新的相关性现实

想想20世纪50年代初的马科维茨，他设计了不相关资产的理论。不难想象，当时资产的相关性要比现在低。我们生活在一个智能设备触手可及的世界，它让我们几乎可以立即访问我们想要的任何数据。这些信息可以在几毫秒内从一个城市传到另一个城市，甚至传到海外。我们现在的联系比以往任何时候都要紧密，更不用说比1950年想象的还要紧密了。

2008年的“大衰退”（Great Recession）鲜明地提醒了人们这种相互关联的新现实。当全球经济的某个领域出现问题时（以美国房地产市场为

① 这些股票和债券最糟糕的情况发生在不同的时间，而且考虑到这些资产类别之间公认的缺乏相关性，它们没有理由不能同时发生。

例），到处都会受到影响。当你审视2008年和2009年全球人均GDP的增长时，这种新范式就很明显了（见图9–2）[1]。

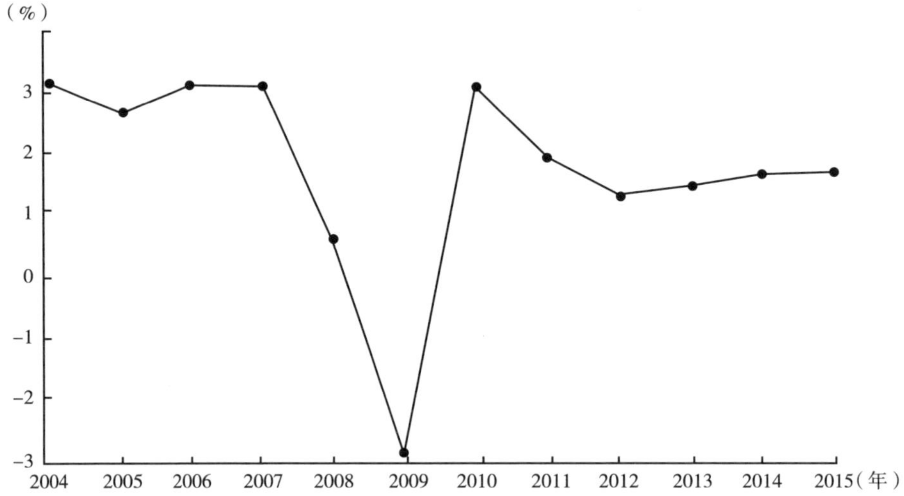

图9–2　世界人均国内生产总值增长率

注：x轴的数字表示年增长率。

资料来源：世界银行账户数据和经合组织国民账户数据。

在多元化本应保护我们的地方，几乎所有市场都一起下跌——国内股票，国际股票，房地产，大宗商品……全都下跌（见表9–3）！

表9–3　　资产类别表现：2008年金融危机

资产类别	2007年2月至2009年2月 资产收益率	2009年2月以后 资产收益率恢复月份
投资级债券	1%	0
垃圾债券	–35%	尚未恢复
大宗商品	–40%	24
美国大盘股	–53%	48
美国小盘股	–53%	24

① http：//data.worldbank.org/indicator/NY.GDP.PCAP.KD.ZG?end=2015&start=2004。

续表

资产类别	2007年2月至2009年2月 资产收益率	2009年2月以后 资产收益率恢复月份
国际股票	−60%	144
新兴市场股票	−62%	143
房地产	−68%	52

注：衡量标准为：先锋（Vanguard）总债券市场交易所交易基金（布恩德）、安硕（iShares）高收益债券ETF海斯特－耶鲁（HYG）、全球商品指数（TR/CC CRB）、标普500指数、罗素2000指数、先锋富时除美国外全球交易所交易基金维欧（VEU）、安硕MSCI新兴市场交易所交易基金（EEM）和MSCI美国REIT指数（RMZ）。

自2008年金融危机以来，许多资产类别（国际股票、美国高收益债券、房地产投资信托、大宗商品）与标准普尔500指数的关联度越来越高。

2020年3月，由于新冠疫情（Covid−19）导致的经济不确定性，全球互联互通再次出现（见表9−4）。

表9−4　　　　资产类别表现：2020年3月崩盘

资产类别	2020年3月的收益率
投资级债券	−1%
垃圾债券	−10%
大宗商品	−13%
美国大盘股	−12%
美国小盘股	−22%
国际股票	−13%
新兴市场股票	−15%
房地产	−22%

如今，当投资者恐慌并将资金撤出市场时，他们似乎不分青红皂白地把资金抽走——比起混乱的不确定性，他们更喜欢把钱藏在众所周知的“床垫下”的舒适感。

不仅是主要的资产类别越来越相关，就连单个标的资产变动的同步性也比过去更强。晨星公司（Morningstar）的数据显示，过去20年里，标准普尔500指数成分股之间的相关性呈上升趋势。

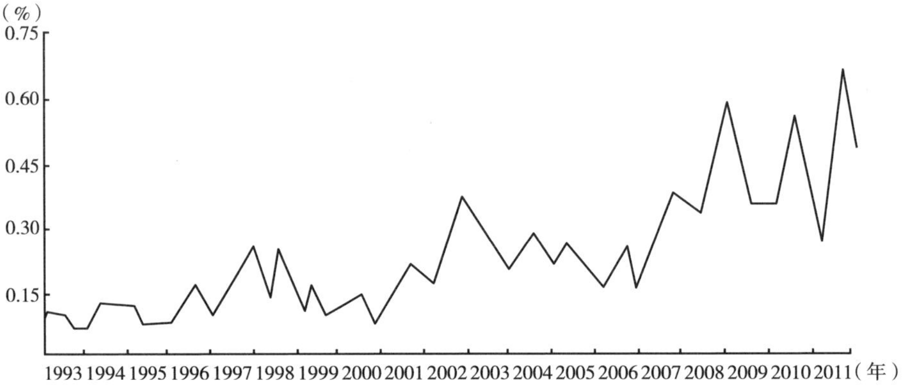

图9-3 平均个股与标准普尔500指数的相关性

资料来源：晨星公司："相关性难题和该怎么办"；道富环球投资管理公司（SSGA），2012年5月2日。

基于过去6个月的每日平均相关性（请记住：0=不相关，1=完全同步），我们可以看出相关性从1994年的大约0.1上升到2011年的0.5~0.7[①]。**这种不断增加的相关性对多元化策略的有效性产生了不利影响。**

晨星公司详细阐述了这一现象的相关意义，"为了简单起见，考虑一个只有两种资产的投资组合——股票ABC和股票XYZ——持有比例相等。ABC股票的波动率为40%，XYZ股票的波动率为30%。如果两只股票的相关性为10%，则投资组合的总体波动率为26%。然而，如果两只股票之间的相关性上升到66%，那么投资组合的波动率增加到32%[②]。"正如我们现在所知道的，在其他条件相同的情况下，较高的波动率会导致买入并持有

① 在撰写本书时，构成标准普尔500指数的股票的相关性在0.5~0.8。你可以在此处找到最新数据：https：//www.cboe.com/index/dashboard/kcj#kcj-overview。

② 罗森，M.，《相关性难题和如何处理它》，晨星顾问，2012年5月2日。https：//www.morningstar.com/articles/549350/the-correlationconundrum-and-what-to-do-about-it。

投资者的实际收益率更低[①]。

马科维茨的贡献

哈里·马科维茨（Harry Markowitz）的功劳在于，单个股票和主要资产类别过去是相对不相关的。但今天的情况不同了。不管原因是什么，趋势已经明显改变了。

当你失去相关常数时，现代投资组合理论就不成立了。哈里·马科维茨不可能预测到我们今天所经历的依赖和联系的水平。毕竟，在互联网的第一个原型[②]被创造出来十多年前，他就提出了这个理论！这个理论诞生于一个"慢数据"的世界，而这个世界刚刚开始再次全球化。

一个困惑的行业

事实上，马科维茨从未打算让这些成为你的问题。这个行业似乎错误地将他在1952年的研究成果应用到普通投资者身上，而实际上这绝非他的本意。

在获得诺贝尔奖后，他被请求写一篇文章，解释现代投资组合理论如何应用于家庭投资者。令人惊讶的是，马科维茨回答说，他以前从未想过这个问题。他说那不是他的专长；他在设计理论时考虑到了制度。在1991年为《金融服务评论》（*Financial Services Review*）撰写的那篇文章中，他写道："一个晚上的思考让我确信，机构投资和个人投资的核心特征存在明显的区别。"

韦德普法乌解释道[③]，"他认为现代投资组合理论不适用于家庭。他为共同基金公司等大型机构开发了它……退休家庭面临着资产负债匹配问

① 参考本书误区1中关于波动性增加的负面影响带来的经验教训。

② https：//en.wikipedia.org/wiki/ARPANET。

③ https：//www.youtube.com/watch?v=pudX6_M_a54。

题，他们必须在未知的时间段内为支出提供资金。而现代投资组合理论要简单得多。”

“一切都应该尽可能简单，但简单到不能更简单。”

——阿尔伯特·爱因斯坦（Albert Einstein）

不管错不错，金融业紧紧抓住不放，不肯放手——尽管相关性常数消失了，甚至尽管马科维茨的初衷被揭示了。

相同的问题：不同的答案

1942年，阿尔伯特·爱因斯坦在牛津大学教书。他刚刚给那年的大四学生布置了一次物理期末考试。他的一个学生在院子里叫住了他，问道：“爱因斯坦博士，期末考试的问题不是和去年一样吗？”

爱因斯坦笑着说：“是的，它们是一样。”

“为什么每年都要举行同样的考试？”他的学生问道。

爱因斯坦答道：“嗯……问题可能是一样的，但答案……嗯，今年的答案不一样了。”

我们今天的金融问题和1952年的问题是一样的。我们的血汗钱应该投资在哪里呢？我们怎样才能在不牺牲收益的情况下最好地保护它？我们如何为退休做最好的准备？这样的问题还有很多。

学者、专家和从业者都在以同样的方式回应，月复一月，年复一年，十年又十年。即使这些问题的答案亟须彻底改变。

本根的法则

考虑本书误区4中提到的所谓安全提取率（SWR）。

这个普遍接受的经验法则最初是由威廉·本根（William Bengen）在1994年《财务规划杂志》（*Journal of Financial Planning*）的一篇文章中首次提出的[①]。在研究了75年的数据后，本根得出结论，退休人员在退休的第一年提取不超过投资组合的4%，在接下来的每一年根据通货膨胀调整这个数字，就可以不用担心资金耗尽（这是退休人员面临的一大风险/担忧）。

在三一大学（Trinity University）的一项研究普及后[②]，4%的安全提款率成为金融服务业的主要标准。传达给客户的信息是，通过这种结合……

- 一个现代投资组合理论启发的股票和债券投资组合；
- 4%的“安全提款率”经验法则；
- 宪法规定“无论如何坚持到底”；

……他们可以相信他们在退休时不会花光钱。

为什么？因为在过去，这是可行的。

不幸的是，在21世纪的头十年里，遵循这个建议——用以前的答案回答这个问题——对数以百万计的退休人员来说是毁灭性的。

普信公司（T. Rowe Price）的研究

在经历了10年的两次严重的市场崩溃之后，普信公司想要对4%的安

---

① 本根，W.P.，“使用历史数据确定提款率”.《财务规划杂志》，1994年10月，14-24.http：//www.retailinvestor.org/pdf/Bengen1.pdf。

② 库利，P.L.、哈伯德，C.M.和瓦尔茨，D.T.，“退休储蓄：选择可持续的提款率”，《AAII期刊》1998年10月（3），16 - 21.https：//www.aaii.com/files/pdf/6794_retirement-savings-choosing-a-deveraval-rate-that-is-supstainable.pdf。

全提取率进行测试[①]。他们假设在2000年1月1日退休时，用50万美元的投资组合投资55%的股票和45%的债券。让我们通过我们的模范夫妇的镜头来探索他们的发现，他们正试图为退休做准备……

约翰和玛丽做了基于数学和科学的研究，他们坚信4%的安全提款率，愿意每年从账户中提取2万美元，同时根据通货膨胀率进行调整（每年增加3%的提款量）。为了确定起见，他们请了一位顾问为他们进行蒙特卡洛模拟[②]。当时，调查显示，89%的人有可能活不到拿到他们的收入。

这些模拟预测了一组历史收益率的随机组合对投资组合的影响。在这些模型中，标准普尔500指数最差的年份可能是43%（因为1931年的实际情况就是这样）[③]。你永远不会看到比这更糟糕的收益率。他们可能会将这些预测运行1万次，产生一系列的可能性。当这些可能性与“安全提款率”相结合时，这些模拟可以计算出你在退休时不缺钱的百分比（当然，是基

① https：//www4.troweprice.com/iws/wps/wcm/connect/e3c2ec8045961707ba69bf32e4e97423/DismalDecade.pdf?MOD=AJPERES。

② **蒙特卡罗模拟**是用来模拟不同结果的概率，特别是涉及随机变量。例如，应用于投资组合科学的蒙特卡罗模拟将采用股票市场的历史年度收益率。同样，它也会对债券成分进行相同的处理。通过运行数百或数千个场景，它将这些收益率随机分配到未来。这个练习的结果是模拟“成功”的概率，即你在退休期间分文不剩的可能性。

③ 虽然很多人都不会追溯到那么久远的年代，但是他们会随机预测过去15年或20年的市场收益率，然后一直预测到未来……我希望你们现在能看到问题所在。

于历史）。这个百分比的倒数是你花光钱的概率，你不得不回去工作，以某种方式大幅度改变你的生活计划。

89%的成功率听起来还不错。约翰和玛丽可以自信地退休了！

当时的传统建议是无论如何都要“坚持现代投资组合理论和安全提取率路线”，这些策略已经被几十年的证据证明了。过去恐慌的人损失最大。

这项研究的发现

这种关于恐慌者的陈词滥调在这里也被证明是正确的。那些在互联网泡沫破灭后陷入极端恐慌的人，出于他们的本能反应，将所有的钱转移到“安全”资产（债券）上。当蒙特卡罗模拟在2009年3月再次运行以评估他们的表现时，发现在剩余21年的退休生活中，没有一个人能实现收入不缩水的目标，也就是说，他们成功的概率为0。根据历史数据，失败的概率是100%。

没有人会认为自己会是恐慌的那个人，那么那些被告知“纪律严明”并“坚持到底”的人呢？在将实际的市场收益率应用到约翰和玛丽的投资组合中，然后在第二次熊市的底部（2009年3月）重新运行同样的蒙特卡罗模拟之后，研究显示，在他们剩下的21年里，“成功”的概率只有6%。

约翰和玛丽失败的可能性是94%，这将使他们不得不缩短退休计划，回去工作，大幅削减他们的生活开支，如向所爱的人赠钱，或使用其他一些同样不受欢迎的方式——**这一切都是因为他们勤奋地坚持当时流行的市场智慧。**

误区： 你只需要购买并持有股票和债券。

现实： 数百万人因盲目遵守这一建议而遭受经济损失。**现代投资组合理论不是日常储蓄者投资的最佳方式。**

从教训中学到了什么？

该研究提出了几个在这段时间内效果更好的替代策略，比如提款减少25%，或者在每次熊市底部后的3年里不进行年度通货膨胀调整（希望你能确定这些策略何时处于混乱状态）。

即便如此，在约翰和玛丽退休9年后，他们"成功的机会"分别只有43%或26%，这与他们作出退休决定时提出的89%的舒适感相去甚远。

这些替代解决方案是金融行业倾向于以事后诸葛亮的方式对此作出的追溯性反应。如果一位顾问早在1999年就建议对安全提取率进行这些"激进"调整，那么从业者可能会指责他过于谨慎，最终没有做出符合客户最大利益的事情，毕竟有经验证据支持现代投资组合理论和安全提取率路线理论。

由于他的谨慎（从历史上看）会导致收益率略低，客户的退休前景也会更糟，因此他很可能会失去生意。

这个行业充斥着坚持传统投资模式的压力——只是“顺从”，而不是挑战其他人正在做的事情。

后果

想想那些千千万万的投资者，他们勤奋地遵循主流建议，每当我们遇到“意料之外的”和从未经历过的一系列事件时，他们就不得不推迟退休。你真的希望把你的人生计划交给这种“掷骰子”的方式吗？

如今，该行业采用了“安全提款率”的修订版——所谓的动态提款率。这种新奇的解决方案只不过是金融行业为解释过去事件而设计的过时迭代答案……

我们备受赞誉的专家特别擅长提供解决方案，这些解决方案在事后会非常有效！

但事实果真如此吗？这就是我们应该从中得到的一切吗？这种“动态安全提款率”真的是最好的解决方案吗？这一次他们想到了一切吗？我们现在可以高枕无忧了吗？

对吗？

我们从这一切中能学到其他的东西吗？

相反，我们从千百万因这种错误的、落后的行业建议而在21世纪头10年遭受痛苦的人（被迫退休或靠比计划少的钱维持生活）身上学到哪些不同的教训呢？

抑或者，我们了解到，**对于某些事情——比如主要的人生计划——历史数据是不够好的呢？**

误区 *10*

你可以用过去的数据来证明市场未来的走势

长期资本管理公司

1994年，对冲基金界将目光投向了一家潜力巨大的新基金——长期资本管理公司（LTCM）。他们星光熠熠的花名册上挤满了金融行业的现代投资组合理论和有效市场①倾向的重量级人物。

该基金由华尔街重量级人物约翰·梅里韦瑟（John Meriwether）创立，他曾是所罗门兄弟（Salomon Brothers）的副董事长兼债券交易主管，凭借他的影响力，吸引行业内外最优秀的交易员。

他的影响力延伸到学术界，甚至吸引了两位诺贝尔奖得主。

获奖者

任何交易过或研究过股票期权②的人都对“布莱克-斯科尔斯模型”（Black-Scholes Model）很熟悉，该模型用于为这些流行的衍生品定价。

---

① **有效市场假说**（EMH）指出，股价反映了所有信息。这种理念是现代投资组合理论的基石。
② **股票期权**赋予一个人在特定日期之前以特定价格买入或卖出股票的权利，但不是义务。股票期权有两种类型：**看跌期权**押注股票会下跌，而**看涨期权**押注股票会上涨。

投资百科将该模型定义如下：

布莱克–斯科尔斯模型，又称“布莱克–斯科尔斯–默顿（BSM）模型”，是期权合约定价的数学模型。特别是，该模型对金融工具随时间的变化进行估计。它假设这些工具（如股票或期货）的价格呈**对数正态分布**。利用这一假设并考虑其他重要变量，该方程推导出看涨期权的价格。

迈伦·斯科尔斯（Myron Scholes）和罗伯特·C.默顿（Robert C. Merton）是这一模型背后受人尊敬的两位学者，他们与梅里韦瑟签约。他们为长期资本管理公司建立的模型植根于有效市场和“价格的对数正态分布”的思想。换句话说，他们是在**利用过去的数据，对未来会发生什么进行“有把握的打赌”。**

听起来是不是很熟悉？

简单地说，他们的模型——被历史数据和回溯分析“明确证明”——能够识别出市场上的套利[①]机会。

然后，长期资本管理公司的交易员开始工作，将他们庞大的投资组合杠杆化到极致，以便从每一个机会中榨取最后一美元。

舞台准备好了。是时候将这些基于历史的学术理论进行测试了。这些理论依赖于相同的数据集和逻辑，就像现代投资组合理论一样，可以“明确”地得出他们的结论！

初步的成功

对于长期资本管理公司的合伙人，以及为了分一杯羹而争先恐后的众多知名银行和投资者来说，他们的策略是万无一失的。

凭借默顿、梅里韦瑟和斯科尔斯的营销技巧，到1994年2月，该基金

① 套利通常涉及同时购买和出售资产，通过利用不同市场或不同形式的相关金融工具的价格差异（市场效率低下）并从这些差异中获利。

已经积累了超过10亿美元的启动资金——这对一只全新的对冲基金来说是前所未有的成就。

该公司起初非常成功，1994年、1995年和1996年的收益率分别为28%、59%和57%。1997年，尽管控制着超过1 000亿美元的资产，长期资本管理公司仍设法实现了另外25%① 的变现②。

罗杰·洛温斯坦（Roger Lowenstein）在他的书《当天才失败时》③（*When Genius Failed*）中写道：默顿的理论之所以具有诱惑力，并不是因为它们大多是错误的，而是因为它们几乎或经常是正确的。

正如英国散文家切斯特顿（G. K. Chesterton）所写的，**生活是“逻辑学家的陷阱”**，因为它几乎是合理的，但不完全合理；它通常是明智的，但偶尔会有相反的情况。“它看起来只是比数学更实际、更规则一点；它的正确是明显的，但它的不正确是隐藏的；它的野性在伺机而动。”

对大多数人来说，他们似乎已经破解了密码。然而，有一些金融界的知名人士对长期资本管理公司过于自信地依赖过去的数据表示担忧。值得注意的是，默顿在麻省理工学院的导师、首位获得诺贝尔奖的经济学家保罗·萨缪尔森（Paul Samuelson）从第一天起就心存疑虑。“布莱克–斯科尔斯公式的本质，”萨缪尔森说，“是你确定地知道，不是牌将会是什么，而是你所取样的宇宙是什么样的。”洛温斯坦（Lowenstein）详细阐述道：纸牌的美妙之处在于宇宙是已知的；一副牌有52张，而且只有52张。人

① 在长期资本管理公司支付了巨额费用之后，投资者的收益为20%、43%、41%和17%，令人印象深刻。

② 基金规模越大，就越难找到和利用机会。长期资本管理公司通过使用杠杆控制了这么多的资产——这是一种让基金更容易暴露风险的做法。但是，由于该基金所做的赌注在数学上是安全的，他们并不担心。

③ 《当天才失败时》（*When Genius Failed*）主要讲述了美国传奇对冲基金长期资本管理公司（LTCM）从崛起到覆灭的神奇经历。

寿保险则略有不同：由于总是有新人加入这个宇宙，精算师依赖抽样。它们不是完美的，但它们是有效的，因为人群的样本非常大，死亡率的变化非常缓慢。

但在市场上，我们永远无法确定样本是否完整。在整个20世纪20年代，所有行业的格局都是一个样子，而在大萧条之后则是另一个样子。这种模式在通货膨胀的70年代发生了变化，在经济泡沫的90年代也发生了变化。

在这些时期中，哪个时期是“正常的”？我们怎么知道下一个新时期不会再次改变故事？

当涉及股票、市场和经济时，我们永远不会有一个完整的数据集。然而，我们可以肯定的一件事是，每一个新时期的故事都会以某种可能意想不到的方式呈现。

最终的灭亡

1997年底，情况确实发生了变化。长期资本管理公司高度暴露在亚洲金融危机之中。这是默顿和斯科尔斯基于历史的模型没有准备好的事件。但基金幸存了下来……

直到第二年，又一场金融危机在俄罗斯肆虐。俄罗斯政府在本国本币债券上违约——很少有人认为这是一个可能的决定……尤其是那些长期资本管理公司的人，他们的数据比较落后。

截至1998年8月底，该基金损失了逾18.5亿美元的资本。洛温斯坦（Lowenstein）提出了这样的观点：从理论上讲，出现像8月份那样的亏损的可能性一直很高；根据数学家们的说法，**这样的灾难是如此离奇，以至于在宇宙的整个生命周期中，甚至在宇宙的无数次重复中，都不可能发生。**但在梅里韦瑟写信给长期投资公司的投资者、充满信心地支持默顿和斯科尔斯的精心调整的假设不到四年之后，这种情况就发生在长期投资公司身上……

根据他们的数学模型，这些罕见事件引起的金融波动无论如何都是不可能发生的。

然而，“基于历史的不可能”似乎一直发生在他们身上。在9月的前三周，长期资本的股本从23亿美元暴跌至4亿美元。

长期资本管理公司对**现代投资组合理论的守旧逻辑**进行了检验。他们**巨大的失败**发生在世界舞台上。然而，现在的我们——顾问、专家和学者们仍然试图用历史数据来预测未来。

长期资本管理公司后来怎么样了呢？1998年，该基金实际上损失了92%，后来在美联储的压力下，一个由华尔街银行组成的财团勉强对其进行了纾困。

从根本上有缺陷的假设

之前的误区，以及默顿和斯科尔斯的假设，都是建立在这样一种观念上，即市场将继续做它在过去100年到200年里所做的事情——也就是上涨。正如我们在本书误区1中探讨的令人作呕的探索那样，截至目前，美国市场一直在上涨。自1926年我们的标准普尔数据正式开始以来，该指数一直在上升。自200多年前纽约证券交易所（NYSE）成立以来，它一直在上涨。无论发生什么——世界大战、丑闻、恐怖主义、经济萧条——我们都克服了，市场继续沿着它注定的道路……向前和向上！

这一点似乎很容易证明。顾问们会指出一个可靠的统计数据（包括我自己早期毫不怀疑的时候），它表明，只要有足够长的时间（现在是15年），市场总是会复苏的。这个逻辑似乎足够合理。

但话又说回来，这对任何处于上升轨道的事物来说都是正确的。你在它回落之前选了一个点，所有过去数据的趋势都将预示着向上的趋势。

气球图表

通过对一个孩子在户外的生日派对上放飞氦气球的高度进行毫秒级分析，我们得出一种图表模式。在大多数情况下，气球离地面越来越远。然而，偶尔会有一阵风，根据它的强度，将气球推向不同的高度。图10-1是用这种方法绘制气球的高度与时间的关系。

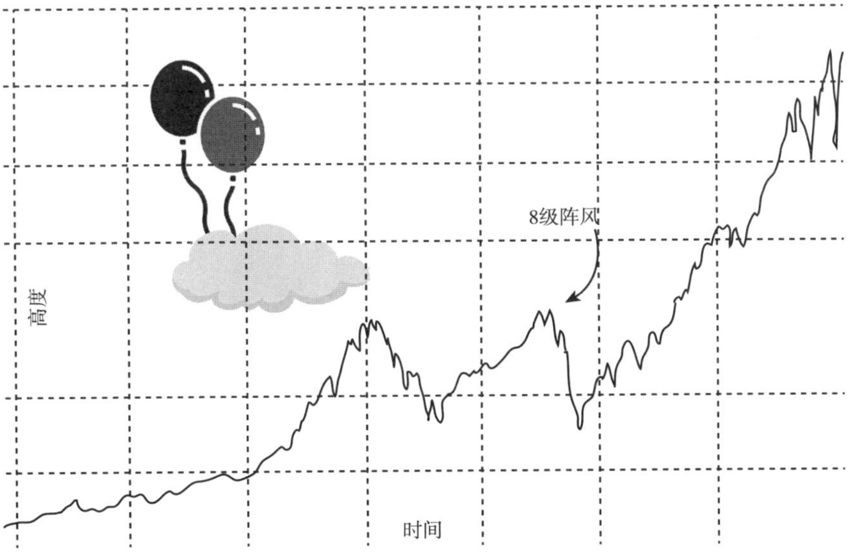

图10-1　飞向月球的气球图表

聪明的儿童科学家可能会推断出气球显然会沿着这条轨道前进。毕竟，所有的数据都表明了这一点。当然，我们知道这是不会发生的（尽管，也许，我们放过了孩子——让他们的想象力自由驰骋）。我们知道，在某个时刻，我们的鼓舞人心的气球将达到历史最高，再也不会回来。对于气球来说，阿基米德[①]原理阻碍了我们看到它飘向太空的梦想。在某个时刻，新的外力（周围空气的不同组成）将作用在气球上，极大地影响它继续上升的能力。

如果你只是看着这张图表，对科学一无所知，那么你可能会惊讶于这种巨大的变化。

历史图表

历史充满了像这样改变趋势的“惊喜”，它们惊喜地改变了我们世界的进程。

早期的埃及帝国控制着已知世界上最宝贵的土地。

他们拥有安全的边境和牢固的外交关系。他们正在经历前所未有的繁荣。我不知道他们为什么会这样做……如果时机成熟，那么不难想象法老的顾问会指着他们3000多年来的繁荣态势，吹嘘说：“自古以来，埃及一直是一个占主导地位的国家。当然，一路走来总会有坎坷，但我们总会变

① 根据阿基米德原理，一旦气球的密度与周围空气的密度相同，气球就会停止上升。有趣的事实：玩具气球平均在6英里处爆炸；气象气球为19英里。该记录的保持者是日本空间与航天科学研究所的山上隆正博士及其同事。他们的气球飞行了33英里（大约距离太空边缘的一半），最终打破了这个趋势！

得比以前更强大。没有理由认为我们不会永远是世界上最具主导地位的超级大国！”

想象一下，你生活在大约公元117年鼎盛时期的罗马。

你认为去想象一个没有罗马帝国统治的世界有多容易？他们拥有世界上最强大的军队之一。他们的人口增长到世界人口的20%以上。你无法想象，新上任的哈德良（Hadrian）皇帝的顾问们会用这样的事实激励他：“在超过5000年的时间里，我们的国家一直处于统治地位。我们的军队势不可当，我们的人民热爱我们。按照这个速度，我们很快就会统治世界！”

想象一下，你见证成吉思汗征服13世纪早期的亚洲。通过军事、政治和经济的天才，蒙古帝国从游牧部落成为世界历史上最大的连续陆地帝国。当时的专家可能会轻易地宣称：“蒙古帝国仅仅联合了短短几代人，就已经跨越了比任何帝国都要多的土地！在赢得数百场战斗后，数据很清楚：没有什么能阻止他们！”

1920年，大英帝国的统治面积覆盖了世界上24%的土地和23%的人口。

它们的增长是由大约4个世纪的数据点支持的——上升趋势是戏剧性的，这是不可否认的。

专家们可能会武断地说，“几个世纪以来，我们一直在提升我们的世界主导地位，尽管一路上遭遇了重大挫折——美国独立了……20世纪，我们凭借无与伦比的海军实力成为全球霸主。”显然，什么也阻挡不了我们国家的优越性！

对于这些例子中的大多数，比我们今天拥有的美国股票市场更多的数据可以支持这些说法——成百上千年的上升趋势统计数据可以证明它们！

- 埃及帝国失去“超级大国”地位的速度远远快于它获得该地位的速度，而且还没有恢复。
- 罗马人的命运从此每况愈下，他们的首都最终被野蛮人撕成碎片。
- 不可预见的力量导致了成吉思汗的去世和蒙古帝国的突然分裂。

- 1920年的那一刻，标志着大英帝国扩张的“历史高点”。

这些影响全球、影响未来的变化都是由意想不到的事件——以前从未发生过的事情——引起的。显然，历史数据不能保证未来的结果，无论你拥有多少数据！

几十年、几百年甚至几千年的有说服力的数据可能是错误的。

梭伦（Solon）的警告

在公元前六世纪，吕底亚（Lydia）国王克洛伊索斯（Croesus）被认为是世界上最富有的人。根据希腊传说，一位名叫梭伦的著名智者拜访了吕底亚国王。克洛伊索斯要梭伦说出他所见过的最幸福的人是谁，以此来彰显自己的伟大。

梭伦给克洛伊索斯讲了他在雅典遇到的一个农民的故事，他努力工作，养家糊口，对自己所拥有的一切感到满足，死的时候很幸福。

这不是克洛伊索斯想要得到的答案；他继续施压。在回答了很多不满意的问题后，他最后直接问梭伦，他是不是梭伦见过的最幸福的人。在纳西姆·尼古拉斯·塔勒布（Nassim Nicholas Taleb）对这个传说的复述中[①]，梭伦回应道：

> 观察到伴随各种情况而来的无数不幸，我们就不会对目前的享受感到傲慢，也不会对一个人的幸福感到羡慕，因为它可能会随着时间的推移而发生变化。因为不确定的未来尚未到来，有千变万化的未来；只有神保证给他持续的幸福，直到我们称之为幸福的结局。

在这之后，塔勒布（Taleb）简化了梭伦的信息：

---

① 正如纳西姆·尼古拉斯·塔勒布（Nassim Nicholas Taleb）的《随机漫步的傻瓜》（*Fooled by Randomness*）第1章所述。

棒球教练尤吉·贝拉（Yogi Berra）也同样雄辩地表达了现代版的类似观点，他似乎把梭伦的爆发从纯正的阿提克斯希腊语翻译成了纯正的布鲁克林英语，比如，用“直到结束才结束”（it isn't over until it's over），或者用一种不那么庄重的方式，用“等到胖女人唱完才结束”（it't over until the fat lady sings it't over）。

在那之前，如果用统计学家可靠的XY图（时间在X轴上，财富/好运/幸福在Y轴上）绘制克洛伊索斯（Croesus）的一生，就会显示出我们现在熟悉的上升趋势。梭伦很聪明，他知道过去的数据并不能保证克洛伊索斯的未来。

果不其然，在这次遭遇之后不久，国王的运气开始发生变化——他的儿子在一次狩猎事故中丧生，他的帝国被波斯居鲁士大帝（Cyrus the Great of Persia）征服①。

巴菲特的警告

通过对伯克希尔哈撒韦公司的管理和发展，沃伦·巴菲特已经成为精明投资者的典范。1965年，他向奥马哈先知（Oracle of Omaha）投资的1万美元到2019年底将增至2.74亿美元以上。

相比之下，同期投资标准普尔500指数（S&P 500）可以获得190万美元的收益。

在2018年致股东的信中，巴菲特向伯克希尔旗下保险子公司的投资者发出了类似梭伦的警告：

一场使卡特里娜（Katrina）飓风和迈克尔（Michael）飓风相形见绌的大灾难将会发生——也许就在明天，也许几十年后。“大灾难”可能来自

① 列夫·托尔斯泰（Leo Tolstoy）的短篇小说《克洛伊索斯与命运》（*Croesus and Fate*）重述了这个希腊传说。

飓风或地震等传统来源，也可能是**完全出乎意料的网络攻击**，其灾难性后果超出了保险公司目前的想象。当这样的大灾难发生时，我们将得到我们的那份损失，而且损失将是很大的——非常大的[①]。

巴菲特承认了一个现实，即一些以前从未经历过的灾难——不管是明天还是几十年后——将会发生。为此，巴菲特行事谨慎，持有大量现金储备，总是试图避免在任何意外事件中过度暴露。

我们很少使用债务。值得注意的是，许多经理人不同意这一政策，认为巨额债务会刺激股权所有者的收益。而这些更具冒险精神的首席执行官在**大多数**情况下都是正确的。然而，在罕见且不可预测的情况下，信用会消失，债务会在财务上变得致命。俄罗斯轮盘赌的等式——通常是赢，偶尔是死——对于那些从公司收益中分一杯羹但不分担公司亏损的人来说，在经济上是有意义的。但对伯克希尔来说，这种战略将是疯狂的。**理性的人不会拿自己拥有和需要的东西去冒险，去换取自己没有和不需要的东西**[②]**。**

俄罗斯轮盘赌方程

对于那些不熟悉俄罗斯轮盘赌的人来说，这是一种你有一支六发手枪但枪膛里只有一颗子弹的游戏。你旋转圆筒，把它举到头上，扣动扳机。什么都不发生的可能性有五种。还有一种是你会死。

纳西姆·塔勒布（Nassim Taleb）在他颇具启发性的著作《被随机愚弄》（*Fool by Randomness*）中提到了与巴菲特类似的观点。塔勒布还把钱加入了这个等式。如果一个财大气粗、任性的冒险者向你出价100万美元，只要你玩完一轮后幸存下来，你应该这么做吗?

对潜在可能性的严格分析表明（至少从财务角度来看），玩游戏显然对你有利。你有83%的机会可以免费拿走1百万美元！当然，如果你碰巧

①② 着重强调。

六分之一的概率在枪管里找到子弹，嗯……那你就死定了。

正如巴菲特所说，“俄罗斯轮盘赌的等式——通常赢，偶尔死……将是疯狂的……理性的人不会拿他们拥有和需要的东西去冒险，去换取他们没有和不需要的东西”。

在俄罗斯轮盘赌中，你知道赔率：5比1。不过，塔勒布指出，在投资界，这种可能性是未知的。然而，大多数专业人士和学者就好像我们认识他们一样。作为消费者，我们相信他们的叙述，也许是因为我们希望它简单；我们希望一切都有意义。但在现实中，如果我们谈论的是一场前所未见的大灾难——巴菲特称为“大灾难”——发生这种情况的概率，与市场正常一天的波动范围相比，在你预期的范围内，只有1~1000甚至数万。所以，当那些灾难性的事件没有发生时——因为它们不经常发生——人们开始认为它们不会发生——不可能发生……

“别担心，亲爱的！”

在混乱的市场中，顾问们在社交媒体上发布过去市场复苏的一般统计数据、图表和图形。他们说：“你不用担心。所有这些崩盘都有一个共同点，那就是市场总是会复苏！”

每当我看到或听到这些，我就忍不住想象那位顾问坐在前廊，和妻子一起放松，看着孩子们在前院跑来跑去[①]。

突然，他们的两个孩子跑过门前繁忙的街道，却没有注意到危险。他的妻子从椅子上站起来，要大声喊叫，准备把这种危险的行为扼杀在萌芽状态，这时……顾问平静地抓住她的手臂。

他说：“别担心，亲爱的。他们会没事的。我看见他们几十次跑过那条繁忙的街道，从来没有发生过什么坏事！”

---

① 很奇怪，我知道，但你会看到……

诉诸无知

这条推理线说服了许多其他方面很聪明的人，它依赖于一种被称为诉诸无知的逻辑谬误（argumentum ad ignorantiam）或从无知中辩论。这种逻辑谬误在日常对话、政治和市场营销中比比皆是。牛津大学出版社解释说："在这种谬论中，有人认为一个命题是真的，仅仅是因为它没有被证明是假的（或者一个命题一定是假的，因为它没有被证明是真的）[①]。"

你看，你可以证明某件事是可能发生的，仅通过一个事件。但不幸的是，你不能反其道而行之——你不能仅因为某件事在过去从未发生过就证明它永远不会发生……不管时间过了多少次都没有发生过。

在这里，我们可以引用历史——这一次我甚至会坚持金融历史——来证明这一点。

案例研究：1987年道琼斯指数

在1987年10月之前，道琼斯指数的日跌幅从未超过13%。你很难想象，顾问和专家们会说，比这低得多的下跌是不可能的吗？"你的投资不可能在一天内损失15%或更多！"毕竟，这种情况以前从未发生过——有大约90年的证据证明它不会发生。

所以，它肯定不能……对吧？

错。

方法错了！1987年10月19日[②]，黑色星期一，道琼斯工业平均指数在一天内暴跌22.6%。

① https://global.oup.com/us/companion.websites/9780199331864/stu/supplement/。

② 澳大利亚读者的黑色星期二。

专家们措手不及。顾问惊慌失措。天要塌下来了，谁也不知道该怎么办。每天的投资者都在混乱中损失了**很多时间**！他们没有意识到这样的事件是可能发生的，所以他们没有准备——他们的投资组合或自己（心理上）。

罗杰·洛温斯坦（Roger Lowenstein）根据历史模型进行分析，解释了这一事件是多么不可能——甚至是不可能发生。

经济学家后来指出，基于市场的历史波动，如果市场自宇宙诞生以来每天都开放，那么在任何一天下跌这么多的可能性都不会存在。事实上，如果宇宙生命重复10亿次，这样的碰撞在理论上是“不可能的”。但事情还是发生了。**显然，过去的波动并没有让投资者为潜在的冲击做好准备**——它们也没有提前发出冲击可能发生的信号[①]。

仅仅因为某些事情在市场上从未发生过，这并不意味着它不会发生。

巴菲特的错误之处

尽管有这样的逻辑，但巴菲特对“预期意外”这句咒语的解决方案却出人意料地缺乏。他和其他许多人一样，只是盲目地把股票市场当作安全投资。

---

① 着重强调。

如果我的114.75美元（1942年）投资一个免费的标准普尔500指数基金，所有的股息都被再投资，我的股份在2019年1月31日将增至606 811美元（税前）（这是本书印刷前的最新数据）。也就是说，1比5 288的收益。那些经常宣扬政府预算赤字会带来灾难的人（我自己多年来也经常这样做）可能会注意到，我们国家的国债在过去的……77年里增加了大约400倍。

这是40 000%！假设你已经预见到这种增长，并对赤字失控和一文不值的前景感到恐慌。为了“保护”自己，你可能会避开股票……

他使用这些数据来表明，你显然应该投资股市，即使你担心今天的事情与以前不同。尽管任何前所未有的经济现实都让你想要找到更好的方法，但巴菲特指出过去是为了“证明”未来将如何发展。

他在这里所陈述的事实对一个学历史的学生来说是很好的一课。是的，国债已经能够膨胀到以前无法想象的水平，却不会导致股市暴跌①。但是这些信息——过去的这些数据——不能（也不应该）被用来证明未来会发生什么。生活不是这样运作的。事实、现实、证据……只是不要那样工作。

旁注：我仍然欣赏巴菲特为这一现实带来的观点。他是对的：如果你今天告诉我，美国国债将在未来77年内增加4万亿美元（达到大约10万亿美元，好吧，我会说“没办法！不可能的。有些东西会先坏掉的”。我想大多数人都会这么说。他可能是对的：如果77年前提出同样的统计数据，我可能会认为这是不可能的。然而，我们在这里……

尽管我觉得这很吸引人，但如果我们最终承受失控的国债带来的后果，这并不能证明“美国精神”（用他的话说）能以这样的速度继续下去。

---

① ……还有。在这个误区的后面会有更多的讨论。

他对过去的观察只是证明，尽管发生了这一切，市场仍有可能继续上涨[①]。然而，这并不能证明未来出现这种情况的可能性。

可能吗？好吧。我承认如此。

高不高呢？你怎么看？10万亿美元[②]的国债对美国经济增长或股市价值没有任何长期的负面影响[③]？

不要相信这种“诉诸无知”的说法——即使它出自一位备受尊敬的行业权威[④]。

概率较低

在2020年新冠疫情蔓延后，巴菲特迅速出售了伯克希尔持有的所有大规模航空公司股份，损失了数十亿美元。他解释说，像这样的灾难事件“发生的概率较低”[⑤]。

无论是国债还是其他问题，他警告说，一场“超级灾难”绝对会以大多数投资公众从未想过的方式冲击股市。你可以肯定的是，“大人物”将是那些罕见的事件之一，在巴菲特的“概率水平”上进一步下降[⑥]。

那就太晚了

不难想象，如果股市下跌50%，专家和学者们会作何反应。“坚持到底，”他们会说，“历史证明，在这种不稳定的情况下，这样做是正确的。”

---

① 或者至少，考虑到77年前的状态，这是可能的。实际上，考虑到涉及的变量多，以及它们在今天的差异之大，这并不能真正证明我们的未来有什么。但我理解他的观点。

② 我承认：我不得不查找千万亿的缩写。

③ 在我看来，这似乎不太可能。我认为有些东西将不得不给予……

④ 这碰巧是另一个逻辑谬误，叫作诉诸权威。更多详情见本书误区11。

⑤ https：//www.cnbc.com/2020/05/02/warren-buffett-says-berkshire-sold-its-entire-positionin-airlines-because-of-the-coronavirus.html。

⑥ 尽管如此，我无法想象，如果你的存款“蒸发”了，这能给你带来多少安慰……

你信任的财务顾问也像我以前一样，也会在“如何处理情绪化的客户”这一问题上受过指导，并灌输了库尔-艾德（Kool-Aid）同样的技巧，在这些令人不安的时期，他们会提供令人欣慰的智慧支持。他们会通过过去的表现来证明市场总是在复苏——这是从有限的回顾性数据中得出的前瞻性结论……

你会怎么做呢？让我们把这个看似奇怪的场景更进一步。想象一下，在你的有生之年，股市永远不会复苏。如果股市的降幅在接下来的几十年里都低于50%会怎样呢？

当它开始下降时，你已经30岁、45岁或60岁了（不管怎样，都是毁灭性的）。你等着它回来。你“坚强”“负责任”。

你“坚持到底”。你相信理财顾问的经验法则，等待“8%的年均市场收益率”，并依赖于他们的“4%的安全退休提款率”。

但这次他们错了……

30年后，你坐在这里，屈从于一种新的范式：“有时候，尽管很罕见，市场可能一辈子也回不去了……”

不可能吗？也许。

不可能吗？绝对不。

我们怎么能对现代投资组合理论如此有信心？我们是如此安全吗？

至少不用准备了吧？这个想法在你脑子里是不是太牵强了，就应该置之不理吗？

案例研究：1989年的日本

那么，忘记这个令人沮丧的假设吧……让我们简单回顾一下本书误区5中的历史之旅。日本的故事提供了一个类似于上述场景的现实。如

图10-2所示，从1949—1989年，日经225[1]指数从40美元左右飙升至约4万美元。总的来说，这是一个相当稳定的攀升。每一次下跌，它都可以预见地立即反弹并继续上升。再一次，你可能会发现自己拥有几十年的引人注目的数据。“这就是日本市场的表现——它只是在继续上涨。它总是会反弹并达到新高。”因此，如果出现了下跌、崩盘或衰退，显然你应该“坚持到底，等待不可避免的反弹”，因为从长期来看，市场总是会上涨的……

听起来是不是很熟悉？

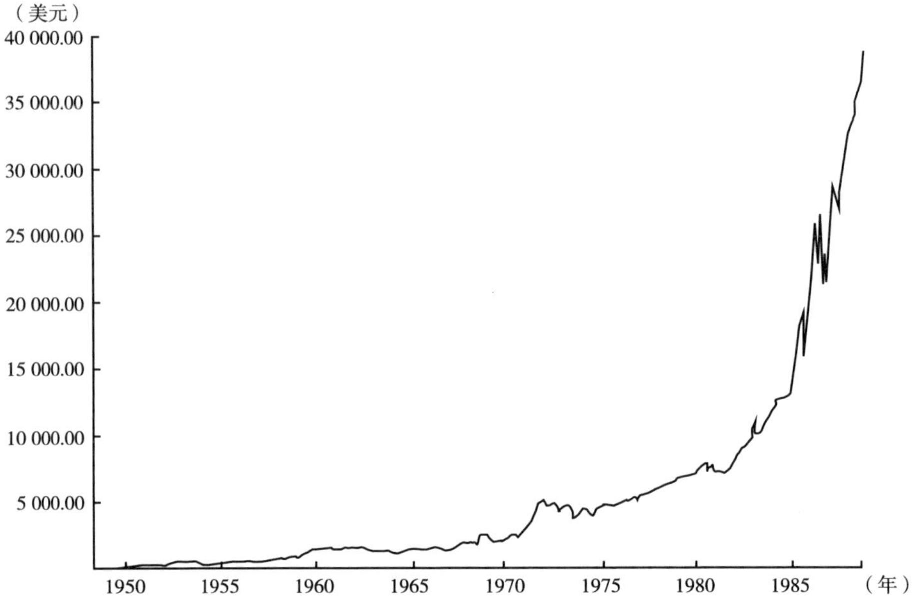

图10-2　日经225：1949—1989年

资料来源：宏观趋势网（MacroTrends.net）。

好吧，现在你应该知道了，对于20世纪80年代末投资日本的人来说，

① 比如我们的标准普尔500指数。

这绝对是一个错误的建议。在接下来的几十年里，股市下跌了80%以上，今天仍然徘徊在前一个高点的一半左右——这种情况在任何发达国家都从未发生过（见图10–3）！

图10–3　日经225：1990—2020年

资料来源：宏观趋势网（MacroTrends.net）。

对于这位众所周知的退休人员来说，这种**陈词滥调**的智慧已经证明她的**财务状况**不佳。

专业的困境

沃伦·巴菲特和其他行业权威人士得到了一群金融顾问的支持。数据显示，在任何15年的时间里，股市收益率都永远是正的。恐怕我也助长了我试图为之服务的人的这种长期安全感的错觉。截至目前，在我们国家的历史上——经历了无数次调整、衰退和萧条——盲目地留在市场被证明是有利可图的。这将吸引许多无法从其他角度看待它的“专家”。

也就是说，一切都太晚了。

而且，如果真的接受现实，那么他们能做些什么呢？目前还没有找到针对这些问题的主流策略。被普遍接受的策略就是问题所在。

投资者也将难以接受这一现实。从心理上讲，我们希望事情变得简单。我们不想感到绝望。相信我，在寻找更好的解决方法的过程中，我有时会感到绝望。这条路是艰难的，而且在很长一段时间里是不完整的，它没有明确的路径。我花了五年的时间专门进行研究，才完全理解其中一些问题，更不用说找寻潜在的解决方案了！

接受现实的后果

金融专业人士接受这一现实。这不仅会导致他不知道应该推荐什么解决方案，而且还会使吸引新客户变得更加困难。在他甚至有机会尝试解释这些非传统的解决方案之前，他还得承担一项艰苦的任务，试图帮助人们理解这个残酷的投资现实。这与整个行业相悖，而这个行业有大量明显值得获得诺贝尔奖的学术研究作为支撑[①]。

这是一个艰巨的任务！顺其自然要容易得多——不要挑战传统的投资范式。正如厄普顿·辛克莱（Upton Sinclair）所说：人们往往无法赚到他们认知以外的钱。

如果一个专业人士接受了现代投资组合理论潜在的破坏性，他必须要么……

- 努力理解和寻找更好的解决方案，投身于艰苦的战斗，说服客户还没有经历过的危险或……
- 当他继续推动客户采用传统的、只投资股票债券、买入并持有即插

① 更多关于“值得获得诺贝尔奖的学术研究”的信息参见在本书误区11。

即用的系统时，他感到内疚。

这是本书的主要目的之一：更深入地了解这个现实；日常投资者会要求并积极寻求更好的解决方案；知识渊博的顾问能够花时间帮助那些思想开放的投资者；研究人员开始探寻更好的策略……

但是，就像匿名戒酒会的12个步骤一样，这一切都始于去**接受存在的问题！**

投资的科学

事实上，同样没有足够的数据来让你清晰地知晓股票市场的走势。在科学家的世界里，他需要多少个数据的支撑，才能很有把握地得出结论？

为了发表一篇文章，甚至在科学界得到认真对待，你最好有足够的数据来支持你的主张。发表的期刊文章将有数百条、数千条，有时甚至数百万条数据。

例如，在决定药物的功效之前，制药公司的临床试验平均会产生多达3百万条数据[①]。

那么，我们有多少次崩盘和熊市可以作为数据来研究呢？主流的现代投资组合理论的结论——尤其是股市将一直上涨——又是基于多少数据得出的呢？

相关数据点

1896年5月26日，道琼斯工业平均指数首次对外发布。然而，美国股

① 美国医学研究所药物、生物制品和医疗器械研发与开发圆桌会议；小戴维斯（Davis JR），诺兰（Nolan VP）副总裁，伍德库克·J.（Woodcock J.）等人编写的《监管决策下的临床试验中确保数据质量和有效性：研讨会报告》。华盛顿（特区）：美国国家科学院出版社，1999.最后评论。https：//www.ncbi.nlm.nih.gov/books/NBK224576/。

票市场的历史却远比这个时间悠久，可以追溯到1817年纽约证券交易所的成立，抑或1792年的《梧桐树协议》，乃至1790年费城证券交易所的挂牌，但是，道指发布前100年的数据充其量只能算是粗略的。

使用标准普尔500（正如我们和大多数现代投资组合理论的支持者所做的那样），可以让我们获得超过90年的数据。够用吗？毕竟这是1 000多个月——20 000多个交易日的数据呀。还不错。但这不是我们真想了解的灾难性事件发生后市场的表现。“市场下跌后，它总会涨回来的。”这就是结论，对不对呢？

在这种情况下，对于我们在这里的科学分析，我们应该检查那些我们已经克服的危机——那些总是被用作“证据”和灵感的危机，你应该“坚持到底”。“你看，市场从XYZ崩盘中反弹，没有理由相信它不会从这次危机中恢复过来……”

到底有多少熊市？

在金融术语中，崩盘是指股票价格在相对较短的时间内突然大幅下跌，时间跨度从一天到几周不等。

而熊市则是指持续的下跌。一旦市场从最近的高点下跌超过20%[①]，技术层面就认为是熊市。

官方数据显示，自1900年以来，我们已经经历了33次熊市[②]——33次持续的、从最近的高点下跌20%或更多的市场收缩。是的，确实不假：市场已经从每一次熊市中复苏……然而我怀疑，即使是一个立志成为科学家的人，也不会相信仅仅源于33条数据所得出的结论。

---

① 完全随意但符合行业标准。

② 确切的数字可能相差一两个，这取决于你问的是谁，以及他们是如何计算熊市的。

保龄球馆理论

一天晚上，一名职业保龄球手出现在你们当地的保龄球馆。起初，你和朋友们还只是漫不经心地看着他很专业地表演一击全中。而现在，你们都无意识地停下手里的球，凝神观看那位职业保龄球手。这家伙越打越来劲，没有一次失手。你们抬头看他的记分牌，刚刚连续第12次一击全中，真是完美的一局。他没停下来，你和朋友们也被吸引住了，当他持续着火热状态的时候，你们都对他的总分窃窃私语、津津乐道。

现在，他打到第三局了。你们的耳畔响着令人心满意足的球瓶撞击声，这是他第30次一击全中。还有第31次、第32次！

做了一样多的出球尝试后，他平静地打出第33次一击全中。朋友们在你耳边大喊起来，喊声盖过了人群的欢呼，把你从迷糊中拉了回来。“让我们玩儿点有意思的……”

如果你知道这个职业选手那天晚上计划打5局（有机会获得连续60次一击全中[①]），那么以下两个赌注中你会更倾向哪一个？

1.赌上你一生100%的积蓄，赌他将创造一项新的世界纪录，完成连续五局全清的比赛，即连续60次一击全中。如果最终结果是这样，那么你的毕生积蓄会翻倍。

但是，如果他以59次或更少的次数结束比赛，那么你将失去一切[②]。还是……

2.赌上你一生积蓄的四分之一，赌他会在剩下的大部分投球中实现一击全中——在剩下的27次投球中，至少有14次一击全中。如果最终结果

---

① 世界纪录是汤米·戈利克（Tommy Gollick）在2019年5月创下的47次一击全中。这并不是说他在试图将连中纪录扩大到48次时失败了。戈利克打到47次一击全中后就停止比赛。比赛结束了，他也就不打了。

② 我知道你在想什么……你的朋友显然有赌瘾……

真的如此，那么你会赌赢一生积蓄的二分之一；否则，你会输掉一生积蓄的四分之一。

现在，摆在你面前的历史数据（33次投球实现33次一击全中），这对你的决定有什么影响？它如何影响你的自信程度？

尽管赌赢的钱少，尽管迄今为止他的记录非常完美，但**几乎**每个人都做了第二种选择。因为……显然，完美的过往记录并不能保证完美的未来表现，更何况我们是在谈论你一生的积蓄！

那么，当对股票市场进行理论分析时，我们说历史数据表明，在重大崩盘后市场**几乎总**是呈现上升的趋势，难道不是更贴切吗？因此，我们相信它会在**大部分**时间里继续这样，而不是固执地得出无论如何市场总会上升的结论。

这是一个微妙的区别，却是一个有意义的区别。理解这个微妙的区别，可以让你免于遭遇潜在的、毁灭性的现实。

科学的控制

但是，这个关于保龄球的类比甚至不是一个公平的比较，不是吗？保龄球手所处的环境是可预测的，这是一大利好因素。他可以用同样的球、穿同样的鞋。打球期间，温度和气氛相对稳定。他处在一个可控的环境中。

当你开始摆弄这些环境变量时，未来的结果变得更加不可预测。33条数据变得更加不可靠。不幸的是，我们进行“投资实验”的环境正是无法控制的。

你看，每一次熊市——即使比熊市次数少的崩盘——都会出现非常不同的情况：

- 导致1929年[①]华尔街崩盘的环境，与1962年“肯尼迪暴跌”期间的古巴导弹危机和冷战背景截然不同。
- 与20世纪90年代末互联网泡沫（Dotcom Bubble）[②]紧密相关的互联网热，与2011年标准普尔（Standard & Poor's）下调美国政府评级后的崩盘完全不同。
- 21世纪初导致2007—2008年[③]全球金融危机的宽松信贷环境，与导致1987年混乱的黑色星期一的环境完全不同，黑色星期一是由投资组合保险不可预见的后果引发的[④]。
- 1901年的铁路巨头权力斗争让成千上万的小投资者陷入困境，这与120年后导致全球股市暴跌超30%的新冠疫情完全不同。

我们不能用过去的情况来证明市场未来表现的一个主要原因，和我们很难为应对市场恐慌做好准备的原因是一样的[⑤]：它们的情况几乎总是不同的。导致崩盘或熊市的政治、社会和经济环境是不同的。

市场参与者的数量和能力（导致市场通常以狂热的运行速度）是不同的。事实上，我们总是在经历一种独特的因素组合，其中，许多因素以前从未以完全相同的方式经历过。

这意味着在每次崩盘后，人们——包括专家——可以诚实地说，“哇！我从来没有想到会发生这样的事情。这在以前从未发生过……”，这些专家中的许多人会用这样的说明来为他们缺乏准备找借口。

也许，许多人会从“至少我们都错了”这一事实中得到些安慰。

---

① 在本书误区5中探讨。
② 在本书误区5中探讨。
③ 在本书误区5中探讨。
④ 投资组合保险是20世纪80年代流行的一种对冲策略，旨在通过对价格变化而非基本面变化做出反应来买卖股票，从而限制投资者的损失。具体来说，他们在市场下跌时卖出，不考虑任何基本面信息。正如1987年10月所证明的，当足够多的人拥有这种“保护”时，就有可能创造一个破坏市场稳定的反馈循环。
⑤ 在本书误区5中探讨。

但是，我假设，既然你还在读这篇文章，那对你来说还不够好……

曲奇饼经济学

每次我和儿子们一起烤饼干时，我们烤出点心的味道都非常相似。这是因为我有一个常用的食谱，每次都用同等数量的相同配料。

导致上述每一次股市混乱的因素，从一个熊市到另一个熊市，都非常不同。

如果我让3岁的儿子从现在开始每一次都发挥自己的烹饪创造力，我显然不知道每次会发生什么。想象一下，他在一批饼干中使用两倍的糖，在另一批中使用50倍的盐，在第三批中用凤尾鱼代替巧克力片。配料一直在变，用量也差别很大，这会产生各种各样的结果。经过15次、30次或100次叠加后，即使做出来的东西一直是可食用的，也不能保证下一批不会让你呕吐！

当我们谈论经济和股票市场时，起作用的因素数量和我的饼干食谱相比，完全不是一个数量级的。在不了解特殊情况的前提条件下，可以预测未来崩盘后事情将如何发展，这是荒谬的。以下是纳西姆·尼古拉斯·塔勒布对这种事情的看法：

> 混沌理论告诉我们，即使你有一个完美的世界模型，你也需要无限精确地预测未来的事件。对于社会政治或经济现象，**我们没有这样的东西。**

海量宏观经济变量

让我们探讨这些在未来会有明显变化的市场因素，并思考它们对我们主流投资秘方潜在的副作用。请简要考虑以下主要经济现象，以及它在我们的预期收益计算中代表了多大的变量。

国家生命周期

首先，考虑成功企业的生命周期。在经历了一个快速而令人兴奋的增长阶段后，公司达到了成熟期——事情开始放缓，最终走向衰退。

雷·达里奥（Ray Dalio）对公司的生命周期提出了类似的理论。达里奥可以说是当今世界上最伟大的宏观经济远见者。在过去的几十年里，他的洞察力使他的投资基金桥水基金（Bridgewater Associates）能够从世界各地意想不到的经济变化中获利，无论是好的还是坏的。他的成功源于他的专注研究，使桥水基金成长为世界上最大的对冲基金。

正是从这种特殊的经历中，达里奥把他研究过的理论进行解析[①]。他将一个国家的生命周期分为五个阶段[②]。

第一阶段，“国家很贫穷，认为自己很贫穷”。舞台是任何既定文明的早期组成部分。在这段时期，“他们的收入很低，大多数人都过着自给自足的生活方式。他们不浪费钱，因为他们很重视钱；他们没有任何债务，因为储蓄不足，没有人愿意贷款给他们；他们的经济还不发达”。

第二阶段，“一些国家迅速富裕起来，但仍然认为自己很贫穷”。这一阶段类似于成功公司生命周期中的成长阶段。

然而，尽管经济增长了，人们倾向于“表现得和他们在前一个阶段几乎一样，但是，因为他们有更多的钱，仍然想要储蓄，储蓄和投资的金额迅速上升”。

因为他们通常是在第一阶段经历了更匮乏的条件的人，在财务焦虑中长大的人通常会非常谨慎，他们仍然努力工作，大量储蓄，并有效地投资于他们的生产资料和实际资产……

---

① 事实上，他的新书完全致力于对这一理论的深入研究。https：//www.principles.com/the-changing-world-order/改变-世界-秩序。

② 这五个阶段最初发表在桥水公司的网站上：http：//bwater.com/。

第三阶段，“国家都很富有，并且认为自己很富有”。在商界，这个阶段被称为成熟。当这种情况发生在一个国家时，“普遍的心理会从强调工作和储蓄来保护自己免受经济不景气的影响到放松下来以享受生活的果实”。这种主流心理的变化主要是因为新一代没有经历过萧条时期的人取代了那些经历过萧条时期的人。

这种观念转变的迹象反映在统计数据中，就是工作时间减少（例如，通常每周平均工作时间从6天减少到5天），休闲消费和奢侈品支出大幅增加，而非生活必需品。

第四阶段，“一些国家变得更穷，但仍然认为自己是富裕的。这就是杠杆上升阶段。也就是说，债务相对于收入上升，直到无法再上升为止。杠杆上升背后的心理转变发生了，在经历了前两个阶段的人已经死亡或变得无关紧要，而那些行为最重要的人习惯于过得很好，不担心没有足够的钱的痛苦。因为这些国家的人挣得多，花得多，物价就会变得昂贵，所以他们的实际收入增长率就会变慢。由于他们不愿意约束自己的支出以适应收入增速的下降，他们降低了储蓄率，增加了债务，偷工减料。由于他们的支出持续强劲，即使他们的资产负债表恶化，他们仍然看起来很富有。他们越来越多地依靠自己的声誉而不是竞争力来填补赤字。他们通常在这个阶段花很多钱在军事上，有时因为战争而花费很大，以保护他们的全球利益……”

第五阶段，各国“通常会经历去杠杆化和经济相对衰退。它们很难接受。在泡沫破裂后，当去杠杆化发生时，私人债务增长、私人部门支出、资产价值和净资产会在一个自我强化的负面循环中下降。作为补偿，政府债务增长、政府赤字和央行‘印钞’通常都会增加。通过这种方式，这些国家的央行和中央政府降低实际利率，提高名义GDP增速，使其轻松高于名义利率，以减轻债务负担。由于这些低实际利率、弱势货币和糟糕的经济状况，它们的债务和股票资产表现不佳，这些国家不得不与成本较低、处于发展早期阶段的国家竞争。他们的货币贬值，他们喜欢这样。作为这些经济和金融趋势的延伸，处于这一阶段的国家在世界上的力量下降了”。

尽管历史上每个阶段的时间长短因国家而异，但模式是相同的。这一事实解释了为什么我们在本节开头的历史情景中可以理解的乐观专家最终被证明是完全错误的。

古埃及、罗马、蒙古帝国和大英帝国都经历过这样的时期——在第三和第四阶段——当时活着的人几乎不可能想象一个没有它们的霸权和没有永恒发展的时代。

它们最终都像其他文明一样，滑入了第五阶段，并开始衰落①。

你认为美国和其他发达国家会跌到哪个阶段？

在这100年左右的时间里，我们一直依赖的股市数据——每个人都依赖的数据——美国处于哪个阶段呢？

① 达里奥在最近关于这个理论的研究中，他着重强调第六阶段：一般的混乱——内战和革命——最终会将一个文明重新引入第一阶段。

你认为一个国家的股票市场在其生命周期的不同阶段的收益应该是相似的吗？

显然，在第一阶段的挣扎中，任何市场收益都将与第三阶段的繁荣中所经历的非常不同。但是，从第四阶段的末尾开始，当一个国家的经济增长放缓时，情况又会如何呢？是否仍有理由期待与前几个阶段实现的市场轨迹相同呢？

还记得洛温斯坦的问题吗？“我们怎么知道下一个新时期不会再改变这个故事？”

它几乎肯定会改变……

储备货币的地位

如图10–4所示，你认为，美元作为世界储备货币对过去90多年的股票市场表现有什么影响？

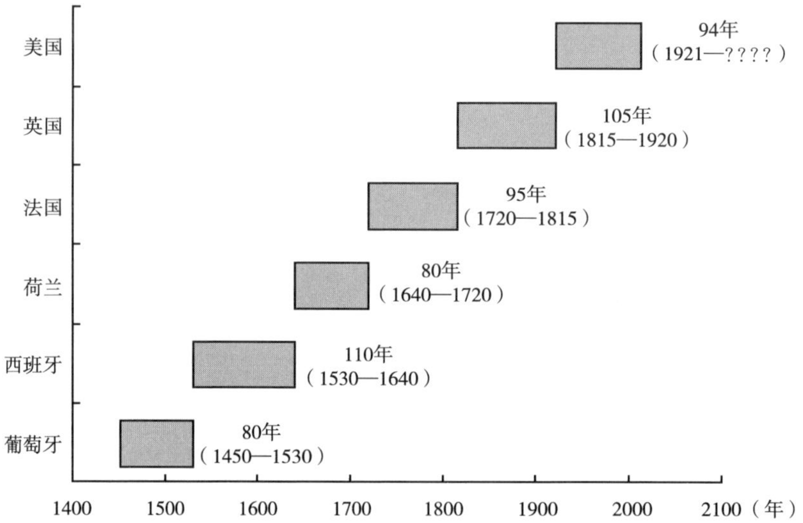

图10–4　1450年以来的全球储备货币

资料来源：双线（DoubleLine）。

历史表明，美元不会一直保持这种地位。然而，这是我们在标准普尔500指数的整个历史数据采样中所知道的唯一现实。在不久的将来，失去这一地位会如何影响我们未来的预期市场收益？

说实话，我不敢说我知道。我不认为我们能知道。这正是关键所在：这不是我们过去的数据可以解释的变量。

我的目标不是断言当这些巨大的变量发生变化时会发生什么，而是帮助你认识到没有理由相信它们不会发生变化。当如此大的变量像这样变化时——就像任何科学实验的情况一样——在这些新的和完全不同的市场条件下，期望我们在过去经历过的类似结果是不合逻辑的。

重温今天的郁金香

最后，让我们更详细地考虑一下这些令人担忧的宏观经济变量之一，我们从未以相同的方式解释过它。这与巴菲特之前提出的担忧是一样的：国家债务。我们的全球央行政策危机。在美国，发达国家想印多少就印多少，这种情况已经失控。越来越多的国家印刷更多的钞票，支出更多，债务也比以往任何时候都要多。此外，负利率国家①（负利率本身是一个相对较新的概念②）现在占全球GDP的20%以上③。

我可以列举出今天的市场与过去任何时候都不一样的若干方面，但我知道你明白我的意思：**我们以前从未来过这里**。

那么，我们为什么要假装知道从长远来看一切会如何发展呢？

我们今天所处的环境与我们以往经历过的任何情况都不同。我不敢说

---

① 负利率是指借款人从贷款人（银行，政府）那里获得利息，而不是向他们支付利息。

② 瑞士中央银行于1972年首次使用这个概念，但从未在全球范围内普及如此程度。

③ https：//www.reuters.com/article/us-bis-markets/acceptance-of-negative-interest-ratesvaguely-troubling-bis-idUSKBN1W70N0。

我知道这一切究竟会如何发展，但总有一天会有报应的。我很难想象在我的有生之年这种事不会发生……当然，我不能告诉你。没有人可以。

怀疑掌权者的金融魔法和阴谋诡计，以及他们把众所周知的“罐子”踢到未来几代人面前的能力是很危险的。

但无论何时，我都很难找到一个好的解决方法[①]。

苹果不是橘子

根据1907年[②]大恐慌后股市的恢复情况来理解全球央行危机引发的崩盘后股市将如何表现，这是荒谬的。

而且，即使不是这场独特的全球债务危机引发了我们从未见过的熊市，也总有其他因素可能会引发熊市。想想看：例如，2019年新型疫情（COVID-19）的突然出现，但更糟糕的是，2020年3月随之而来的经济混乱是无法预料的——它让大多数投资者措手不及。

谁知道有什么能打破这种持续了几百年的趋势呢？

不要误解我的意思：我并不是在预测一场比以往任何时候都更糟糕的崩盘[③]。

关键是：你不能用历史数据——不管你有多少历史数据——尤其是当所有的输入都是如此不同的时候……来预测未来永远会发生什么。

只有33条左右的数据来自截然不同的（非受控的）环境，这似乎有点不符合市场在重大衰退后总是呈上升趋势的说法！

---

① 我承认：有些事情绝对可以改变。也许某个聪明的经济学家与一位无私的政治家合作，找到一种方法，解开这个谜题，让我们摆脱这场混乱，而不会出现像日本那样或更严重的大规模衰退，并以某种方式成功地向理性的公众推销他们的计划……这似乎有点牵强，但我认为这是可能的。

② 纽约第三大信托公司尼克博克信托公司破产后，纽约证券交易所下跌了近50%。

③ 如果真的发生这种事，我也不会感到惊讶。但这并不是你该从这件事中得出的结论。

但这就是我们（作为人类）倾向于做的事情。我们想要走捷径。我们想要启发式方法。我们希望事情变得简单。因此，在缺乏足够数据的情况下……

我们猜！我们假设。这本身就没问题，除了……该行业并没有将现代投资组合理论视为有根据的猜测。他们把这个理论当作事实——好像它已经被最终证明过了。因此，它已成为金融学信条，而实际上……这只是一个猜测而已。

> “知识的最大敌人不是无知，而是拥有知识的幻觉。”
>
> ——丹尼尔·J.布斯汀（Daniel J. Boorstin）

理解现实

至少在合理的可能性范围内，那些依靠过去预测未来的人——根据现代投资组合理论，他们的投资组合是买入并持有，只投资股票和债券——总有一天他们会面临财务崩溃。

这可能是一颗难以下咽的药丸。我明白了！这意味着你需要为自己的投资方式承担更多责任。这意味着更多的压力、更多的担忧。这是一个残酷的现实。我不是在卖阳光和彩虹，那样会容易得多。

灾难预言者的观点

虽然现在听起来可能是这样，但这并不是一个恐怖的信息。这不是重点。相反，这是一个实用的信息——意识到什么是可能的——不要被蒙在鼓里——无论发生什么都要做好准备。

我并不是在预测美国会在短期内失去全球超级大国的地位，或者在全球货币危机后欧盟会垮台，或者由于美国的生命周期阶段，在未来几十年里，股票市场不可能达到这样的平均水平。

但我知道一个事实，每一个，以及无数其他可怕的场景都是真实存在的可能性。当一些人听到这个消息时，他们立即将其置之不理，并将其解读为我在暗示一场全面的经济崩溃——彻底的混乱——真正的末日预言者情景：股市不复存在；所有的企业都会破产；整个国家都“着火”了。

事实上，我不是这个意思……

诚实的观点

我花这么多时间帮助读者理解和接受这些可能性的原因是，一旦你这样做了，你就会敞开心扉接受这两者的任何结果。当然，或许股市有可能出现比以往任何时候都高的30年增长。是的。但是，考虑到我们刚刚看到的一切，这似乎不像其他方向的可能性那么大。更不用说，这并不是一个你真正需要“做好准备”的场景。如果这种情况发生，那么举办一个派对吧。

但是，如果我们的市场投资的可能性范围还包括许多低于本书前几个误区中探讨的平均收益，那么我们可能就不想根据主流策略投入这么多的毕生积蓄……

你看，未来30年股市平均在7%~12%[①]的替代方案，并不是市场完全崩溃，每个人都会失去所有的钱。不！这是你的股票投资组合平均有效：

- 在你计划退休前的20年里，每年零利息；
- 余生每年2%；

① 本书误区3中讲述了基于历史的30年平均高点和低点。

- 退休期间年化亏损1%；
- 等等。

当你意识到有一种非常真实的可能性——即使你认为它很微弱——发生这些事情时……你就会意识到介于两者之间的所有收益率也都是非常真实的。总的来说，即使它们以前从未发生过，有些甚至并不那么难以想象……

我们完全可以为这些可能性做好准备，甚至可以在**不牺牲上行潜力的情况下这样做**[①]。另外，做好准备还有一个额外的好处，那就是如果这些极端的末日预言的场景真的变成了现实，那么你刚好处于一个下行风险小得多的位置——这样你就算准备好了！

误区：你可以用过去的数据来证明市场未来的走势。

现实：用过去的数据来预测未来是不合逻辑的。

① 我们将在本书误区15和误区16中探讨一些具体策略。

更好的方法

老实说，如果是在炒股和把所有的钱都藏在床垫下的保险箱之间，那当然，我们可能应该碰碰运气。这就是我在研究的头几年里的感受——好像投资者只有两个选择……幸运的是，作为理性的为长期做准备的投资者，这些并不是我们唯一的选择[①]。

然而，不幸的是，你在寻找那些更好的方法时，你很难知道可以信任谁……

① 我们将会在本书误区 15 和误区 16 中探讨我发现的最佳潜在解决方案。

DISCOVER AND OVERCOME THE 16 MAINSTREAM MYTHS
KEEPING YOU FROM TRUE FINANCIAL FREEDOM

Stop Investing Like They Tell You

误 区 *11*

你就应该按照“专家”说的去做

全部24条染色体

1923年，美国动物学家西奥菲勒斯·佩因特（Theophilus Painter）宣称人类有24对染色体。尽管随后人们发现正确的人类染色体数目是23对，但鉴于西奥菲勒斯·佩因特作为专家的权威性，他宣称的“事实”一直到1956年还在传播。由于当时人们形成共识的内容具有权威性，甚至有教科书上清楚地展示着23对染色体的图片，但是却错误地标注着24对染色体[①]。

24对染色体的结论成为广为流传的事实，导致后来的科学家们产生了认同上的偏见。由于佩因特的结论极具影响力，以至于很多研究人员弃现实于不顾而遵从他的结论。甚至有记录显示一些科学家修改或放弃自己的数据而遵从他的数据。

这一错误的结论流传了数十年才被纠正，直到显微镜技术证实了这个结论确实是错误的。

权威人士的吸引力

尽管有明确的证据，但是事实的真相过了那么久才得以揭开，这全是

---

① 宾利·格拉斯，西奥菲勒斯·希克尔·佩因特，美国国家科学院，华盛顿特区，1990，309-337。http：//www.nasonline.org/publications/biographical-memoirs/memoir-pdfs/painter-theophilus-shickel.pdf。

因为另一个逻辑上的谬论[①]：权威人士的吸引力。权威人士的吸引力是指人们将对某个领域权威人士的信仰作为证据来证明某一理论，而不是用真实的数据、逻辑或研究来证明。

要真实了解错综复杂的投资世界，我们最好还是听从美国天体物理学家卡尔·萨根（Carl Sagan）的话：

“科学最伟大的戒律之一是‘对权威人士的论点保持怀疑’……有太多的权威人士的论点被证实是大错特错的。权威人士也需要像他人一样证实自己的观点[②]。”

我知道：否定权威人士的论点是特别困难的，当事关你专业领域之外问题的时候尤其如此。但是一位“公认专家”的所言并不能等同于事实。想一想……

德怀特·D.艾森豪威尔（Dwight D. Eisenhower）任总统期间的美国邮政局局长亚瑟·萨默菲尔德（Arthur Summerfield）曾发表权威言论：“制导导弹能让邮件在几小时之内从纽约送达澳大利亚，这在人类登上月球以前就能实现。我们就站在火箭递送邮件的大门口[③]。”

热播剧《艾德苏利文秀》的音乐剧导演雷·布洛克（Ray Bloch）曾对披头士乐队的未来做出预言：“在我看来，唯一的不同是发型。我给他们一年时间。”

上述二人都是他们各自领域的专家，但是他们的言论却极不正确。

“让你陷入麻烦的不是你不知道的事情，而是你非常了解但事实却并不如你所了解的那样的事情，才会让你陷入麻烦。”

---

① 除了本书误区10“无知的吸引力”外。

② 卡尔·萨根，《魔鬼出没的世界：科学，照亮黑暗的蜡烛》，纽约：2011年版。

③ 有意思的是，美国邮政局在1959年确实测试了所谓的导弹邮件。一艘潜艇在佛罗里达州海岸向一个海军基地发射了一枚火箭。22分钟后，它装载的两个邮件容器被成功送达。遗憾的是，这一行动至此再没有任何进展……

讽刺的是，这句话常常被错误地认为是马克·吐温（Mark Twain）说的。

有时，“专家的话”对我们的生活方式并没有太多影响。但是，在其他时候，如果每个人都盲目地遵循权威人士的论断，我们今天的生活会有很大的不同。想一想……

亚里士多德认为，只有五种元素构成了我们已知的宇宙。

IBM总裁托马斯·沃森（Thomas Watson）[①]关于计算机未来的言论：“我认为世界上可能只有五台计算机的市场。”

20世纪福克斯公司执行官达里尔·扎努克（Darryl Zanuck）预言：“电视在占领任何市场头六个月后将无法继续守住它。因为人们很快就会厌倦每天晚上盯着一个胶合板盒子看。”

以太网的共同创造者和行业领袖罗伯特·梅特卡夫（Robert Metcalfe）[②]在1995年自信地断言，互联网将“很快就会成为壮观的超新星，并在1996年灾难性地崩塌”[③]。

微软首席执行官史蒂夫·鲍尔默（Steve Ballmer）在2007年发表的专家观点：“iPhone没有可能获得相当比例的市场份额。没有可能。”

想一想，如果人们听信那些专家的话，我们会是什么样子？——从不质疑，从不挑战，从不考虑替代方案。当我们挑战权威人士并寻求更好的替代方案时，生活往往会得到改善。

而有时，盲目地听从“专家建议”可能是毁灭性的。在“泰坦尼

---

① IBM的传奇总裁，从1914年上任直到1956年去世。

② 他是哈佛大学的博士、得克萨斯大学奥斯汀分校的教授，以及3Com数字电子公司的创始人。

③ 有意思的是，梅特卡夫承诺如果他错了，将“吃下他说的话”。很显然，他错了。因此，在1997年的一次演讲中，他把写有他这句话的杂志文章放入搅拌机中，并当着现场观众的面喝下了纸浆……

克号”首航前，生产这艘船的公司的副总裁菲利普·富兰克林（Philip Franklin）曾说过一段很有名的话：“‘泰坦尼克号’没有沉没的风险。这艘船是不会沉的，除了给乘客带来不便外，不会有任何问题。”

悲剧发生后，富兰克林愧疚地道歉：“我曾经认为她是不会沉没的。**是最优秀的专家的建议让我有了这样的想法。**”

市场专家

在这里，你有机会通过质疑不完善的标准和寻求更好的方式来避免潜在的巨额损失。

如果你有相当数量的毕生积蓄买了股票，每当市场开始急剧下跌时，你可能就会有点压力。如果有一位举世闻名的经济学家同时又是常春藤盟校的教授告诉你不用担心，这能否让你的神经放松下来，或者至少鼓励你“坚持下去”？如果他令人信服地告诉你股票随时会反弹，而且很可能再也不会触及这些低点，你会感觉好些吗？

如果接下来你收听新闻播报，从你最喜欢的权威专家那里听到同样的信息，然后又从你的顾问那里再次听到同样的信息，这能否让你相信自己是反应过度了——你应该“坚守纪律”并“坚持下去”？

因为这正是1929年所发生的事，这之后便是美国历史上迄今为止最严重的暴跌。一片混乱的市场，为了缓解天真公众的紧张情绪，欧文·费雪（Irving Fisher）曾宣称“股票价格已经达到了一个看似永恒的高原”。其他专家（至少公众认为是）也找到理由支持费雪的说法。他们有什么资格不同意他的观点呢？

于是，全世界的权威专家和顾问们都唱起了类似的歌。而你有什么资格不同意他们的观点呢？

尽管他才华横溢，尽管几乎所有的金融专家都与他意见一致，但他错得不能再错了，而那些听信他并盲目跟从他建议的人也因此蒙受损失。正如我们现在所了解的，市场在那个月早些时候已经涨到了最高点，之后又过了25年才最终反弹回来超过了那个“高原……”

诺奖得主

当上述权威人士中的一些人对我们正在讨论的特定领域有所贡献并因此而得到诺贝尔奖委员会的认可时，情况就变得更复杂了。但是，不能因为一位专家获得了诺贝尔奖就认为他是永远正确的。

保罗·克鲁格曼（Paul Krugman）2008年获得诺贝尔奖，早在此之前20年，他曾于1988年自以为是地声称互联网对经济的影响不会超过传真机……

尤金·法玛（Eugcnc Fama）和罗伯特·希勒（Robert Shiller）因“资产价格实证分析”共同获得2013年诺贝尔奖。然而，他们对这一问题的主要方面提出了相互矛盾的理论（具体而言，指的是市场“有效”①与否②）。尽管他们对这一问题均提出了自己的权威性论断，但显然，他们中至少有一个人肯定是错的。

还有我们在本书误区10中提到的朋友们，罗伯特·默顿（Robert Merton）和迈伦·斯科尔斯（Myron Scholes）。他们“针对股票期权的估值提出了一个开创性的公式。他们的方法论……创造了新型金融工具，促进了社会上更高效的风险管理”③。

为他们“社会上更高效的风险管理”喝彩……我做得对吗？当他们有机会用真金白银冒险来验证获得诺贝尔奖的专家想法时，我们见证了发生在他们身上的事和他们管理的数十亿美元的下场。

---

① 需要提醒一下“有效”市场是什么意思吗？在本书误区10中，有效市场假说（EMH）认为，股票价格反映了所有信息。这一观点是现代投资组合理论的基石。

② 在这个问题上，我赞同希勒的观点……市场显然不是有效的。

③ https：//www.nobelprize.org/prizes/economic-sciences/1997/press-release/。

有影响力的人

就像有一些科学家声称人体有24对染色体一样，有一些金融行业的名人乐意听从行业权威人士的意见——且从未想过要质疑。他们把自己的声誉和影响力寄托在照搬这些“专家”的观点上，导致规划自己财务未来的门外汉觉得摸不着头脑，这也就不难理解了。

大多数夸夸其谈的金融行业名人并不了解现代投资组合理论的缺陷。他们不了解你所有的投资选择——他们只是不停地拾人牙慧，转述那句简单的买入并持有、只买入股票和债券的咒语。许多人没有这个行业的经验，因此他们也绝对不能是你的受托人。更不用说许多人是被不可告人的动机驱使的了[①]。

坦率地讲：无论你是否去寻求他们的建议，都不可能忽视这些吸引我们注意力的主流声音。

无论你喜欢与否，如果你不小心，那么他们便可以影响你的投资和其他财务决定。

> “盲目的无知确实误导了我们。哦！可悲的凡人睁开你们的眼睛！”
>
> ——莱昂纳多·达·芬奇（Leonardo da Vinci）

声音最大的人

在荷马史诗《奥德赛》中，奥德修斯必须航行经过塞壬的领地。奥德修斯曾收到警告，塞壬的歌声会引诱他和他的船员，并让他们葬身海底，

① 我们将在本书误区12中进一步探索金融专业人士的世界。

因此他命令他的水手们用蜂蜡塞住耳朵。但奥德修斯永远是一个充满好奇心的旅行者，他渴望听到塞壬的歌声。他命令船员把自己紧紧地绑在桅杆上，无论怎么哀求都不能放他走。

在塞壬动人歌声的诱惑下，他命令船员为自己松绑。幸运的是，船员听从了之前的命令，把他绑得更紧了。尽管奥德修斯预先知道了要发生的事情，尽管他意志坚强，也险些葬身塞壬诱人的歌声之下。

在暗藏危险的投资世界里，“塞壬的声音”有多种形式。然而，与奥德修斯和他的船员不同，我们无法预知它们将如何或何时设法引诱我们走向灭亡。我们只知道这将会发生。

低估塞壬的说服力是很危险的。当大多数投资者察觉到“歌曲”本质的时候，为时已晚。以史为鉴，即使对我们当中最聪明①和最富有传奇色彩②的人物来说，诱惑也是超级强大的。

奥德修斯和他的船员所面临的风险比我们如今面临的要大——这是死亡与单纯的财务损失的对比。然而，我认为解决方案对我们来说不会像对那些大胆的水手一样直截了当。如果假设我们无法摆脱自己试图施加给自己的任何限制，这是不现实的。但是想要将金融噪声屏蔽得一干二净也变得越来越不可能。

财经名嘴

大多数人都知道权威人士经常在电视上讲那些会让他们获得最高收视率的话。你知道不应该让这些话影响自己，但有时你就是无法不受其影响。

从我最喜欢举的例子中选取一个。经济学家彼得·希夫（Peter Schiff）

① 想一想：本书误区5曾探讨过的艾萨克·牛顿（Isaac Newton）。

② 想一想：本书误区5曾探讨过的朱利安·罗伯逊（Julian Robertson）抑或斯坦利·德鲁肯米勒（Stanley Druckenmiller）。

很有先见之明，预测了2008年市场的暴跌，却遭到权威人士和专家们的嘲笑①。

在过去的每一次危机中都有无数的例子。历史已经告诉我们，大多数权威人士和专家在这些问题上始终站在错误的一边。他们经常企图让那些与自己意见不同的人看起来很荒唐。而在当下，这些权威人士做的正是自己非常擅长的：说服观众。所以要小心。

这些预言家满怀信心地表达自己的坚信的内容，想要忽视这些内容是极难的。CXO咨询集团，一家从事市场研究和分析的公司，开始研究这些备受瞩目的市场“专家”到底有多正确。他们研究了68位专家在7年内公开发表的6 500多项关于美国股市表现或走势的个人预测②。

平均而言，专家们只有47%的时间是正确的。因此，未来当你听到专家高谈阔论时，也许应该试着将他们的声音与硬币掉落的声音联系起来……因为“专家”的正确率几乎与抛硬币一样。

财经名嘴吉姆·克莱默（Jim Cramer）与专家的平均水平持平：47%。他这边讲着，那边有数百万的日常投资者听着。克莱默不靠谱的建议清单③本来就已经很长了，这里又有一个关于股票的错误，你可以把它添加到清单中去……

2008年3月11日，他节目中的一位来电者询问是否应该对贝尔斯登感到担心时，克莱默断然表示：“不！不！不！贝尔斯登没问题。不要把你的资金从贝尔斯登撤出去，那只是在犯傻。”

不知道你是否晓得，贝尔斯登正是政府允许“倒闭”的银行之一。在那次通话的五天后，贝尔斯登被摩根大通以每股仅2美元的价格收购。而

---

① 你可以在这里观看几个相关访谈的汇编：https：//www.youtube.com/watch？v=sgRGBNekFIw。

② https：//www.cxoadvisory.com/gurus/。

③ 请记住他在2000年和2007年市场顶部时给投资者提出的乐观建议（在本书误区5中探讨过）。

当克莱默3月11日发表权威性的言论时，贝尔斯登的交易价格约为每股60美元。

我真心希望你把专家们从清单中划掉，不要再将其作为未来财务决策的帮手。他们不仅利益与你的完全不一致，他们甚至没有靠谱建议的历史业绩。

在线专家

每当股市处于长牛或快速增长期，新股民都会开始炫耀自己的成功。他们主要是以下人群。

- 拥有5年疯狂历史业绩的互联网天才。大多数公众并没有意识到这是由于他在高风险股票上使用了极高的杠杆，而不是凭借交易上的任何真本事。
- 2007年的百万富翁炒房者。他并非特别擅长发现或达成一笔好的交易。他只是运气好：在正确的时间冒着正确的风险，不断扩大规模，直到房地产泡沫破裂……失去一切。
- 放弃了高薪工作转而从事郁金香球茎交易的娴熟工匠。很可能在他的朋友眼里他就像专家一样……至少有几个月是这样。

听从这些成功人士中任何一位的建议显然都不是明智的长期策略。在任意市场的每个繁荣时期，都有无数这样一夜成功的人。而且，随着技术的进步，他们的破坏性影响力也越来越大。

我坚信如果社交媒体在20世纪90年代末就存在，那时就会有大量金融行业著名且有影响力的人教你如果想过上他们那样的好日子，“你需要知道的一切”。试想一下，如果约翰·劳（John Law）能够通过有影响力的人在YouTube上的频道来开展联属网络营销。……想想他的计划可以拖多久，而密西西比公司在最终消亡前又可以有多壮大。

如今，这些金融和投资“权威人士”无处不在。他们有播客，几乎任何人在任何地方都可以收听。他们在Instagram上有大量的粉丝。他们一边“教”你如何实现财务自由，一边在抖音上跳舞。只要想想所有在YouTube上教你如何投资的频道……都是由那些在2009年或更晚（即在持续时间很长的股市上涨期间）才进入市场的人经营的。

这些有影响力的人经常把自己打造成向导——专家。而数百万的人，通常是年轻一代，收听他们所说的……

记住，当我们在谈论你的毕生积蓄时，经验很重要。我绝对不是说一个年轻人（或这个领域的新人）给不出有价值的见解。他们可以。但是，在社交媒体和YouTube的情况下，人们经常将有影响力人士的财务成功（或明显的成功）是源于其社会地位和活动，还是源于其实际专业知识和技能混淆起来。

只是，要小心。当你发现你一直在收听某个人的播客而且喜欢他，现在很想听从他的建议时，要确保他运用的是合理的逻辑、数据和研究。寻求反驳的观点。有依据地得出自己的结论。

极端灾难预言者

最后，那个极端灾难预言者呢？那个真正预言即将发生崩盘的人（而不是像我一样只是告诉你非零概率）呢？建议你把资金全部从市场撤出来，转而放在床垫底下或全部换成黄金……？

他们就在那里，而且其中有些人是开展了深入研究的，观点也有说服力。

举一个很普通但又相关的例子。1995年，有几个非常聪明的人警告说科技市场被高估了。他们可能是对的，如果你当时把所有的资金都撤出来，那么你就会错过一个绝佳的机会，而一个有战术管理且足够分散化的投资组合[①]是可以抓住这个机会的。事实上，许多杰出的对冲基金经理在近段时间败走麦城，因为他们在20世纪90年代末逆势做空[②]攀升中的科技行业[③]。

问题是，即使灾难预言者说的是对的，也无法知道他们的预言何时会真正发生。

有一些位高权重的人，他们本能地希望那些灾难预言者所说的话不要在自己掌权期间得到验证。没有哪位总统、国会议员抑或美联储主席希望在其任内发生崩盘。因此，他们实施短期（也许，至少在他们离任前）有效的政策，这确实推迟了预言中即将发生的崩盘，但结果却使长期的情况更为暗淡。

这就是为什么，正如我之前说过的，我们不是在谈论把你的全部积蓄一股脑塞进床垫底下就万事大吉了。我们有更好的方法来让你做好准备，并安排好你的毕生积蓄。

---

① 更多这方面的内容详见本书误区16。

② 需要提醒一下"做空"是什么意思吗？以下是本书误区5的脚注定义：做空操作（"卖空"或"做空"）是指卖出卖方尚未持有的证券或金融工具——如股票份额——的行为。为了达成这一交易，卖方借入资产（所有这些都由经纪公司在幕后处理）。卖空者认为借入证券的价格估值会下跌，从而能够在未来某个时候以更低的价格买回。简而言之，当你相信一只股票的价格会下跌时，卖空是一种获利方式。

③ 还记得本书误区5中朱利安·罗伯逊（Julian Robertson）和老虎基金管理公司的例子吧。

建造你的桅杆

以上只是外界众多高声叫嚷着吸引你注意力的声音中的一部分。你似乎很难不被吸引。而且，当我们谈论的是诸如你毕生积蓄这样重要的东西时，你可不能盲从。

你可不能就说："哦，好吧，你是一名财务顾问，所以你让我怎么做我就怎么做。""好吧，你凭借在电视上对我说话拿着六位数的酬劳，你一定不是信口开河，所以我得听你的。"

要质疑并挑战一切，直到你真正理解为什么要做正在做的事情。这也包括质疑我和我的观点！只有这样，你才能对自己的最终决定真正坚信不疑。

每当你听到一个新观点的时候，试着找一个精通其对立观点的人。听取双方的见解。在你听完双方的见解之前，尽量不要下定决心。双方可能听起来都很有说服力。一旦你听到了不同的见解，退后一步，然后看看自己感觉如何。如果你仍然不确定，继续研究，继续寻找可靠的来源。

花时间做这些可能并不好玩，但我希望现在你能意识到财务决策有多么严肃，以及找到可以真正信任的资料有多重要……

这很重要。这是你的毕生积蓄。这是你的遗产。

这个世界对下一次不期而至的恐慌必定是毫无准备的，因此，你需要构建自己的桅杆，可以紧紧抓住的那种。要做到这一点，你需要花时间：

- 理解这些主流问题。行了！你已经有了一个好的开始。
- 认真审查每一个渠道的财务信息。这是我们现在正在做的。
- 发现并积极落实你知道的更优解决方案。即将开始！

桅杆肯定不完美；我也不是什么奥德修斯。这也决不能让你避免受到影响。但这能让你立于可能的最佳境地，无论前方有什么意外的混乱发生，你都能实现财务上的蓬勃发展。

误区：“专家”说什么你就应该做什么。

现实：“专家”已经错得够多的了。

误区 12

金融建议都是一样的

寻找希望

如果如此受人尊敬的专家都会出错，你可能会觉得好像没有希望了。这感觉可以很强烈；这是肯定的。请记住，当我离开自己开始职业生涯的那家知名公司后，最初几年里我就是这种感觉。“我是谁，我可以质疑吗？”“同这些人的解决方案相比，我怎么就可能找到更好的解决方案……？”

但我必须做些什么。随着我开展的研究越多，问题也就越发明显。在这个波诡云谲的投资世界中航行可能会令人感到困惑。有很多听起来很聪明但实际上很糟糕的建议。这很容易让人不知所措，迷失方向。我质疑一切，就像我鼓励你去做的那样①。

老老实实地做到这一点并思考了本书前10个误区里提到的所有数据、研究和逻辑的人，往往会感到有点迷茫。他们需要帮助，但现在却不知道该向哪里求助……

当一个世界里满是不合格的顾问、照本宣科的专家和极端灾难预言者时，你能相信谁？你可以去哪里寻求建议？

我将带你走过这个过程，帮助你了解大多数人曾掉进的陷阱。在此过程中，我们将逐步建立起一套自己的标准，应该在你信任的金融权威人士那里寻找一套标准。

那里绝对有一些既了不起又可靠的参考资源。但是有太多金融“专

① 正如我在本书误区11的章节末尾所说：你应该质疑那些试图给你建议的人。而这也包括我。通过这种方法，你最终会更加坚定自己的观点。

家”在争夺你的关注和业务——有些“专家”会比其他人准备得更充分，运用你对这些投资误区新的认知帮助你。你只需要小心；你需要成为一个知情的消费者。

你正在寻找一个可以信任的人。不仅是一个在不向你一直推销东西方面可以信任的人，而且还要……

- 在了解这些问题方面，他是你可以信任的。
- 在使用批判性思维和逻辑去考虑你的财务状况方面，他是你可以信任的。
- 在熟知你所有的潜在投资选择方面，他是你可以信任的。

考虑到我们目前为止探讨过的金融行业重大问题，那些已经雇用了金融专业人士的读者应该认真思考他们后续该怎么做。而对于其他一些人——那些有相当规模的资金可供投资的人，或者那些只是财务状况特别复杂的，但可以从帮助中获利的人——则应当审慎地寻求指导。还有一些读者，仍然只想自己单打独斗，分析自己愿意看到的所有信息。

无论如何，你需要知道关于某个问题应该听从哪些金融专业人士或其他有影响力的人物的看法。他们都在竭力吸引你的关注。你应该把时间留给谁呢?

这一决定很重要，但大多数成年人几乎不会予以考虑，对此我常常感到震惊。

承诺问题

想一想，在与心爱的伴侣谈婚论嫁之前，你会有多深思熟虑。你应该想知道，伴侣许下了如此重要的承诺，因此你可以信任他（她）。虽然不像选择一生的伴侣那么重要，但你应该对自己的钱财做同样的事情：在确定可以信任之前，仔细检查每一个信息来源。

在我们寻找那些可以信任的参考资源的过程中，你会对相关情况有所感觉。而且……大部分都不是很理想。你可能已经知道了这些，毕竟，这也是写这本书的一个首要原因。可用的可靠参考资源非常匮乏。

对可信度的追求

在我们和金融专业人士打交道的过程中，你会遇到那些不遗余力地把服务硬塞给你的人。大多数读者可能已经体验到了这种遭遇有多搞笑。

- 你们“当地的名叫埃德·琼斯（Ed Jones）的那个人”在走街串巷，挨家挨户敲门，让你知道他“是来帮忙的”。
- “你的朋友认为咱们会聊得很开心，”西北互助人寿保险公司的代表如是说，并提出要为你“免费”制订一份财务计划！
- 你的家人或朋友将你的名字列入他们按公司要求整理的最初销售对象名单中，这份名单将作为他们起步时“练习”的对象。

可惜你能得到的绝大多数东西就是这些了（或者说，能得到你的东西）。

赚取佣金收入的销售人员

这群金融代表使出浑身解数吸引你的注意力，他们工作就是为了赚取佣金。他们通常给大型保险公司或投资经纪公司打工。他们训练有素，话也讲得很好听：“我是赚取佣金收入的，因此只有当我为你找到合适的产品时，我才会有报酬。我非常喜欢做这一切，所以就免费为你制订一个财务计划。”

“顺便说一句，我制订的大多数计划

都认为你需要购买大量保险，而我能推荐的特定保险产品都是带有佣金的……”

我并不是说有佣金的保险产品本身就不好[①]，但那些顾问往往受到极大的限制——他们凭什么要向你推荐那些支付很少或干脆不支付佣金的选择呢？不可否认的是，每当他们梳理推荐建议的时候，都会面临这种巨大的利益冲突。

他们所能推荐的投资也是如此。当你去赚取佣金收入的销售人员那里寻求投资建议时，你应该考虑到他们公司允许（或激励）他们提供的投资，也是那些能让公司赚钱的投资。

长期来看，通过这些“免费”的财务代表，你最终实际上往往要支出更多。

2020年，北美证券管理协会（NASAA）发布了一份报告[②]，比较了经纪商[③]和注册投资顾问（RIAs）的销售行为。经纪商的代表一般不受信托标准[④]的约束，而注册投资顾问的代表则始终受到信托标准的约束[⑤]。我们讨论的赚取佣金收入的销售人员往往与该行业的经纪商有关。

---

① 保险产品本身并非不好。事实上，有些产品对于一个靠谱且全面的财务计划是至关重要的。问题是，当你需要明确对有佣金的保险产品的需求并以此来谋生时，你往往会把更多的东西贴上“需求”的标签，并选择比原来佣金更高的产品。

② NASAA的研究包括2 000多家公司和36万名从业人员，他们为6 800万个零售投资者账户提供服务。

③ 需要提醒一下经纪商和注册投资顾问（RIAs）之间的区别吗？以下是本书误区2的脚注定义：当你与某人合作，他们帮助你用你的资金进行投资时，他们很可能要么与经纪商有关，要么与注册投资顾问（RIA）有关。经纪商是为自己的账户或代表客户买卖证券（股票、债券等）的个人或公司。对你（作为一个潜在客户）来说，经纪商和注册投资顾问最大的区别之一是，注册投资顾问必须在信托标准下工作，而经纪商则不需要。

④ 需要提醒一下在“信托”标准下运作意味着什么吗？下面是本书误区2的脚注定义：作为一个受托人，意味着你必须把客户的利益放在你自己的利益之上。例如，我不应该持续向客户推介我认为不好的投资方案，即便这是唯一能让我获得报酬的方案。

⑤ 截至本书撰写之时，有很多人施压要求改变有关这个问题的法律，以便所有从业者都能在统一的信托标准下开展业务。

该研究显示，当销售具有高额佣金的复杂产品时，经纪商推荐这些产品的可能性高达一般情况的9倍①。

还记得我在本书误区2中举的例子吗？我们公司针对我客户的资金收取高昂的管理费用，我是如何做到为此开脱的？我之所以能证明这一切是合理的，是因为我推销的解决方案听起来很复杂。这些“复杂的产品”及其高昂的佣金让销售代表和公司赚得更多。这也难怪，当没有信托责任约束的时候——或者当一家公司更多地考虑企业自身并关注底线的时候——你会看到这类有风险产品的推荐率高达一般情况的9倍。

通过这份报告，各州发现在适当性标准下经营的经纪商与在信托责任下经营的注册投资顾问（RIA）之间有很大的区别。例如，注册投资顾问（RIA）通常采取更保守的投资方法，“避免更高的成本和风险，避免复杂的产品。注册投资顾问也能提供更有力的尽职调查、信息披露和冲突管理做法”，NASAA如是说。

诸如此类的研究表明，如果你只是为财务咨询支付费用——尽管感觉支付得更多，但是它全部是公开披露的——那么从长远来看，它实际上最终可以为你省钱。

我并不是说你在这些人里找不到可以信任的人②，只是他们在与公司的销售激励和有限的选择作斗争时，有一场严峻、漫长而又艰难的仗要打。

我建议你们一起避免走这条路：不做也不选赚取佣金收入的销售人员。

---

① 他们推荐私募产品的可能性是一般情况的7倍，推荐可变年金产品的可能性是一般情况的8倍，推荐非交易型REITS的可能性是一般情况的9倍。

② 我有一些朋友仍在为经纪商工作。我知道他们是诚实且值得信赖的。我也知道他们赚了很多钱，要养家糊口。虽然他们违背自己的内心行事也很痛苦，但是要摆脱这些公司为留住最好的销售人员而精心设计的“金手铐”，也是件很难的事。

依据适当性标准开展业务的人

如果你坚持，那么有几件事情要记住。首先，确保他们是受托人[①]。这意味着他们的建议在法律上应该是符合你的最佳利益的[②]。

除了受托人，还有一类是依据适当性标准开展业务的代表。后者意味着无论他们提供怎样的建议，他们只需要证明建议是合理的就行。想一想这有多容易：如果必须符合你的最佳利益，那么真的只有少数产品可以被证明是理想的选择。但是，如果他们只须能够证明适当性就可以[③]，这就为更多的产品打开了大门，包括那些贵得多的产品，而这些产品将支付给他们更高的费用。对你而言，这些产品仍然可能是适当的，只是不是你的最佳选择。

所以，还是要确保他们是受托人。

受限制的代理人

接下来，你会想要了解他们获准推荐给你的选择都有哪些限制。顾问通过向你提供“他们必须提供的最好的方案”，即便没有真正向你提供市场所能提供的最好的方案，顾问仍然可以满足他们的受托责任。

在我职业生涯早期，我在一家排名前五的经纪公司工作，大多数情况下我只获准销售一家公司的保险解决方案……他们的公司。而其他任何解决方案都得不到支持，这是可以理解的。我可以提供的投资解决方案，也仅局限于那些收取大量预付佣金和持续佣金的共同基金公司的解决方案。

这种安排对经纪商而言是很常见的。你想要一个顾问，那种在他能推

---

① 在有些情况下，即使是经纪商的代表也可能是受托人。例如，如果他们有注册财务策划师的称号。

② 当然，法律义务并不是一种保证，但总比没有好。此外，如果你后来确定顾问没有按照你的最佳利益行事，那么你将有法律追索权。

③ 根据适当性标准，代表只需要能够证明他们的建议符合客户的目标即可。

荐的解决方案上手脚不被束缚的顾问。而我在离职之前发现自己的处境是这样的：知道有更好的选择可以提供给客户，但却无能为力。

确保你的顾问实际上能够为你提供最好的解决方案。

不一致的动机

接下来，要确保你了解他们的薪酬结构。如果他们通过卖给你一种产品而不是另外一种能赚更多钱的产品，那么你肯定想知道他们的薪酬结构。

此外，尝试了解他们的动机。这个可能很难发现，但是当你知道这会是个问题的时候，你可能会理解为什么你的代表突然间缠着你不放。让我举个例子来解释……

假设你的财务代表所在的公司正在进行一项竞赛，如果他达到某些销售目标，他和家人将获得邮轮旅行的资格。

这是竞赛的最后一天，他只差一笔销售就能获得资格。你是他今天最后一位要约见的客户。他只需要达成那笔交易，而且他似乎不大可能从其他地方达成交易……

在你看来，这是否可能会影响到他同你的会谈——甚至是他提出的建议——以及他提出建议的方式？

即使你的代表是一位充满善意且值得信赖的朋友，难道你不认为这有可能影响他的行为——哪怕只是一点点？

长久以来，这些大型保险公司和经纪商积累了丰富的经验。他们知道如何激励销售队伍。如果你选择了它们，那么在打交道的过程中你要记住这一点。

希望你能像我一样，把“免费”的财务代表从能向你提供帮助的潜在候选人名单上画掉。

接下来：让我们来看看那些想通了然后自主创业的一些顾问。

投资外包商

随着时间的推移，越来越多的顾问对我刚才描述的金融行业强行销售的本质感到失望。许多人选择离开，自主创业。我了解到，他们中的很多人可能只拥有从学校和前经纪商雇主那里获取的投资知识，然后竟会把投资建议外包给机器人顾问[①]，这让我感到惊讶。

许多优秀的财务顾问——那些不是只想向你推销东西的人——接受过成为全面的财务规划师的培训。这是一个很大的话题，需要对一些不同的重点领域有普遍的了解，如退休规划、税务规划、遗产规划、保险规划和投资规划。你可以深入研究上述财务规划领域中的任何一个细分领域，就比如我选择了投资规划。但这需要大量的潜心研究，因此也需要花费很多时间。

鉴于此，大多数顾问只掌握一般的投资知识，他们在财务规划的所有领域都是如此。在大多数情况下，这种泛泛的理解在其他领域也够用了[②]。

然而，对于投资来说，这可能是危险的（如本书误区1—误区10中所述）。

但是，对于许多顾问来说，很难拒绝如此简单地追加销售，他们不会将潜在的投资业务拒之门外：“如果你信任我，已经让我做你的财务规划师，并且不想再费力去做研究或者找其他人来管理你的投资资金……那么为什么不让我来管理你的资金呢？”

---

① 在本书误区2的结尾处讨论了这个问题。

② 例如，除非你有复杂的遗产或离岸避税港资产。如果是这样，那么你需要谨慎寻找一个在遗产和/或税收规划方面有专长的顾问或团队。

如果顾问说："不，我不会为你管理投资资金，因为这不是我的专长……"他们将冒着损害关系的风险，并"把钱留在桌上"。那么，他们如何什么都不做而实现管理客户的资金呢？他们将资金管理外包给机器人顾问，作为中间人不断收取"管理"费。

大多数情况下，你可以通过背后的机器人顾问公司直接开展投资，并花费较少的费用。你要做的是弄清楚到底是谁在为你投资。以及，如果你对得到的答案没有意见，那么你有没有可能用更少的费用获得完全相同的服务①？不要怕问问题。

下一站：让我们再来看看那些只想给你提供传统投资模式的顾问……

即插即用的被动型从业者

讲到这里，你已经明白了关于主流投资建议的一些最严重的问题。很明显，那种只买股票和债券、买入并持有、设定并忘记的策略已经不能满足你了。但不幸的是，这正是大多数专业人士试图安插给你的东西。

我不明白为什么人们要为此支付那么多的费用，而且有那么多的人在这样做②！

如果你真的选择与财务顾问合作，你需要找一个了解现代投资组合理论缺陷的财务顾问。

这将是一个不仅仅依赖汇总统计数据的人。他们会使用数据、研究和逻辑来帮助你理解为什么他们会推荐这些东西。

---

① 例如，考虑一下Betterment平台。截至2021年2月，有超过600家顾问公司通过Betterment for Advisors平台提供服务。https：//www.thinkadvisor.com/2021/02/11/betterment-for-advisors-now-lets-advisors-choose-theinvestments。这并不是说这些公司不提供其他服务，而这些服务可能证明这些公司的费用高于客户可以很容易地通过Betterment直接自己设立服务的费用是合理的。如果你正在考虑的顾问是这样的，这些都是你应该了解并考虑的信息。

② 他们似乎并没有对人们克服行为差距起到帮助，所以我真的不知道为什么你们还会这样做。参见本书误区6、误区7和误区8的结尾。

现在，确保你未来的顾问真正了解能最能帮到你的投资策略……

外行的专业人士

许多顾问对他们和客户可以选择的方案并不全都了解①。举个例子，在谈到另类投资时，人们普遍不大了解②。大多数顾问和投资者甚至不了解这些投资是如何运作的，更不用说他们如何能从多元化的投资组合中受益了。

晨星公司在2012年的一项研究表明，48%的顾问和投资者承认由于缺乏对另类投资的了解，在投资这一资产类别时会犹豫不决。因此，如果一个顾问没有和你讨论过另类投资③，那么有可能是因为他并不真正了解另类投资。此外，先别管你决定在投资组合中纳入另类投资是否有意义，你难道不希望自己的顾问至少要了解你所有的选择是如何运作的吗？

向懂行的专业人士寻求建议。

下一站：经验真的重要吗？

缺乏经验的顾问

辛苦赚来的钱要托付给一位有经验的人，这一点很重要④。

不要选择那些刚从大学毕业的人。即便是一个新的头衔也不一定说明他们知道自己在做什么。请记住，现代投资组合理论是学校和认证课程中所教授的内容。因此，如果你想克服本书误区1—误区10中详细阐述过

① 你会在本书误区15和误区16中读到一些替代性投资方案。

② 我们将在本书误区16中详述另类投资，以及它们在过去20年中是如何大幅提升一些大学捐赠基金的收益的。

③ 传统上，另类投资往往对更高净值的客户更有意义。因此，也有可能是你的资产还没有高到有必要谈论另类投资的地步。

④ 说实话，这一点对于我来说很难——我也不想这样说，但我认为事实如此。就像你不会让同龄的孩子照看自己的孩子一样，你也不想让没有实际经验的人管理你的资金。

的错误，你就需要一位靠自己习得这些真理的人。如果他们所有的时间都花在书本当中（当然，这本书除外！），那么他们有限的经验是无法帮到你的。

现在，不要误解我的意思。我并不是要阻止年轻人进入这个领域。那是没有意义的；这与年龄无关——这与从现实世界的经验中收集的智慧有关。老实说，我认为年轻人应该从为不同的顾问做学徒或跟着不同的顾问实习开始。他们应该提出问题，直到找到一位能够令人满意地解决并回答他们的问题和疑虑的执业专家。

他们应该尽可能多向那个人学习，哪怕是考虑独立提供财务建议之前也要这样做。

> 真正凭直觉办事的技能是从长期的经验中习得的，那些通过对所犯错误都得到了良好的反馈而积攒的经验。
>
> ——丹尼尔·卡尼曼（Daniel Kahneman）

顾问核对清单

可惜的是，按前述原则筛选之后，剩下的选择并不多了。因此，许多金融专业人士会受到动机的影响。剩下这些人中的绝大多数只凭借给你一个只有股票和债券的简单模型，便成功收取费用。他们中几乎没有人了解这种传统投资模式的缺点。

如果你已经雇用了一名顾问或代表，那么她是否达到标准了？或者说你是否有未解决的顾虑，一个还是两个……？

如果你最终要找一个顾问来帮助你解决这些问题，这里有一份核对清单。

- 不做也不选赚取佣金收入的销售人员
- 受托人
- 独立
- 动机一致
- 了解现代投资组合理论的缺陷
- 了解你所有的投资选择
- 经验丰富

正如我们所看到的，太多例子表明，金融专业人士提供的服务并不能说明他们真正的成本[①]是合理的。

那么，这种费用什么时候才是值得的呢？

那么，这是否值得呢？

你还记得本书误区2中的那个问题吗？当时我们探讨了顾问费用对你的未来可能产生的真实的、有时又是相当重要的影响。那只是我们等式的一半。等式的另一半是了解他们提供的实际价值。

如果对你来说，所提供的价值大于真实成本，那么当然，这可能是值得的。就这么简单！所以……

- 如果他们受到激励推荐某些产品解决方案而不是其他的……那么你是在为什么买单？
- 如果他们只能提供一家公司的产品，你实际上是否得到了最适合自己独特情况的产品，你永远无法确定，那么你是在为什么买单？
- 如果他们只是给你提供买入并持有的策略，那么你是在为什么买单？我们在本书误区8中看到，顾问在引导人们远离“边缘”——帮助人

---

① 在本书误区2中进行了探讨。

们不在“错误的时间”离开市场方面似乎没有很好的历史业绩。

- 如果他们不了解现代投资组合理论的缺陷，他们显然不能帮助你驾驭这些理论，无法为你的长期目标做最好的准备。那么，你是在为什么买单？
- 如果他们没有真正的行业经验，那么你是在为什么买单？特别是当你很可能找到一个收费差不多但是经验却多出来几十年的人。

现在你明白了。你必须问自己，“为了证明这一小部分随着时间推移越积越多的费用是合理的，我到底是在为什么买单？”不要因为觉得一项收费没多少，看起来又很“符合标准”，你就直接接受。对于这种相对符合标准的收费[①]，不同顾问所能提供的价值之间的差异可能是巨大的。

同样，不要因为一个顾问的费用比其他顾问高就不考虑他们。他们所提供的东西可能确实能够证明为什么他的收费高。为了作出明智的决定，你必须考虑等式的两边。

如果你能找到一位金融专业人士，他理解我们目前为止所探讨的问题，他在法律上有义务按照你的最佳利益行事，他的动机与你一致，他有足够的行业知识和经验，你相信长期来看他能帮助你实现高于市场的收益……那么，是的，支付给他们的费用是非常值得的。

那么，你应该寻找些什么——金融专业人士可以帮助你做哪些事情，以便有可能真正为你的财务状况增加价值？这些事情对你来说各值多少钱？

投资管理

虽然我认为上述那些即插即用的从业者所提供的服务不值他们持续在收的费，但这并不意味着我认为投资管理通常是一种浪费。我确信，一个利用专门设计的策略来克服上述误区中揭示的主要缺陷的顾问，是可以

① 也就是说，顾问费往往在3%以下。

实现显著的长期价值的。当然，你仍然需要了解他们实际上在为你做些什么。**主动管理并不容易，但旨在限制你投资的下行空间，同时又能捕捉到市场大部分上行趋势的策略，长期来讲是可以显著跑赢的。**我们将在本书误区 16 中详细讨论具体的市场策略。

财务规划模式

正如前面所提到的，许多财务顾问也会将自己定位为财务规划师。他们将与你合作，帮助你了解并优化目前的资金状况，同时引导你沿着最佳路径实现财务目标。

财务规划过程始于对个人当前财务状况和未来预期的全面评估。

当你刚开始生活的时候，清楚自己的财务状况并设定目标可能很容易。那时候，专业人士对你来说可能并不值那个价。但是，随着你的资产和负债不断增加，生活变得越来越复杂，要抓住你能接触到的所有财务机会越来越难。拥有一位专业人士可以帮助你彻底了解自己的长期目标，并理解在各种金融策略下的可能性，这是非常有价值的——你的财务生活越复杂，有经验的专业人士的指导就越有价值。

如果他们善于将你的目标与财务规划的所有其他方面相匹配，那么这将大有裨益……

财务规划正变得越来越复杂。每年，联邦、州和地方各级税法等法律都会发生变化，从多个方面影响你的财务生活。拥有一名专业人士或一支专业团队在你身边，指导你完成以下部分或全部工作绝对是值得的。

- 优化的债务消除
- 持续的债务管理
- 现金流规划
- 税务规划

- 遗产规划
- 退休规划
- 保险规划
- 大学教育规划
- 社保优化
- 房地产投资组合规划
- 商业和被动收入策略①

这个清单还没完。根据你正在寻找或可能需要的不同内容，对你来说，专业人士对这些规划某些方面的见解和指导可能比其他人的更有价值。

当然，仅因为一个财务规划师在其网站上承诺他能够帮助你制订这些规划，并不能说明他一定能够在这些领域为你提供最好的建议。他的实际专业水平到底怎么样？他是注册财务策划师吗？如果你也需要税务方面的建议，那么他是一名注册会计师吗？他的公司团队中是否有注册会计师？他们是否有真正的律师能提供遗产规划建议？就像任何事情一样，一些专业人士的建议会比其他专业人士的建议更有价值……

- 最好的税务规划专家提供的建议可能会让你一生的储蓄额外增加数十万美元；
- 最好的遗产规划专家提供的建议可以为你节省数十万美元的不必要的未来开支；
- 最好的投资管理专家的建议可以帮助你在退休后建立一个多出数十万美元的投资组合；
- 等等。

本书误区2中曾提到持续性的费用，显然，如果能提供这样真正的专

① 后两种情况很少见，但我认为它们极为重要（你将在本书误区15中读到相关内容）。特别是对于那些对这些领域感兴趣的人——房地产、商业、被动收入——财务规划师/顾问就是你的资产和资源，有他们帮助你做好上述规划，并与你财务生活的其他方面相匹配，是非常有价值的！

业建议，那么收取持续性的费用是绝对经得起推敲的。

即使你没有复杂的财务状况，即使我们在这里谈论的不是几十万或数百万美元，拥有专业人士替你分忧也是有价值的。

- 你知道你可以而且应该做些什么来优化你未来的税务状况，你只是没有时间去做……在过去的五年里皆是如此！
- 你知道需要立遗嘱（也许还有信托？），但你还没有上网查询……所以你继续一拖再拖。

即使你只有一位可以信任的金融专业人士来处理这类生活中的问题，这也是值得的。这对你到底有多大价值，我无法告诉你，但由此带来的压力减少绝对是值得的，并将由你来决定其价值。

如果支付咨询费可以让你接触到专业人士或专业团队，他们又有能力帮助你处理其中一个或所有这些领域相关事宜，那么我希望你能觉得这样的费用是物超所值的。

参谋

最后，有时有一个可以倾诉的人是很好的！因为你会被越来越多的金融噪声环绕，所以，如果能有一位你此前通过认真考察知道可以信任的金融专业人士，那么这可以成为你受用一生的宝贵资源①。当所有人都在YouTube频道上酷酷地谈论某只股票时，有一个你可以信任的人能和你仔细讨论一下是件很有益的事；这是很好的。

还有一些其他的事情，金融专业人士会将其界定为为客户提供的服务。你面临的挑战是为每一件事情赋予价值。它对你有什么价值？然后，将事情的价值与专业人士的收费进行比较。

---

① 就像奥德修斯试图避免听到塞壬歌喉的危险一样，你所信任和考察过的专业人士可能就是你的桅杆。

顾问费用

所以，那个收取佣金的家伙，那个为你提供投资管理的人被淘汰了，对吗？他的费用会更高。他很可能只是塞给你一个买入并持有的策略。而且他的公司激励他推荐高费用共同基金。因此，你最终也许会支付比任何收费顾问可能收取的更多的费用，而且你并没有真正得到任何独特的投资价值，所以……他被淘汰了？很好。

仅收取顾问费的模式

你可以选择所谓的仅收取顾问费的路线。在此模式下，那些顾问实际上已经发誓[①]，不再销售其他保险产品。这听起来很不错。因为它消除了巨大的利益冲突。

这些顾问将基于他们为你管理的资产收取费用。有些人还会向你收取财务规划费，但他们绝对不会向你售卖任何他们可能以任意形式获取佣金的东西……

这创造了一个可以发展更诚实的关系的环境，彼此之间的关系不会由于担心代理人的所作所为（只为获得更高的佣金）而遭到破坏。**类似这样的优秀财务顾问和规划师**[②]**还是有很多的**[③]。

---

① 夸张……但是确实，他们不能卖保险。

② 其中你也会发现许多即插即用的从业者、投资外包商、未受过教育的专业人士……

③ 我认为这种“仅收取顾问费”的模式的唯一问题是，它往往会导致不管什么保险产品，有关于该产品结构和细节的任何形式的规划都会遭到“卸载”，而这些保险产品对某些客户来说是有必要的。在某些事上，智能保险规划是极为有用的。因此，我个人不喜欢向某人（一个保险推销员）“卸载”规划的主意。就我个人而言，作为一名顾问，如果没有其他原因，我希望能够掌控任何保险政策的结构，以确保尽可能少地获得任何形式的佣金。

同时收取顾问费和佣金的模式

介于佣金制和仅收取顾问费制之间的是一种混合体：同时收取顾问费和佣金。

所谓的收费顾问。他们可以凭借为你管理资产和创建定制财务规划向你收取同样的费用，也可以向你出售可能附带佣金的产品。

对于这群人，你必须要小心。他们可以收取预付的规划费——创造我之前描述的信任环境——然后有可能用充满佣金的建议来袭击你。从你的口袋里掏取双倍的钱[①]！

避免冲突

虽然在行业中并不常见，但有一些方法可以避免这些明显的利益冲突。

例如，公司可以在一美元对一美元的基础上，用任何保险佣金完全抵销客户的规划费。这使客户和规划师的动机一致。规划师没有动力将佣金从保险销售中拿掉——无论如何她都会得到同样的补偿。因此，她只有通过做符合客户绝对利益的事情来使客户满意。客户知道他的保险是由他信任的规划师安排的。如果最终有佣金[②]，他知道这将是尽可能少的佣金，并将最终抵销他的财务规划费。

事实上，收取顾问费的规划师/顾问没有理由不对管理的投资资产收取的费用做同样的事情。同样的逻辑也可以适用于只收取顾问费的规划师。他们真的需要双重收费吗？在收取规划费的同时，他们还从管理的投资中收取另一笔费用，这促使他们会强迫你把每一美元额外的钱都投入这些资产中，从而增加他们收取的费用总额。当这种顾问费直接（以一美元

① 过去，我称他们为“披着羊皮的狼”。

② 一些保险产品通常不可避免地会那样。也就是说，现在人们设计出越来越多的无佣金保险解决方案。这是与你可以信任的顾问合作的另一个原因，因为他们的动机与你的一致。

对一美元的方式）抵销了规划费时，除非对客户来说绝对有意义，否则推荐产品的动机就会少很多。如果他们投资房地产或自己的生意赚得更多，那没问题！

没有理由不设定一个费用，以确保规划师/顾问因其提供的整体规划服务而得到足够的酬劳。然后，任何向顾问支付任意类型费用的解决方案都可以直接抵销客户的规划费用。规划师得到足够的报酬，绝对能够为客户提供最好的服务。而客户也不必担心所有那些在金融业中普遍存在的利益冲突。

什么是值得的？

如果你能找到那个了解这些问题的顾问，她受到法律约束，并且有动力为你的最佳利益工作，有足够的行业知识和经验，那么她的收费还是很值得的。

要找到这样的人可能很困难：满足所有要求并符合你所有的标准，能够帮助你应对你生活中所特有的情况。但是，一旦你找到了，并且体验到他们所能带来的持续价值——他们能为你节省的钱，他们能提供的常规服务，他们能帮你减轻的生活中的财务压力——你将看到自己的财务生活以从未想象过的方式得到改善。

误区：财务建议都是一样的。

现实：并非所有顾问都是一样的。这个行业充斥着利益冲突。**虽然好顾问的收费是非常值得的，但你可能需要花一些工夫来识别他们。**

不要失去希望：绝对有规划师和顾问可以给你提供高质量的、个性化的建议。运用本章误区中的核对清单和其他相关论述，以及你从本书中获得的常规性知识来帮助你寻找，这是没问题的！然而，在寻找的过程中，你一定会发现，大多数财务代表只是不假思索地对接给你一些主流的推荐内容……

DISCOVER AND OVERCOME THE 16 MAINSTREAM MYTHS
KEEPING YOU FROM TRUE FINANCIAL FREEDOM

Stop Investing Like
They Tell You

误区 *13*

401（k）是终极工具

起源

让我们探讨一些关于退休储蓄的主流推荐内容。在讨论如何以最佳方式利用我们如今所拥有的工具之前，先来了解一下这些工具以及关于“退休”的全部概念是如何产生的，这将会是很有收获的。

古代历史

接受资金以维持你余生的生活方式的概念并不新鲜。最早记录来自罗马帝国，在公元1世纪期间，他们开始向士兵支付养老金。你所要做的就是为罗马军队效力25年，并且仍然活着。祝你好运！

因此，退休的想法应运而生。并且在大多数情况下它只与军事人员相关，直到19世纪。

你会发现，我们如今所说的退休的概念是比较新的。此外，我们今天所面临的退休现实——现在步入退休的人和未来几十年将步入退休的人——与前几代人有很大不同。当我们探索把我们带到今天的关键事件的时间表时，你会明白我的意思。

现代时期

在19世纪中期的美国，较大的城市开始向警察和消防员提供退休收入福利。此后，随着时间的推移，这项福利提供给越来越多的公共部门工作人员。

1881年，普鲁士王国保守派首相奥托·冯·俾斯麦（Otto von

Bismarck）建议为“老年”员工设立政府养老金。

十年后，普鲁士创建了一种从70岁开始的社保。1908年，英国效仿普鲁士，颁布了《老年年金法》（Old-Age Pensions Act），同样创建了一种从70岁开始的社保。

1900年，美国人的预期寿命还不到50岁①。同样在那个时候，所有65岁以上的男性中，大约有75%的人在工作。如果一个65岁以上的男人没有从事有报酬的工作，那么他很可能是因为残疾②。

企业养老金

美国的第一个私人养老金计划是由美国运通公司在1875年创建的。该计划只适用于那些在公司工作了至少20年、年满60岁、由经理推荐退休、并由一个委员会和董事会一起批准的员工。然后，他们将在余生中每年获得一半的年薪，每年最多500美元③。

1921年颁布的《国内税收法》（Internal Revenue Act）加速了这些计划的发展，因为它规定公司对雇员养老金计划的缴款免征联邦企业所得税。

到1926年，美国较大的雇主已经建立了大约200个私人养老金。这些早期的养老金大多不是用来完全取代最终收入的。他们只是在雇员退休时支付偿付金额的一小部分。

1935年，美国政府通过社会保险也参与进来。社会保险在实施初期是按照大多数员工在退休后不会在世很长时间的假设来运行的，即假设员工将获得最少的实际付款。经济安全委员会（负责起草社会保险立法的委员

---

① https：//www.statista.com/statistics/1040079/life-expectancy-united-states-all-time/。因此，这就好比我们今天的社保退休年龄是98岁！这比我们目前的平均预期寿命高出20年。

② 史蒂文·A.萨斯，私人养老金的承诺：最开始的100年，1997。

③ 史蒂文·迈考特，现收现付制及完全积累制：历史、市场概述和比较分析：43福利和报酬摘要，2006。

会）委托进行的一项精算研究表明，“以65岁为界，可以形成一个只须适度征收工资税就能轻松实现自给自足的管理的体系”。

注意：在历史上的这个时期，美国人的预期寿命还只有60岁[①]。平均而言，人们在有资格获得退休福利之前就已经过世了整整5年。还请注意：在1939年，只有6%的人口支付所得税。

在“二战”后经济繁荣的几十年里，员工在退休后应该有某种固定福利的想法才得到了普及和支持。它成为大多数大公司招聘和留住员工的一部分内容。

从20世纪40年代开始，工会开始推动增加福利。为了保持竞争力，许多公司顺应了这一趋势——承诺给员工偿付得越来越多。因此，公司忠诚度很高；员工为同一家公司工作一辈子的情况并不罕见。

养老金计划迅速被接受并实现快速增长，可能是由于雇主们希望吸引并留住人才的同时，允许公司“以更加人性化的方式剔除年龄较大、生产力较低的员工”[②]。

员工们喜欢这些所谓的固定福利计划。对他们来说，这些计划大大减少了今天任何人在退休时面临的主要风险之一：长寿风险，或者活得太久导致收入不足以偿付的风险。如果一个退休的员工活得特别长，那么他们仍然可以得到保障。

此外，这些计划使得投资决策责任和与市场波动相关的投资风险都由公司而非员工承担。因此，与本书误区1—误区10相关的一切都将是需要公司考虑的事，而非个人。哈里·马科维茨（Harry Markowitz）基于对这一时期的最初观察提出了现代投资组合理论，事实上，如果说与本书误区

① 威廉·瓦特洛夫斯基，改变退休年龄：起起伏伏，美国的法律和研究，统计数据，每月劳动评论，2001年4月。http：//www.bls.gov/opub/mlr/2001/04/artfull.pdf。

② 乔安娜·肖特，美国退休的经济历史，EH.NET百科，2002。

1—误区10相关的一切都是公司需要考虑的事，那么哈里·马科维茨的最初观察也更讲得通——企业存续的时间跨度要比某个员工个人的预期寿命长得多。正因如此，企业也更擅长应对市场的长期波动。企业比个人更有可能获得有能力的长期资金管理人。

这些养老金固定收益计划（现收现付制）非常受欢迎，到1970年，大约一半的私营企业员工都以某种方式享受到该计划中的一种①。

结束的开始

对员工而言，这些传统计划逐渐显露出的一个问题是缺乏灵活性——因为公司掌控着缴款和投资。如果员工想在退休后从计划中获取更多收益，那么他们必须工作更长的时间，赚取更高的薪水，或者活得更久……

在一些计划失败后，政府“出手相救”，并于1974年颁布了《雇员退休收入保障法》（ERISA）。这项新的立法极大地增加了维持固定福利养老金计划（现收现付制）的监管复杂性。在随后的几十年里，国会持续通过了越来越多的这种性质的立法。

国会于1978年通过《国内税收法》，第401（k）项条款随之诞生，为所谓的缴费确定型计划（完全积累制）做好了铺垫。最初的目的是想让高收入群体有一项额外的储蓄方式，而现在员工可以以一种税收优惠的方式为他们的退休保障缴款。

虽然这些缴费确定型计划（完全积累制）创立之初是作为固定福利计划（现收现付制）的补充，但是随着人们寿命的增长以及监管复杂性的提升，越来越多的企业不得不放弃落伍的养老金计划。

现在，公司不必再为每月或每年支付的保障福利承担不确定的时间，公司可以为雇员的401（k）缴纳固定的金额。这不仅将与长期规划相关的

① 员工福利研究院，养老金计划的历史，1998年。

投资风险从公司转移出去，而且还减少了公司大部分的管理责任和成本。随着时间的推移，人们设计出不同类型的计划，以服务于不同类型的员工。例如，私营企业的401（k）计划、非盈利和公共教育部门的403（b）计划、州和市政当局的457计划，以及联邦雇员的节俭储蓄计划。

多年来，政府通过了越来越多的立法，增加了公司维持养老金固定收益计划的监管复杂性。这些法律带来意想不到的后果，促使公司完全放弃其养老金计划……

毕竟，对于仍然提供固定福利养老金计划的公司而言，员工长寿的风险正在增加。今天，美国人的预期寿命已经在78岁以上，超出前文提及的60岁预期寿命18年，当时正是基于60岁寿命的预期，社会保险退休年龄才设定在65岁。而那些能活到65岁的人，现在预计还能再活18~21年。

企业越来越容易选择对他们来说风险小得多的养老金固定缴款计划。

不断变化的环境

作为一个社会，我们已经从计划工作一辈子发展到试图尽人力之所能尽快摆脱工作的阶段。我猜你也想在某个时刻停止工作？好的，这没有什么错。

公司

事实证明，企业养老金是一项崇高的追求。我知道对我们今天仍在工作的大多数人来说，很难想象要为同一家公司工作一辈子[①]。但这绝对会给我们提供一条完成这个退休目标的直接途径。我的意思是，看看美国运通公司的原始条款就知道了。他们只是要求你至少投入20年，如果你干得很好，那么他们会在你60岁时把你踢出局，只要你还活着，他们就一直给你

① 根据美国劳工统计局的数据，在2014年，员工的平均任期为4.6年。

钱。这根本不是一个糟糕的交易！

但在现实中，这种追求被证明比最初向创建这些计划的老练高管建议的简单数学更难。因为有太多的变量，人们的寿命越来越长，市场表现并不总是和过去一样（尽管公司存续的时间跨度比你的寿命长）。**即使有高薪聘用的专家投资顾问，公司也逐渐无法履行他们为员工提供退休金的义务。**

如图13–1所示，这些公司为管理你的毕生收入而作出的承诺的困难程度决定了他们改弦更张的速度。当政府和金融行业能够向公众推荐另一种可行的选择时——401（k）——公司就会冲刺退出……

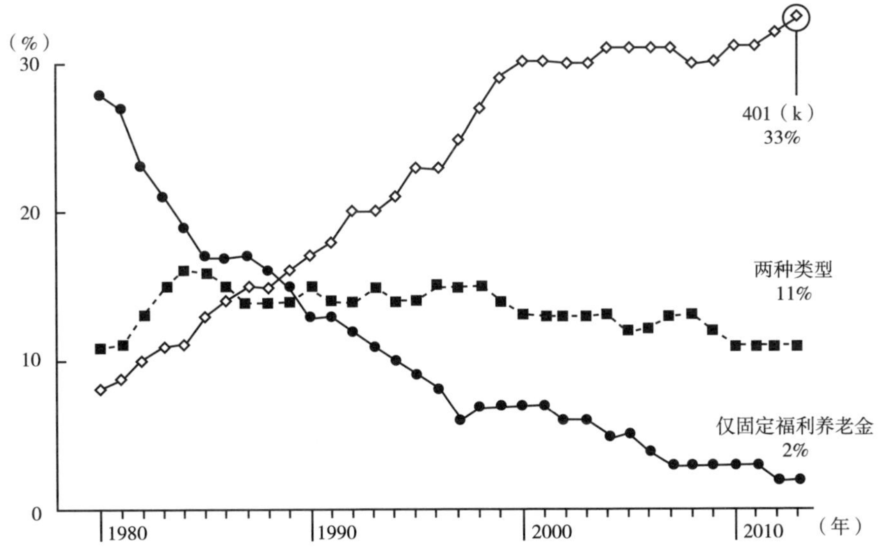

图13–1　参加各种建立在工作上的退休计划的私营部门员工的百分比

资料来源：《华尔街日报》、美国劳工部。

就像你今天所做的一样，公司拥有现代投资组合理论背后的所有研究。对于公司的每位员工来说，公司实际上是在试图建立一个足以支持员工退休的储备金（无论员工会在世多长久）。**只是他们的工作实际上比你今天的工作更容易。**你看，他们有大量法律加持。还记得本书误区10中引用过的罗杰·洛温斯坦在《赌金者》（*When Genius Fails*）中的这段话吧：

> 纸牌的好处在于，它的体系是已知的；一副纸牌有52张，而且只有52张。人寿保险却有点不太一样：由于总是有新人加入体系，精算师需要依靠抽样。这样做并不完美，却是有效的，因为人的样本非常大，而且死亡率的变化也非常缓慢。但在市场上，我们永远无法确定样本是否完整。

公司面临的风险更像是保险公司面临的风险，而不是像个人单打独斗应对市场，因为公司能够"池化"所有风险。公司也能够根据你一生中的各种变化定期调整其缴款。即使你不工作，公司仍然能够做到这一点。

而你，却没有这些优势。你可能是那个活得"太久"的人。你可能是那个正好在市场开始崩盘时退休的人。公司能够分散这些风险。然而，尽管同个人相比公司有这么多的优势，**许多公司还是失败了，几乎所有公司都想退出！**

他们非常愿意减轻自己面临的所有投资风险和不断恶化的长寿风险变量。他们很高兴用一个慷慨的提议来取代所有这些风险。如果你决定自己承担这些风险，那么你需要向你的401（k）提供可减税的缴款。事实证明，这对公司来说要比自己缴费和对是否有足够的资金向你提供承诺的终身收入负责要便宜得多。现在，当员工退休时，公司对员工的义务就完成了。**就这样，公司摆脱了试图解决如何为你的退休生活提供资金的繁重负担。**

而在大多数情况下，那些为数不多地仍然提供养老金固定收益计划的公司，大部分都属于工会化程度很高的行业，并且一直在为减少或取消固定福利计划而斗争。

政府

公司必须保持财务上的活力才能继续经营，而政府在为继续资助其雇员的养老金而挣扎时，陷入了两难境地。

例如，仅从2009年到2013年，就有48个州修改了他们的公共计划：34个州新增或提高了雇员的强制性缴款；30个州减少了生活成本调整（COLAs，一种旨在考虑并应对通货膨胀的调整）。

联邦社会保险计划也面临着类似的长寿压力，但就像我们在本书误区10中讨论过的国家债务一样，对社会保险做出任何长期可持续的改变都相当于政治自杀。因此，随着政府试图找到方法把这个众所周知的“罐子”沿路踢下去，我们很可能在未来继续看到“补丁”。

想一下，社会安全局（SSA）在今年发布的每份福利报表上的表述：“到2034年，征收的工资税将只够支付计划福利的大约77%。”

许多人所依赖的来源处于不稳定的状态。而现在，对于世界上一些最精明的商业运作来说，留给你建立储备金来资助你退休生活的任务，显然是具有挑战性的，而且政府也显然在疲于应付。而且，也许最令人沮丧的是，这项任务被提出来，好像它的解决方案是如此简单和明显[①]。

政府来救援

请记住，政府创建401（k）是为了让高收入者避免更多的税收。它最初是为了补充现有的养老金固定收益计划。它绝对不是为了让普通员工能够为自己的退休生活提供全部资金。

---

① 嘿，如果你足够幸运，在所有正确的时间里都能赶上那些好的投资收益年（参见本书误区4中提到的早期退休提款期间一系列风险的潜在破坏性影响）那么，对你来说可能会感觉很轻松。我认为，你选择哪条路完全取决于你有多喜欢赌博……

那就太可笑了！个人能够为像那样多变的东西提供完全的资金支持，特别是考虑到那些成熟的大机构在这方面的挣扎，哈，这个想法……

哦，等等，所以现在我们要用的就是这个？好吧……

传统401（k）

我想我们需要熟悉一下这个工具。401（k）究竟是如何运作的？

- 雇员可以在国内税务局（IRS）规定的限额内缴款；
- 雇主通常会匹配雇员的捐款，有时是以一美元对一美元的方式，最高缴纳到收入的某个百分比，有时会少一些。
- 缴费是可以减税的，这意味着费用从雇员的收入中扣除，因此今天不征税。
- 通常雇员负责从其雇主提供的非常有限的基金清单中选择401（k）进行底层投资。
- 401（k）里的资金实现任何增长，在提取之前都不会被征税。这就是所谓的税收递延增长。
- 除非你符合国税局规定的某些困难标准[①]，否则你必须至少年满59岁半才可以开始提款而不被处罚[②]。
- 通常来讲，在这个年龄之前取款，除了你可能欠下的其他税款外，还要加收10%的提前分配惩罚税。
- 72岁以后，你每年从计划中提取的数额必须至少要达到国税局要求的百分比[③]。这就是所谓的规定最低分配额（RMDs）。

传统401（k）：缴费可以减税；账户资金增长递延征税；提款视为普通收入全额征税。

---

① 比如说完全和永久性的残疾。

② 与政府创造的几乎所有事物一样，这条规则也有一些附加情况，如55岁规则。对一些人来说，他们可以更早提款而不被处罚。

③ 但是，如果你在那个时候还在为掌管你401（k）的公司工作，你可能不需要提取RMDs。

传统个人退休账户

个人退休账户（IRA）存在的时间甚至更长[①]。从税收的角度来看，这些账户的运作与传统401(k)相同：缴费可以减税；账户资金增长递延征税；提款视为普通收入全额征税[②]。

两者最主要的区别是，你可以自己开一个个人退休账户，而你的雇主无须将个人退休账户作为一种选择提供给你。

有了这两种类型的账户，你就推迟了其他税款的支付。想一想未来的税率等级会是什么样。显然，没有人确切知道它们会是什么样，但想一想国家背负了巨额债务，国家赤字仍在逐年增长，我很难相信我们在未来不会有更高的税收。

然而，纵使你认为税收有可能降低，或者税收保持不变但你会下降到一个较低的税率等级，你肯定也会想去除这个变量。我知道我想！我喜欢那种从自己的退休方程式中尽可能多地去除变量的想法。在这里，我们谈论的是税收变量。

所以，如果你认为未来有可能会有更高的税收，那么推迟支付这些税收真的有意义吗？不幸的是，大多数人在做退休规划时发现，这是他们唯一的选择。

这里有一个过于夸张的比喻，用来客观审视这些大家受到鼓动而如此依赖的退休账户……

你的叔叔向你提供了一个业务机会。

- 你提供资金；
- 你承担所有风险；

① 它们是在1974年的一项立法中设立的，并在次年首次推广。

② 一个人在某一年可以投入IRA的金额是有限制的。还有收入限制，这取决于你的报税方式。一旦你的收入超过一定金额，你就不能再进行额外缴款了。

- 你每年都在管理这项业务；
- 30年后，你的叔叔再次出现，告诉你你欠他多少钱！

你想在这些条件下与你叔叔做生意吗？当然不会！

但这种情况与401（k）和传统IRA的条款有什么不同？

这并不是说传统IRA和401（k）不是我们为退休储蓄的最佳的选择……尽管这可能是令人难过的。相反，我想说的是，也许它们并不像推销给我们的那样好。它们不是万能的。如果我们真的想实现大多数人的崇高目标，我们不得不做得更多。

罗斯个人退休账户（Roth IRA）

罗斯个人退休账户是在已故参议员小威廉·罗斯（William Roth Jr.）[①]的资助下于1997年被引入立法的。它们的税收待遇实际上与传统IRA相反。罗斯IRA的缴款使用税后资金，所以它们不能做税务抵免。但是，对于罗斯IRA的缴款来说，这是最后一次被征税。账户资金增长仍然有递延征税。而且，提款是完全免税的[②]。

到底罗斯账户还是传统账户对你更有意义，这将取决于你目前的税率等级、你退休时的预期税率以及你对尽可能消除方程式中变量的意愿有多强烈。

罗斯401（k）

为了完善对最重要的税收优惠退休工具的简要概述，我们需要看一下在2001年通过的立法。《经济增长与减税协调法案》（Economic Growth and Tax Relief Reconciliation Act）创建了罗斯401（k）。自2006年以来，雇主被允许改变他们的401（k）计划文件，以允许雇员为他们的部分或全部退休

---

① 特拉华州共和党人。

② 与传统IRA一样，罗斯IRA也有缴款金额限制和收入限制。

缴款选择罗斯IRA类型的税收待遇。

对于那些有机会选择的人来说，这很重要。这是一个可以从退休储蓄中去除税收变量的机会，而且可去除税收变量的退休储蓄规模比以往任何时候都大得多。虽然罗斯401（k）仍然受到RMD要求（不遵从限制将受到严厉处罚）和缴款限额的限制，但参与该计划不受任何收入限制。

因此，在企业迅速退出后，上述这些——连同资金不足的社会保险——是政府提供给你用以资助退休生活的主要工具。

专家来救援

你能做些什么来扶正这艘船？曾经的船长跳海了，现在他们又来告诉你由你掌舵。好吧，别担心：不乏有“专家”愿意告诉你该怎么做……

他们会将人们认为你应该遵循的路线说得浅显易懂。你很可能已经熟悉了这些传统的建议，因为它们都是一样的，而且经常被鹦鹉学舌般地转述。在谷歌上快速搜索“如何为退休储蓄”会出现一个页面，里面有许多著名的金融界人士讲着千篇一律的话。

以NerdWallet公司的简介为例：

为退休而储蓄的最佳方法存在于退休储蓄账户中。我们并不是厚颜无耻。我们要表达的就是字面意思。有很多不同类型的投资账户，但像IRA和401（k）是为鼓励人们为退休储蓄而专门设立的账户。

如下是他们都在遵循的基本模式：

- 你有一个账户，请利用你的雇主缴纳部分；
- 把你的罗斯IRA弄到最大；
- 回到你的401（k）（或由你的雇主提供的其他计划），并将其弄到最大；

- 当你在上述所有这些方面都做到极限的时候，开一个经纪账户并注入更多资金；
- 将所有资金都投资低成本、覆盖市场广泛的ETF，并且这些ETF的股票和债券配置与你的年龄是相匹配的；
- 在你准备退休之前，不要碰任何东西……[①]

好的。很简单。所以，你已经掌握了这个，对吗？过去几十年里，金融专业人士能够集思广益，创造出万无一失的策略。对吗？既然每个“专家”都在说同样的话，你就不可能有更多的东西了，对吗？这是明摆着的？

现在由于这些策略都是如此明显，让人应接不暇，我相信这已经使人们为退休做好准备，并且退休人数比以往任何时候都更多……对吗？如果这些策略实际上是最终解决方案，那么我的推断绝对是很合理的。

然而，根据波士顿学院退休研究中心的研究……

- 政府为我们提供各种激励工具；
- 金融权威人士为我们把这一切讲得浅显易懂；
- 几十年来一直试图了解市场并想搞清楚这一切。

今天的人们实际上比以往任何时候都准备不足。他们的研究表明，52%的美国家庭在退休期间面临着资金短缺的风险[②]。而这一数字在1983年时为31%。

我想这就是当你——一个普通人——承担所有风险并继续尝试使用相关策略时所发生的事情，这些策略对世界上一些最大和最有经验的公司都不起作用。

---

① 为了避免合格账户的罚款。

② 基于对资产、房价、债务水平和社会保险收入的预测。

"精神错乱就是反复做同一件事，并期望得到不同的结果。"

——经常被误认为是阿尔伯特·爱因斯坦（Albert Einstein）说过的话[①]。

也许，这种失败的部分原因是在1983年，许多即将退休的人有养老金计划来补充他们毕生收入的需求？或者，也许是因为今天人们的寿命更长、医保更昂贵？也可能是多重因素的组合。但是，我们再一次意识到，越来越多与我们退休相关的变量面临着改变……

尽管有这些合格计划、声音洪亮的权威专家、现代投资组合理论，但是日常储蓄者对他们长期目标的准备比以往任何时候都不足。问题不是说人们没有听见这些主流建议（通过互联网、社交媒体和YouTube），而是这些主流建议比以往任何时候都让人应接不暇，这一点无可否认。

因此，要么是传统的投资范式不起作用，要么是人们变得更加蠢笨了。

我倾向于相信前者：**传统的投资建议在多个方面都有根本性缺陷**。

等等，那么什么是错的？为什么这行不通了？

言论转向

许多在20世纪70年代末和80年代初最早支持401（k）的人，现在都对曾经推动国会和企业采用401（k）的做法感到后悔。泰德·本纳（Ted Benna）是约翰逊公司的一名福利顾问，他被一些业内人士称为401（k）之父。他是最早公开推动401（k）的人之一。本纳先生曾告诉《华尔街日

① 有趣的是：关于这句话的第一份文字记录来源于1981年嗜酒家庭互助会（Al-Anon）会议的一名与会者，这比爱因斯坦的权威性差多了。

报》[1]，他后来意识到，现在“个人储蓄者太容易犯错”。他还表示，“他不相信‘现存的任何体系’对大多数美国人来说都是有效的”。

另一位401（k）的坚定倡导者是经济学家特雷莎·吉拉尔杜奇（Teresa Ghilarducci）[2]。她向工会和国会兜售这个想法，向忧心忡忡的听众保证，有了这个新的养老金固定缴款计划，雇员将有足够的钱退休。

此后吉拉尔杜奇（Ghilarducci）女士改变了言论，再次为变革而奋斗。事实上，她想完全放弃401（k），她说现在意识到，自己在20世纪80年代常常为之争取支持的数学运算已不再奏效。

那么，他们有哪些担忧呢？这些专家现在发现了哪些因素会导致个人的准备更加不足？为什么会出现言论转向？

问题

有限选择

如果你遵循主流建议，那么你的绝大部分投资资金都将被引入401（k）[3]。现在，你——一位非专业投资者——需要选择底层投资。然而，通常情况下，你在这些计划中的选择是相对有限的。投资百科（Investopedia）警告说：

> 关于退休计划设计，401（k）计划投资行业的传统智慧是“少即是多”……精减你的投资决策责任，以便尽量减少投资选择的复杂性。

由于作出这些决定的大多数人都不是投资人士，401（k）行业要限制你的选择，这么做是出于好意。而当你的大部分资金被输送到一个不太有

---

① https：//www.wsj.com/articles/the-champions-of-the-401-k-lament-the-revolution-theystarted-1483382348。

② 施瓦茨经济政策分析中心（Schwartz Center for Economic Policy Analysis）主任。

③ 无论是传统的计划还是罗斯的计划。

多样化选择的载体中时，处境可能更危险，很容易暴露在变幻莫测的市场中。

高额费用

合格的401（k）计划是一种昂贵的员工福利。由于它们涉及众多合规问题，因此需要持续监测和服务。还有一些必须提供给计划参与者的补充服务。这些账户对雇员们的影响最终往往集中在参与费、401（k）相关服务的各种收费、较高的基金费用以及其他更多的独立费用[①]。

对于小公司的参与者来说，计划可能更加昂贵，因为他们无法给401（k）供应商带来同样的规模经济。

2012年，迪莫斯（Demos）[②]的一项研究[③]认为，“401（k）的费用可以使一个中等收入的双职工家庭一生花费近15.5万美元，并消耗他们近三分之一的投资收益”。

复杂的税务影响

今天不交任何税，听起来是个好买卖——在递延征税的前提条件下，你将有更多资金用于增值。这的确是事实。但情况比这更复杂一些。你知道，在为投资于非退休账户（non-qualified account）的资金支付普通所得税后，你可能只需要为未来产生的任何收益支付长期资本利得税（持有一年以上的任何投资都是这种情况）。从历史上看，长期资本利得税税率低于普通所得税税率。

你最终从传统401（k）和IRA提取的资金将作为普通收入被征税。如果税收没有变化，那么你仍可通过延迟缴税并选择较高的普通所得税率来

---

① 美国劳工部。“401（k）计划费用概览。” https：//www.dol.gov/sites/dolgov/files/ebsa/about-ebsa/our-activities/resource-center/publications/a-look-at-401k-plan-fees.pdf。

② 一个无党派公共政策研究和宣传组织。

③ https：//www.demos.org/sites/default/files/publications/TheRetirementSavingsDrain-Final.pdf。

争取更多收益。但是，如果你是在几十年后才能利用这些锁定的资金，可以肯定税收在近段时间内会有所变化，你的税率等级很有可能也变了，那么这一数学运算可能最终不再对你有利。它不再像人们最初提出时那样简单明了。

流动性不足

虽然401（k）里的资金在增长，但你对它的使用是有限的。通常来说，你可以以个人缴纳的总金额为基础进行贷款，但贷款金额是有上限的[①]。如果你决定在59岁半这个神奇的年龄之前将全部资金提取出来，不管有多少——例如，为另一项投资提供资金——这除了增加你当年应缴普通所得税外，还会让你额外遭受10%的税收处罚。

因此，如果你的计划是（正如那些专家建议的那样）将自己所有的积蓄——至少和政府允许的一样多——放入这些合格的账户，那么你就需要为这个决定带来的财务灵活性缺乏做好准备。

小小的窗口；严厉的惩罚

然后，你仅有一个奇怪的、相对较小的窗口，通过这个窗口中你可以使用自己的资金，而不用担心额外罚款。在此期间，你提取的每一块钱当然还是会被算作额外普通收入征税，但至少不会有罚款……但是，在你岁月静好的退休生活刚刚超过12年的时候，嗯……政府想要收税了！在你72岁时，无论你是否动用过自己传统合格账户里的资金，你都将被迫提取应税款项。但如果你没提取呢？哦，别担心：只有一个……50%的税款罚金！

---

① 美国国税局网站上目前关于401k贷款限额的规定：“计划能允许的最大贷款金额是：（1）个人缴纳账户余额超出10 000美元的部分或50%，或（2）50 000美元，取孰低者。”

备选建议

这些只是关于主流退休计划建议的一部分问题。还有更多问题，我们本来也可以开展更详细的讨论，但我希望这些问题已经能促使你对更好的方法持开放态度，即使那些更好的方法最终需要你做一些研究和工作。

那么，我们应该如何利用这些主流投资工具呢？

想想这个

正如我在接下来的章节中重复的那样：人和人不尽相同。因此，尽管我将尽自己所能为你提供一些可执行的建议，但我这样做的同时是有免责声明的，即所有这些建议的一些变化可能更适合你独有的情况和目标。继续阅读下去，代表你同意这些服务条款……①！

尽管每个人的情况都是独有的，但这里有一些普遍的、基本的建议，适用于许多人。

- **缴费总额：**在任何时候，我都不会建议将每一笔长期投资的资金只投向合格计划或任何单一标的。最初，我建议你开一个储蓄账户——与你的主要支票账户区别开——每月拿出你总储蓄的一部分放到储蓄账户里。是的，即使公司缴纳部分未达到上限……
- **应急资金：**照这样做直到你有一笔能让你和你爱的人安心的资金。这笔资金会因人而异——有些人只需要3~6个月基本生活开支的资金；有些人可能需要一年的基本生活开支的资金；还有些人可能觉

① 只是开个玩笑！但是真的……我希望，如果这本书有用，也是能帮助你批判性地思考所有与财务规划和投资相关的事情。我希望它能让你拥有更好的思维模式，知道自己能做些什么，以便所有目标成为令人满意的现实！

得10万美元才够；等等[①]。如果将来这个账户余额有缩减，那么你要准备好重新启动定期缴款。

- **公司匹配缴款：**如果你的公司提供匹配缴款，我会利用起来。我知道这属于401（k）类型的工具，并且同市场表现紧密相关，这两点都不是很理想，但匹配缴款仍然是一项划算的交易。你不可能找到很多可以确保在第一天就能实现翻倍的投资。
- **罗斯IRA：**很少有办法完全消除税收这个恼人的变量。因此，我一般建议客户将自己和配偶的罗斯IRA缴款缴到上限。如果你的收入太高，没有资格通过传统的方式进行罗斯IRA缴款，那么你可以考虑使用[②]"后门罗斯"[③]来将免税资金存起来[④]。
- **罗斯401（k）：**在这之后，我经常建议在这些合格的选项之外进行投资，尽管行业"专家"的建议与此相反。如果你的公司提供罗斯版本的合格计划，我会建议你还是投资这个合格计划，这是我会提出建议的少数原因之一。对雇主来说罗斯版本的合格计划正变得越来越普遍，而且我相信这可以是一个很棒的选择，因为它有机会将税收变量全部去除。但我不会过于为之疯狂。当你在这里努力将缴款缴到最高上限时，我通常建议将总缴款额中越来越大的比例用于其他多样化的努力，旨在从你的长期财务方程中消除其他变量和风险的努力[⑤]。

为什么不是更多的401（k）

就像我为自己和客户所做的一切一样，我试图看清全貌。现如今，

---

① 对我们的许多客户而言，一旦他们了解所有的细节，便会考虑各种应急资金的替代方案，因为这些替代方案能让他们放心地把更少的钱放在几乎不赚钱的储蓄账户里。这些可能包括但不限于：了解401（k）贷款如何运作、获得房屋资产净值灵活信贷（HELOC），等等。

② 至少在写这本书的时候是这样。

③ 后门罗斯IRA是指尽管你收入过高，你还可以将传统IRA转换成罗斯IRA。

④ 不过，别忘了第一点：在任何时候，我都不会建议将每一笔长期投资的资金只投向合格计划或任何单一标的。

⑤ 在本书接下来的误区中会详细说明。

401（k）是作为一种避税方式被卖给我们的。很好！它绝对能做到这一点。

但这对你来说有多大价值？我知道在本书前几个误区中，我经常要求你考虑同样的问题。但这确实是一个我们可以实实在在量化的问题，这样你就可以看到我在这里谈论的财务规划注意事项的影响和意义。让我们比较一下向401（k）和非合格账户（即不是IRA或雇主赞助的计划）投资1万美元的情况。我们将作出如下假设，以帮助我们分离出这种税收优势的真正影响。

- 普通所得税税率：30%；
- 长期资本利得税税率：15%；
- 年化收益率：8%。

在第一天，那个401（k），到目前为止还没有被"山姆大叔"（美国政府）碰过，里面有10 000美元。而在另外一边，我们的非合格账户在支付了预付税款后，将只有7 000美元。10年后，我们在401（k）中的投资价值为21 589美元。提取这些资金来资助我们的退休生活，将导致我们当年的应税收入增加同等数额。假设税率没变，我们税后能提取的金额是15 112美元。

10年后，在将我们的非合格账户投资兑现并为收益支付长期资本利得税后，我们还剩下13 896美元。在这种固定税率和收益的假设情景下，401（k）总是会获胜。

那么，如何看待这些假设呢？我们已经讨论过，如果你有太多的退休预留资金要100%征收普通所得税，你的压力会是怎样的。

但我们这里的另一个变量呢？假设的年化收益率。如果我们找到了投资方案——在401（k）的有限选择里无法获取的投资方案——但我们认为有可能提供更高收益的投资方案，那又会怎样？

我们需要实现多大的收益才能完全抵销节税金额——401（k）的15 000美元和非合格账户的14 000美元之间的差额？

你怎么看：5%、3%、2%？当然，我们不可能在这短短的10年里，用非合格账户投资带来的微薄的额外1%的年化收益率来完全抵销节税金额……是不是？

事实上，我们可以做到。通过将我们假设的非合格账户的预期年化收益率从8%调整为9%，在扣除那些应缴的额外长期资本利得税后，我们还剩下15 136美元。就是这样：将收益率提高一个百分点就可以了。

如果时间长一点，我们假设情景中的非合格账户看起来会比401（k）越来越好。当然，进一步提高收益率的假设会导致更快地转向。

什么计划是适合你的？

现在，当你决定是否应该向401（k）投入更多的储蓄时，你应该考虑这两方面的问题：在你的计划中你有哪些选择，以及这些选择与你在其他地方的选择相比如何。

有些人有很多选择，有些人没有。有些人有高昂的费用需要考虑；有些人没有。有些人甚至被允许有所谓的经纪窗口，这使他们可以选择通过经纪平台来控制自己401（k）资金的部分或全部投资——这实际上是一个自己主导的401（k）[①]，使他们能够获得许多其他投资证券。你看，人们在其公司计划中的选择可以有很大的差别。

然而，在雇主赞助的计划之外，你想怎么投资就怎么投资。根据你的能力范围，你很可能能够找到这样的机会，那些你非常有信心可以实现比401（k）的年化收益率高得多的机会。在这一点上，如果数学运算行得通，那么你为什么不利用这个非合格账户的机会，而不是像几乎每个人都建议的那样盲目地向401（k）缴纳更多资金？从长远看来，这不仅可以使你立于领先之地，而且你还可以避开所有与合格计划相关的烦琐规则和条例。

---

① 本书误区15中会讲到自己主导的IRA。

在本书后面的误区中，我们将探讨其中一些可能对你更有意义的投资策略。同样，这不是一揽子建议。对于一些人来说，向401（k）缴纳更多资金可能是你最好的选择。但我希望你越来越清楚这些问题不是一刀切的，并能同时掌握评估自己情况所需的逻辑。

误区：401（k）是终极工具。

现实：这当然是政府提供给我们的较好的工具之一，但盲目地在公司缴纳额度的基础上追加缴款，绝不是为你未来的财务做好准备的最佳方式。

很多人将退休储蓄的很大一部分放在401（k）里。不幸的是，这种在主流投资世界中不断宣扬的一揽子建议，使投资者面临巨大的风险。

DISCOVER AND OVERCOME THE 16 MAINSTREAM MYTHS
KEEPING YOU FROM TRUE FINANCIAL FREEDOM

Stop Investing Like
They Tell You

误区 *14*

你需要关注自己的“退休数字”

你到底在做什么？

你到底在为什么而工作？在你制订出合乎需要的财务计划之前，或者在找到合适的人（们）帮助自己制订出财务计划之前，你需要知道自己的最终目标是什么。

> 如果你不知道自己要去哪儿，你最终会到达别的地方。
>
> ——尤吉·贝拉（Yogi Berra）

不知为何，随着时间的推移，“一直工作以便有一天能够退休”的概念变得“扭曲”了。

你的“数字”

荷兰国际集团（ING）在十年前的一项广告活动曾问：“你知道自己的‘数字’吗[①]？”并以此作为判断你是否为退休做好准备的一种方式。今天，财务独立，提前退休（FIRE）的运动让很多人都在为实现他们能够退休的“数字”而努力。事实上，如果你与许多金融服务公司的代表坐下来，那么他们会非常乐意帮你计算你的“数字”。

你的“数字”应该是能让你实现退休目标的东西。它是你无须工作也不会没钱花且能支持生活所需的储备金。想一想：本书误区9中讨论过的安全提款率的概念。计算自己的“数字”需要你做几个假设：你计划在

① https：//vimeo.com/15284991。

什么年龄退休，每个月的开销是多少，你的投资会表现如何，税率将是多少，以及你会在何时过世。这个计算的结果是你所需的总金额——储备金——以便你能在期望的年龄退休。

不知为何，我们为长期做好准备的共同想法已经演变成只是把尽可能多的钱塞进市场，试图建立一个足够大的账户来满足这个数字目标，然后怀抱希望。

退休梦

你的梦想退休生活究竟是什么样子的？

- 你有自己的小房子，离你孩子的房子几个街区之遥。房子有一个大院子，你的孙辈们可以在那玩耍。你和配偶可以坐在大门廊的摇椅上，看着这一切。你知道每个月会有足够的收入来满足自己的需求，让你没有什么压力，可以享受岁月静好。
- 你拥有自己的梦想小别墅，就在城外，占地几英亩。你拥有所需要的一切，可以在余下的日子里快乐地生活，怀念生命中最重要的东西。
- 你可以环游世界，到所有美丽的沙滩，喝着菠萝椰汁朗姆酒，住在世界最豪华的度假村里，从来没想过可以达成的愿望清单里的项目一个个划掉。

那么，你的目标是什么？你在为什么而工作？

是一大笔全部绑定在你不太熟悉且几乎无法控制的投资上的资金吗？

不！

哈哈，至少我希望不是。对大多数人来说，储备金的概念只是达到目的的一种手段。但它真的是你实现田园诗般退休愿景的最佳方式吗？

要加快所有这些退休梦想的实现，一个人真正需要的是一个稳定的、可预测的终身收入来源。理想情况下，这种收入是由多种来源产生的，而且尽可能是那些你真正了解的来源。当然，为了达成那些不同的退休愿景你需要的月收入也是不同：那些把钱用在一次又一次豪华冒险上的周游世界的人，需要比拥有市中心房屋的夫妇更多的现金流。但是，如果他们都能专注于通过建立稳定的终身收入来实现各自的梦想，而不是仅专注于基于市场的“数字”，那么他们都会得到更好的结果。

遗憾的是，金融业倾向于推广后者[①]。基于市场的投资在过去的确被证实能产生良好的收益。正如我们所看到的，这并不能保证未来也是如此，但这并不意味着把它作为拼图的一部分是一个坏主意。但是，它不应该是整个拼图！

在现实中，当你研究专注于“数字”会让你面临的所有风险时，你会发现这实际上是一种相对低效地实现自己长期目标的方式。**对于建立自己储备金的传统概念，需要时不时就好好祈祷一番。**

什么会妨碍你？

虽然我不能在本书中谈论你所有具体且独有的目标，但在大多数情况下，人们确实希望在某一时刻能够拥有停止工作的灵活性（实现真正的财务自由）。他们想要舒适感和安全感。因此，在我们这里余下的对话中，这将是本书的聚焦点——找出克服与该最终目标相关风险的最佳方式。我在本书误区 14 的结尾会提出另一个聚焦点，该聚焦点也将为忠实读者们提供更大的灵活性，以便为你在前进道路上其他可能的目标助力。

因此，让我们首先探讨一下你需要克服的风险[②]。

---

① 这样更容易收取更多的资产管理和基金费用……

② 这并不是一份穷尽了可能阻碍你在财务计划上取得进展的所有障碍的全面清单。我们在这里讨论的风险是那些可以通过更好的投资管理策略来避免或减少的变量。

市场风险

在本书误区 1—误区 10 中，我们已经把这个问题说得很透彻。基于市场的投资会有怎样的表现，这是无法保证的——它们可能在你整个退休生涯期间表现得比平均水平好，也可能表现得非常差，或者介于两者之间。

想想报酬顺序风险（sequence risk）——具体来说，就是你退休后的头几年市场表现极为糟糕的风险——很明显，如果可能的话，我们不希望所有的投资资金都暴露在这种风险中。

税务风险

没有人知道未来的税率会是多少。最高税率等级会不会超过此前94%的峰值？在曾经40年的时间里，这个最高税率从未低于70%。今天，它只有40%左右[①]。

根据你未来各种资金来源的税务处理，联邦、州和地方税率的巨大变化可能会损害你实现目标的能力。

通货膨胀风险

随着牛奶、面包和花生酱变得更贵，传统资产的购买力可能大不如前。

医疗风险

美国医疗费用的增长速度已经超过了年收入中位数的增长速度。一些处方药正变得异常昂贵。人们的寿命越来越长。所有这些因素都导致了退休人员医疗费用的上升。根据富达投资（Fidelity Investments）的《退休人员医疗成本估算》[②]，预计2020年退休的65岁夫妇在整个退休生涯期间，医

① https：//fred.stlouisfed.org/series/IITTRHB。

② https：//www.fidelity.com/viewpoints/personal-finance/plan-for-rising-health-care-costs。

疗相关支出平均为29.5万美元。

记住：这只是一个平均数。有些人在退休后，仅在医疗上的花费最终都比这多得多。而且这个数字还不包括长期护理开销的这种非常真实的风险……

想一想：

- 如今，65岁的人在一生中大约有70%的可能需要某种类型的长期护理（LTC）。
- 平均而言，女性需要护理的时间比男性长（3.7年对2.2年）。
- 如今，大约有30%的65岁的人可能永远不需要LTC支持，但约有20%的65岁的人对LTC的需求时间可能会超过5年①。
- 一名痴呆症患者一生的护理费用估计超过35万美元②。
- 一间疗养院单人间的年费中位数超过10万美元③。

长寿风险

很多人直到临近退休时才意识到这是一个多么大的问题。例如，对于一对65岁的夫妇来说，至少有一人能活到93岁。此外，有25%的65岁男性会活到93岁，有25%的65岁女性会活到95岁④。如果你的财务计划只做到90岁，就像本书误区1里我们的好朋友约翰的财务计划，以及主流建议经常建议的那样——这够吗？

我们现在比以前的人活得更长。在大多数情况下，这是件好事。但是当然，如果你的钱花光了，活得比以前久肯定会让你退休后的乐趣大打折扣。

---

① https：//longtermcare.acl.gov/。

② https：//www.alz.org/alzheimers-dementia/facts-figures。

③ https：//www.genworth.com/aging-and-you/finances/cost-of-care.html。

④ 基于精算师协会对截至2018年的《RP-2014死亡率表》和《死亡率改善规模MP-2017》的预测。https：//www.ssa.gov/OACT/population/longevity.html。

公共政策风险

正如我此前所说，试图减少社会保险或医疗保险的应得福利规模无异于政治自杀。但是，完全依赖它们作为可靠的收入和支持来源也是天真幼稚的。随着政府债务的膨胀，解决这个问题的压力会越来越大——政府可能会减少福利，或者干脆决定对你最终获得的福利征收更多的税①。

就像所有这些风险一样：只有时间会告诉你，现实会变成什么样。

充满风险的现实

在我们进行财务规划的过程中，不可避免地要面对所有这些变量。通过了解它们，我们可以主动采取措施，尽可能地限制并分散我们对每一种变量的敞口。

对大多数人来说，他们退休时最大的账户是401（k），其次是IRA。正如我们在本书之前的误区中所探讨的那样，常规建议会让你将几乎全部退休储蓄放到401（k）里。然而，这些账户会让你几乎完全暴露在风险中……

回到约翰和玛丽

回想一下约翰和玛丽，以及他们计划从20多岁开始负责任地节省下来的七位数金额，这样他们就可以在60多岁时舒适地退休了。除了本书误区1—误区10中提出的所有问题外，我们考虑一下行业固有的建议②给他们带来了多少障碍。

① 如今福利已经要征税了。例如，如果你是已婚人士，夫妻双方共同申报了超过3.2万美元的收入，你们福利中高达50%的比例将被征税。如果你们的应税收入超过4.4万美元（单身，3.4万美元），高达85%的比例将作为普通收入征税。

② 在本书误区13中有所探讨，并提出了一些替代建议。

让我们来看看，遵循主流建议……

- 他们几乎随时都完全暴露于**市场风险**。正如我们所看到的，当他们临近退休时，这可能会特别危险，在进入退休后更是如此。如果那些极为糟糕的年份中的一年恰好发生在这一时点，那么他们的整个计划就毁了——为此，他们将不得不回去工作，或者“接受重创”，并靠更少的退休金过活。
- 由于他们的大部分资产都在401（k）里，考虑到未来税率的不可预测性，他们面临着很大的税务风险。试想一下，如果在他们退休之时，所有税率都提高10%，那么他们的计划会缩水多少。
- 当这种风险与**医疗风险**结合起来时，损失会扩大。随着约翰和玛丽花费比他们之前“正常水平”更多的钱来支付不断上涨的医疗费用和满足长期护理需求，他们不得不从401（k）里提取比预期更多的钱。由于所有这些额外的提款在当时都作为普通收入征税，这很容易将他们推向更高的税率等级。
- 在他们计划退休的40年前，可能会发生很多变化，这些变化可能会对所有这些由政府创造的工具里的资产处理产生影响。他们计划拥有的唯一养老金类资产是由政府控制的社保。为了抵销所有潜在的医疗成本上升，他们仰仗的主要帮助是由政府资助的医保。这使约翰和玛丽面临着很高的**公共政策风险**。
- 如果一切按计划进行，他们在计划退休时将拥有一笔7位数的大额资金。这很好！但是，如果到了那个时候，约翰和玛丽还非常健康，并且意识到自己不知道还要活多久呢？他们可能会想到，所有的预测都是基于几十年前的平均预期寿命做出的。因此，当他们开始花掉储备金时，那个担忧——那个对储备金不足以支持他们活得太久的担忧，那个对**长寿风险**的担忧——将会一直在他们脑海中浮现。随着他们的账户余额的减少，他们可能会感到压力，并需要

"精打细算"，因为他们不知道靠储备金来维持生活的日子还需要多久……

这听起来很有压力。我知道。我在这样的场景中与足够多的人合作过，因此知道**这些压力对大多数人来说都是现实——就算当一切都能像预测和计划的那样进行也是如此！**

他们可能在30多岁、40多岁甚至50多岁的时候还没有意识到这一点，因为他们正在努力地存钱以实现自己的目标。但是，一旦当他们最终步入退休生活，那些风险的现实——那些具有毁灭性潜力的变量——就在他们身边。

- 他们的家庭成员试图应对长期护理的高昂成本；
- 他们有越来越多的朋友和同事发现自己的医疗费用在不断增加；
- 他们开始更加关注立法者讨论的、会对他们产生不利影响的公共政策变化的频率。

你现在明白了。距离风险和变量越远，就越难将其概念化。然而，这并不意味着它们的真实性和危险性降低。现在便是开始为它们做准备的最佳时机。

自我评估

想想你的处境。你所有的资产都投资在哪里？你正面临或将面临哪些风险？

想想你的退休生活。当你考虑每一项变量以及它们将如何影响你的生活质量时，试着脑补一下身临其境的实际情况。如果你只是按照传统的建议行事，那么你最终注定会面对与约翰和玛丽一样的风险敞口。如果一切都“按计划”进行，那你就幸运了！

更好的心态

一路走来，我们会在某个地方感到分心、困惑。我们的目标是永远不要攒这么一大笔钱——这笔储蓄金。我们的目标是以毫无压力的方式资助自己的梦想。对于大多数人来说，其中的一部分关乎可以在不工作的情况下过自己想过的生活。这听起来更像是创造一笔终身收入，而不是一大笔钱。也许这就是我们应该关注的地方……

当我们在本书接下来的误区中探索一些潜在的更好的替代方案时，为了更好地帮助你，你需要放弃建立一笔足够多的储蓄金的梦想。或者至少，你应该把它放在创造收入稳定性的想法之后。

收入稳定性

你看，真实的收益现实比本书误区4结尾所讨论的更为多样。在本书误区4的结尾，我们曾讨论了那些让你重新构建市场预期的图表[①]。那是假设水平的缴款和提款。实际往往不是那样，这使得未来的价值更加不可预测。

收入稳定性可以让你的长期计划变得可以预测。这是知道自己下一份薪水来源的想法。大多数人只会在工作期间考虑这一点：你的收入和赚取薪水的能力有多稳定？但是，到了退休年龄，这不再是人们谈论的话题了。现在，所有的一切都是关乎你储备金的大小……

人们倾向于将收入稳定性与工作联系在一起。那么既然人们不打算在退休后工作，为什么还要担心收入稳定性呢？然而，创造不与积极工作挂钩

① 当时我们讨论了缴款和提款期间的报酬顺序风险（Sequence of Returns Risk）。

的可靠收入流是可能的。这是我们应该为退休寻找的收入稳定性。

例如，在与客户合作时，我们会像大多数财务顾问一样向客户解释“退休成功概率”（就像本书误区9结尾关于普信公司的例子）。但我们也在评估他们预计的退休后每月需求和愿望中，有多少能获得持续收入来源的资金支持。当我们第一次为一个全新的客户梳理这些信息时，我们常常发现收入稳定性得分为20%的情况。也就是说，他们退休后每月所需的现金流中，有20%来自相对稳定的收入流。他们知道，无论市场表现如何，这是他们每个月都可以依赖的一笔更为可靠的资金。

当你为退休做计划和准备时，你的目标应该是提高这个数字。知道自己有一笔稳定收入来源并满足最基本需求的心理价值是无法量化的。再来想想规划的好处。当你建立了这样的“底线”后，你轻松地将剩余的资金投资出去将变得有多容易？想想那些其他投资现在带给你的压力会减轻多少。还记得我们在本书误区6中所做的情感练习吧——设想自己的投资迅速缩水。你会在什么时候崩溃？当你的账户下跌30%时？50%？永远不会？

无论如何，想想如果通过其他投资（那些与股票市场无关的投资[①]），你知道自己已经有了80%的收入稳定性，那么下跌带给你的压力会减轻多少！

用一部分资金承担更多的风险，你也可以承受得起了。但是，当所有的投资都与这个神奇的储备金数字挂钩，而人们又无法完全确定无论自己活多久储备金数字都足以支撑自己生活的时候，大多数人都不愿意（也不应该）这么做……

① 我们将在本书误区15中进行探讨。

收入稳定性带来的是灵活性和安心

老实说，这一数字甚至没有理由必须止步于100%。显然，当你开始意识到长期财务计划的可预测性和稳定性水平时，你的目标将发生变化。试想一下，你曾经在35岁前后开始规划的目标的收入稳定性得分，如果你在50多岁的时候能达到120%，这比退休时有一个七位数的投资账户感觉要好多少？

我知道这两种情况都会让人感觉很不错，但是你在此要诚实面对自己。

- 一个与市场挂钩的七位数账户，无论你活多久，都能从中提取资金以支付所有开支，或者……
- 无限期提供超过开支所需的月收入资产。

想一想本书目前为止强调过的所有问题，并且诚实地思考自己在退休期间的感受（比如，财务上的自信且没有财务压力），第二种选择会以压倒性优势获胜。

多元化收入稳定性

总体而言，在理想情况下，你应该尽可能让所有账户中的稳定收入来源多样化[①]。

想一想此前提到的我们全新客户平均20%的收入稳定性。这一比例是由社保而非其他因素产生的。如果你的情况正是如此——对大多数人来说是这样的——那么你的收入稳定性将100%受到公共政策风险的影响。换一种说法：公共政策的一次改变（这里指的是会对社保偿付金额产生影响的改变）可能会影响你全部的毕生收入。

① 这对某些账户类型来说可能有难度，如401（k）。IRA可以“自我主导”，因此你对IRA里资金的投资运作享有很高的灵活性。相比之下，401（k）的限制可能会多很多。

相反，在理想情况下，你应该建立多个稳定的毕生收入来源以支持自己的长期梦想。

> **误区：**你需要关注自己的“退休数字。”
>
> **现实：**让你的“数字”成为自己的首要关注点，会让你面临过多的风险及相关压力。**专注于建立稳定的毕生收入来源会让情况好很多。**

DISCOVER AND OVERCOME THE 16 MAINSTREAM MYTHS
KEEPING YOU FROM TRUE FINANCIAL FREEDOM

Stop Investing Like They Tell You

误 区 *15*

股市是你唯一有意义的投资方式

"不要找茬，找补救办法；任何人都可以抱怨。"

——亨利·福特（Henry Ford）

免责声明

越是开始了解这些问题，我就越感到压力。这些问题愈发昭然若揭；然而，我却找不到解决之道。通过帮助同事理解现代投资组合理论缺陷背后的正确性，我可以吸引同事的眼球。然而，当同一位同事询问该如何帮助客户克服这些缺陷而我却没有解决方案时……可以理解，他们会沮丧地离开。

"无知是福，难得糊涂。"

——托马斯·格雷（Thomas Gray），《伊顿远眺》（*Ode on a Distant Prospect of Eton College*）（1742年）

当然，这也让我感到沮丧。随着问题越来越清楚，我为客户提供服务也变得越来越困难。离开我开始职业生涯的公司后，在接下来的数年里，我大部分时间都花在了试图对这种难以找到的"更好的方法"的思索上——挖掘现有策略，研究新策略，在自己的账户上试用它们，在各种场景中对它们进行压力测试，并优化它们能够共存的方式，以便为人们提供最好的帮助。

如今，尽管我有可行的解决方案来指导我的客户，但我还是不愿在这里提及它们。不是因为我担心这样做会泄露商业秘密或类似的东西，而是因为我们为客户提供的计划是针对客户及其独有的情况而量身定制的。每个人都在同你讲的投资方式是有明显缺陷的，你为了最有效地克服这些显而易见的缺陷所选择的策略，与你邻居和同事选择的策略相比都是不一样的。它应该是你独有的。

因此，在这种情况下，你能采取的最佳行动——既然你了解问题——就是寻求了解潜在的替代解决方案并了解自己：你的处境、你的目标、你的梦想、你的机会。然后，你可以开始智能地优化并拼凑出自己的财务状况。

或者你可以寻求帮助①，这是我担心的另一方面……

你看，我和你分享了我成功地同客户实施的策略。我的犹豫来自这样一个事实，即这些策略中有很多是难以靠你自己来实施的②，而且其中一些是不可能靠你自己来实施的。如果这些都是人们可以自己做的事情，那么我会创造一种不同的商业模式：一种我只教人们（对他们来说尽可能便宜的）如何做这一切的模式③。

但是，这会让一些读者感到沮丧，可现实是：有些因素需要专业人士的帮助。显然，我找到的解决方案也是我为客户执行的方案——如果我找到新的或者更好的解决方案，我也会执行的。

然而，尽管有这些担忧，我知道如果我让你悬在那里——对问题理解得很透彻，却不采取任何措施……看不到任何希望——我怀疑你会像我同事曾经一样，沮丧地走开。所以，在这一章节中，你会看到，在适用的情况下，我会尽我所能为你提供足够的信息，让你了解这些策略的运作方式和原因④。

---

① 参见本书误区12。

② 请记住我在序言中的警告：这些潜在的解决方案不像传统的买入并持有策略那样“简单”。

③ 在可能的范围内，我们做到了这一点——这就是为什么你在本书中看到了这么多免费访问我们课程和其他资源的链接。实际上，别忘了在SpicerCapital.com/Go上查看我们为本书读者创建的所有配套资源。

④ 如果你在实施这些策略时确实需要帮助，你可以利用从最后两个误区中获得的知识和见解来考察你计划有可能向其寻求帮助的专业人士。正如我在本书误区12中所述，根据我的经验，大多数从业者并不了解这些问题。知道如何克服它们的人就更少了。所以，你要小心。

本书不是为销售作品而创作。本书的主要目的是将这些误区——尤其是本书误区1—误区10——中的信息融入主流对话。专业人士不应该继续无视。

既然你了解了我的初衷，如果阅读这些给出的解决方案会减少本书所传达信息的意义，那么你可能会想就此停止。那么就直接跳到结论部分吧。说了这么多，显然我不想让你一直悬在那里……

因此，说完了这一警告/免责声明，再来说说我们帮助人们将血汗钱投资股市之外的一些替代方法[①]。

从你自己开始

有几种投资方法可以让收入稳定性的概念成为现实。但挑战在于，它们中的大多数需要人们花时间来正确理解并执行。为此，人们首先应该考虑的投资方向就是投资自己。

你的职业

与目前已经或即将退休[②]的读者相比，这一建议更适用于年轻读者。如果你拥有时间，那么你是幸运的！让我们充分利用它。

① 我的公司不是唯一一家提供解决方案的财务规划公司。事实上，既然你了解这些问题，或许你能找到一些这本书中没有提到的、属于你自己的解决方案。我很想听听！

② 如果你属于后者，那么本章结尾关于“懒汉”获得稳定毕生收入的路径，以及下一章关于具有更好下行保护的市场投资很可能是与你最相关的。

大众通常不会太认真地对待投资自己这种陈词滥调的建议。事实上，他们有时无法找到比这更好的投资。我说的不仅仅是对充分发挥自己的才能感觉良好。我的意思是，从长期财务角度来看，这可能是最好的投资。

想想看：约翰在职业生涯早期每年赚5万美元。有一项行业认证会大幅提高他的薪酬，但这项认证需要投资1万美元和多年的学习才能获得。

如果约翰和玛丽没有盲目地接受主流建议，将他们的一些积蓄用于此呢？通过投资约翰的资格证书，他们错过了一些让人梦寐以求的合格账户早期的复利增长。在传统的金融智慧看来，这是绝对的禁忌。但是，在做出这一牺牲后，约翰的年收入跃升到9万美元。如果不这样做，再有15年他的收入也达不到这个水平。凭借新的技能、资历和收入发展轨迹，现在在相同的工作量下，约翰和玛丽在他的职业生涯中保守估计也能够获得超过50%的额外收入[①]。其他任何投资都不可能为他们提供如此高的收益，更不用说安全的投资收益了。

每个人的情况都是不同的。你不会总是有这样的东西。但是，如果你有办法在你选择的职业路径上增加自己的收入潜力——即便这确实需要时间和金钱——这可能是你最好的长期投资选择。

你的金融教育

投资金融教育也会为大多数人带来好处。从长远来看，了解消除并管

① 现在毕生收入约为600万美元（年收入9万美元，每年涨薪3%，共37年），原来毕生收入约为380万美元（年收入5万美元，每年涨薪3%，共40年）。

理债务的最佳策略可以为你节省数万美元。知道如何最优管理每个月的现金流也可能在长期产生相似的结果。有太多关于这些主题的免费信息，以至于在大多数情况下，它们需要的只是投入时间①。

> “你制订预算所花费的时间，分析自己的消费习惯所花费的时间，可以让你得到更好的收益，最终你会比同样有数百名分析师为其工作的人获得更多的现金……”
>
> ——马克·库班（Mark Cuban）

对一些客户来说，控制他们的债务和现金流会让每月释放出来数百甚至数千美元。显然，在你剩余的职业生涯中，每月谨慎地投资这些钱中的一部分，足以证明你投资的时间是合理的。

为了帮助自己更好地懂得如何资本化运作所拥有的资金而投入的时间和金钱，可以产生一些最丰厚的收益。

你的技能

当涉及将这些钱投入各种机会时，你应该始终确保每一项投资都是你感兴趣并真正了解的。最后这一点很重要。很多人试图投资他们不理解的东西，即便这个想法本身具有强大的潜力，他们也会玩火自焚。

接下来，我们会简要介绍一些具体的创收投资。在此过程中，如果有任何内容吸引你，那么请你做个笔记。如果你对它们不太熟悉，花点时间——甚至是花点钱——来尽可能地了解它们。在没有真正了解自己在做什么的情况下，不要一头扎进去。这是灾难的根源。

① 这两个例子——债务消除规划和现金流规划——超出了本书的范畴。对于感兴趣的读者，**购买本书可以免费访问我们探讨这些主题的综合课程。**通过访问的配套资源，你可以找到详细信息。

大多数人会看到将这些策略纳入他们整体财务规划的价值，但是却不想投入大量时间来全面理解这些策略。除非对某件事真正感兴趣，否则大多数人不会有足够的动力去深入熟悉它们。或者也有可能，它们对你来说不是那么有趣。没关系，这很正常。

因此，如果你仍然想找到一种方法将它们融入你的总体策略中，你或许想找一个可以信任的人来帮忙——按照本书误区12中的清单挑选出来的一位专业人士。就像生活中的许多事情一样，通常有一个时间/金钱权衡的选项……

- 你可以自己修剪草坪，也可以付钱给邻居的孩子帮你修剪。
- 你可以花时间来搞清楚如何合理报税，也可以花钱聘请专业人士帮你报税。
- 你可以花时间了解这些策略中的一些或全部，也可以花钱聘请一家公司来指导你。

稳定的毕生收入策略

这并不是一份详尽的清单，列出了你为自己创造稳定的毕生收入的所有方法。这些只是最常见的、一些最有利的方法。我的目标不是教你如何最好地实施这些策略，而是帮助你思考如何投入血汗钱的方式。

在本节中，我们将从最容易让人学会并自行应用的方法开始，并逐渐增加难度。

股息股票

许多大型老牌公司定期向股东派发股息。这意味着，你只需要购买一份股份——成为公司的共有人（股东）——你就在获得相对稳定的被动收入的路上了。

在股灾期间，股息股票的表现历来好于市场其他品种。只要公司健康，并因此有更大可能继续支付股息，它们就会被视为是一个“避风港”。在股灾期间，投资者将健康的股息视为额外的下行保护。因此，你会看到许多被吓坏的成长型股票投资者转向这些支付股息的公司。这会让这些公司股票的下跌速度不像市场上其他股票那样快。

这些创收股票还有一种会随着市场其他股票的变化而变化的潜在价值。通过投资健康的分红公司，你可以在股票大跌时给予自己的投资组合一些保护，同时还可以利用一些市场收益。此外，即使未来出现持久的股灾，你仍然有可能从股息中获得收入来源。

贵族和国王

寻找那些几十年来从未间断地支付并增加股息的大公司[①]的股票。这些公司往往是成熟的知名企业，这意味着它们的标的股票价格往往波动较小。事实上，这些类型的公司往往被认为是不受衰退影响的，无论在年景好的时候还是在坏的时候，都能产生稳定的利润。

在过去25年或更长时间内持续提高股息的公司被视为股息贵族。在任何给定的时间点，这样的公司通常不到100家。股息之王指的是一家已连续50年以上提高股息支付金额的标准普尔500指数上市公司[②]。

当然，这种地位和任何事情一样，并不能保证未来的业绩，但对于一个寻求稳定毕生收入的新手投资者来说，这应该是一个很好的开始。一般来说，当你投资个股时，你应该了解公司的商业模式。你应该清楚它们做什么、如何赚钱。此外，试着想象一下，30年后（或者不管你认为的长期应该是多久）它仍然存在且盈利。如果你见不到它如何竞争并勉强维系运转，那么你不应该对其进行投资。

---

① 标准普尔500指数中的公司。

② 2020年，标准普尔500指数中有64位股息贵族，但仅有29位股息之王。

> “你能做的最糟糕的事情就是投资那些你一无所知的公司。遗憾的是，在无知的情况下购买股票仍然是一种流行的美国消遣方式。”
>
> ——彼得·林奇（Peter Lynch）

风险

你投资的是单个公司。当然，这些公司应该是久负盛名的公司，长期以来一直非常稳定，但是……对任何公司的投资都会带来其特有的商业风险。所以，如果这是你选择的一种策略，你一定要选择一篮子公司而不是一两家。不管公司的历史有多悠久，这仍然不能保证它不会倒闭。

如果你采用这种策略来获取许多股息贵族能带来的稳定被动收入——你并没有指望这些公司股票价格有所上涨（就像传统的股票投资者一样）——那么你很可能会对自己看到的结果感到非常满意，不管有什么潜在的混乱可能会对整个市场造成破坏。

房地产

我在大学二年级购买了人生第一套房地产投资房。虽然我那时正在学习股票市场，但我被房地产多元化和被动收入的承诺所吸引。从那天起，我一直在购买、出租、出售房地产，但我的流程在不断演化。下面简单介绍一下现如今流程的情况……

我们的流程

当我和我的团队为自己或客户寻找房地产投资机会时，我们能够在美国各地搜索房源。我们寻找租金水平和房价完美结合的房地产市场。并不是所有的市场都是一样的，没有一个市场能永远保持热度。当我们发现一个房价低于平均水平但租金高于平均水平的市场时，我们知道自己发现了具有完美变量的机会，可以确保我们的项目获得可观的投资收益率（ROI）[1]。

随着当今世界的互联互通，我们能够对某地区的地产经纪人和物业经理进行仔细挑选，找出那些我们感到满意的合作伙伴。我们与他们合作，找到能够产生可观正现金流的租赁物业。这意味着，在扣除了抵押贷款和保守预测的开支和空置后，每月仍有可观的盈余。

你应该评估市场，并知道如何预测房地产的投资收益率，然后投入。如果你不想同难缠的房客一直打交道，你得确保自己能接触优质的物业经理。在我们探讨一些主要风险之前，考虑一下拥有投资性房地产的这些优势……

被动收入

如果操作不当——持续性开支太高、需要大修、空置率高——出租房屋会对你造成巨大的财务消耗。所以，这不是一件可以轻易投身的事情。先研究一下房地产投资，了解你要寻找的东西，或者找一个你可以信任的人帮忙。如果做得对，房地产可以给你机会，让你每个月都有稳定的收入流进自己的账户。有了好的物业经理和合适的物业，你可以不费吹灰之力坐享资金流入。

高投资收益率的潜力

如果你有机会获得良好的融资选择，那么你有可能在投资上实现一些令人难以置信的收益。我说的不是过度杠杆化（承担危险的债务数额），而是运用谨慎的谈判策略并保持耐心。举个简单的例子：你可以让卖家在成交时给你一张维修费支票。如果这张支票的金额大于你欠银行的首付款，那么你可以有效地实现无限的投资收益率[2]。你会立即赚回你的全部

---

① 老实说，我很幸运：我只是碰巧从一个理想的房地产市场开始……

② 从技术上讲，它不会是无限的，你必须有一些资金来进行最初的购买。尽管你可能会在一天后存入支票时收回初始资金，但在一个极短的时期内，你还是需要用到一些资金。因此从技术上讲，投资收益率将是非常高的技术问题。

初始投资。然后，你可以利用每个月源源不断的正现金流来支付任何维修需求。

当然，不是每个好机会都有这种可能性，但这是房地产特有的可能性。

减少市场风险敞口

在大衰退（Great Recession）期间，住宅房地产价格与其他事物一同下跌。但这是一个统计上的反常现象。通常情况下，它们的相关性是非常低的。在之前的15次美国股票熊市中①，有14次随着房价的上涨。而且，在2007年之前的那次唯一的熊市中，房屋价格确实下降了，但只下降了0.4%。

因此，拥有住宅房地产不仅可以在市场崩盘期间为你提供租金收入，而且还可以使你免受资本贬值的影响。

通货膨胀保护

当商店里售卖的牛奶、面包和花生酱的价格在上涨时，土地的价格也在增加。正如马克·吐温所观察到的，“买地吧，因为土地已经停产了”。通货膨胀风险很难通过投资对冲掉。随着央行印制更多钞票，实际通货膨胀的风险也在增加。房地产为你提供了一种持有创收资产的方式，而这种资产的价格会与其他东西一同上涨。

升值

拥有正现金流的房地产的另一个巨大优势：你拥有的这个基础资产是一直在增值的。对我来说，房地产的升值特性远不如建立一个越来越大的稳定毕生收入的前景令人兴奋。但它是绝对存在的，而且非常有价值。当想到你的租户每个月都在有效地替你偿付抵押贷款时，它就显得非常有价

① 1956—2006年。

值。这减少了你在房产上所欠的剩余本金。就像，当你最终决定出售时，不仅房产的价值会增加，你欠银行的金额也会减少。你从这笔交易的两边都增加了自己的净资产！

当我们与雄心勃勃的年轻客户合作时，他们常常为这里的收益可能性感到震惊。这个例子是我们经常发现自己在解释的一个策略的简化版本……

- 许多贷方愿意为首付为5%（有时更少）的主要房产（primary residence）提供常规贷款，只要你在那里居住至少一年；
- 对于一套20万美元的房产来说，5%需要1万美元的投资①；
- 在规定居住期满后，你可以购买新的房产，贷款担保条件相类似；
- 你可以按照我们之前简单介绍过的方式出租第一套住房：每月获得可观的正现金流——所有的考量和研究都应该在最初购买之前完成。
- 你已经创造了一个收入流。如果维护得当，那么你可以终身享有保障。
- 你也在逐渐实现初始投资的持续收益，根据你所处市场的不同，收益也有所不同②。

这一切都很棒！如果一对年轻夫妇在最终定居之前，将这一策略反复执行十年，那么他们在35岁前后就可以骄傲且轻松地成为十套可以产生可观现金流的租赁物业的业主。

但是现在，我们还是继续讨论第一套房子。考虑一下你在那所房子里的净资产价值，以及净资产价值与你的初始投资相比结果如何。如果在某

---

① 这仅仅是为了说明问题。显然，这个计算会涉及更多的内容。例如，成交费用，更不用说你在没有租户为你支付抵押贷款的第一年里需要持续支付的抵押贷款，所有这些都应该被视为你对该房产投资的一部分，但这里提出的总体观点依然有效。

② 这种策略并不是在每个城市都可取的——在房价高但租金相对较低的房地产市场中，它的效果并不理想。

一年，你的房产升值了3%，那么你在这方面的投资收益率是多少？

答案不是3%。是的，事实上，投资收益率远远超过了这个数字。记住，你的初始投资不是20万美元，而是1万美元。因此，价值20万美元的房产升值3%——6 000美元——实际上你的初始投资在一年内实现的收益是60%[①]。

底线是：即使我在做房地产投资决策时将升值视为收益的次要考量因素，但升值确实能够显著增加长期价值。

控制

房地产投资者对他们的资产也有更多的控制权。对于股票，你必须为管理和其他一些与你的世界非常不相干的因素而操心。对于房地产，你是做决定的人，你是CEO。

还有更多的优势，但我相信你已经明白为什么建立一个有现金流动的房地产投资组合会帮助你缓解现代投资组合理论和主流投资智慧让你面临的风险敞口。

> “让每个人把他的钱分成三份，三分之一投资土地，三分之一投资商业，三分之一留作储备。”
>
> ——塔穆德（Talmud）

风险

投资房地产本身会带来一系列的变数和风险。无论你多么小心，不可

① 这还不包括这样一个事实：你每月支付的按揭还款——在第一年之后，都是由你的租户来支付了——正在减少你欠银行的抵押贷款金额。你的净资产增加得更多，这反过来你的投资收益率增加得更多。但你会明白这一点！

预知的事情都会发生。我曾有一所房子被洪水毁掉[①]。我碰到过在没有告诉我的情况下就搬走的租户，直到这些租户把“他们的”房子开放给那些在墙上打洞并让狗把其中一间卧室当作厕所的占用空屋的人之后，我才发现这些租户搬走了[②]。……即使你采取了所有正确的预防措施，坏事还是会发生。

如果你只想拥有一套出租房，那么我可能会提醒你不要这样做，或者至少要讲清楚你的风险。如果是这样，那么你用一套出租房建立的毕生收入就不那么“稳定”了。这就像拥有一只股票，即便这家公司真的很好，这仍然不是最好的策略。不好的和不可预测的事情确实会发生。

但是，如果你做了尽职调查，并且有六套或更多套出租房，当不可避免的“坏事”确实发生在其中一套出租房时，你仍然可以获利。

物业经理

此外，如果你在城外投资，或者你只是不想负责出租房的日常管理，你需要一个好的物业经理。他们可以让情况截然不同。要确保你所投资的房地产市场上有几个可供选择的物业经理，对他们开展尽职调查时也不要走捷径。

我的第一个物业经理搬走后，那时我住在另外一个州，急于找一位新的物业经理。我选择收到的第一份推荐。大约一年后，他谎称从我的一处房产的屋顶上摔下来，并开始起诉我。在接下来的三年里，随着案件不断拖延，越来越多的问题浮出水面。结果发现，他一直在偷窃我和我租户的钱。由于这个错误，我让自己倒退了好几年。因此，在处理房地产问题时，不要低估尽职调查的重要性。

---

① 保险远超房价，所以我们实际上还赚了好多……

② 那件事很糟糕。让人觉得很烦！

安心

拥有坚实的房地产投资组合可以让你安心。除了提高我稳定的毕生收入之外，无论股市发生什么，它都能为我提供了更多的保护和灵活性，而不会以牺牲增长为代价。

但我不得不承认：我真的很幸运。我只是碰巧从其中一个市场开始，而这个市场上低房价与高租金的独特组合带来了难以置信的投资收益率。起初，我以为这一切原本是很简单的。我纳闷为什么我所在的新城市里的其他人获得的房产收益没有像我回到家乡收获的那样多。我才意识到我曾经有多幸运。从那时起，就连我家乡的市场也发生了变化。这是帮助我们的财务规划客户——无论他们来自哪里——找到最佳机会的动力。而且，只要有一点专业知识和一些目的性，你就可以从投资房地产投资组合所能提供的一切中受益。

利用你的热情和专业知识来赚钱

这类稳定的毕生收入策略肯定无法适合所有人。它往往更吸引那些对我们当下所处的社交媒体世界更满意更熟悉的年轻一代。我确信，那些往往拥有更多智慧的老一辈人也能从中获得同样多的收获。

我们并不缺乏所谓的被动收入策略。我不喜欢任何花哨的噱头或强行的推销。我帮助客户考虑的——我鼓励你考虑的——是……

- 你有什么独特的价值可以与世界分享吗？
- 在与你最亲近的人中，你是否有什么东西是众所周知的？
- 认识你的每个人都会在他们对……什么有疑问时，寻求你的建议？

不管那是什么，如果你对它充满热情——总体而言，你很喜欢谈论并分享这个话题——你可以从这种热情和专业知识中获利。如果你知道自己在做什么，你可以用它来创造稳定的被动收入。

现在，这将是一出“长戏”。这些策略需要人们花费很长时间才能实现盈利，而且许多策略都没有成功。这就是为什么做你喜欢的事情是如此重要。因为这样做，无论你是否能够从中实现长期获利，你都对自己所做的事情感到满意。

准备开始就像与世界分享这些常识一样简单。你可以通过博客、播客、YouTube或任何其他社交媒体平台做到这一点。随着你的专业知识得到认可，你将获得忠实的粉丝。这可能需要时间，但只要你谈论的是自己热爱的东西，并且在这方面知识渊博且有独到见解……这没关系，对吧？当你获得真正的粉丝——超级粉丝时，被动收入专家帕特·弗林①（Pat Flynn）提出了这个名词——你将有机会将自己的热情和宝贵见解转化为被动收入流。

互联网和社交媒体使我们有可能将自己置身于世界中，并与那些真正有兴趣并将从你的热情和专业知识中受益的人建立联系。

随着你影响力的增长：

- 你可以向付费会员再多提供一点时间。你最忠实的粉丝愿意多见见你，很多人也乐意支付这笔费用以换取收益；
- 你可以打广告；
- 你可以有付费赞助商；
- 你可以看到同粉丝分享自己最心仪的产品或服务时，这些产品或服务是否能通过传销模式带来回扣；
- 你可以将自己的独特价值做成在线课程、电子书或其他数字资源，即使有些人在未来数年后发现与你相关的这些内容，他们也可能有

① 智能被动收入（Smart Passive Income）的创始人。如果你想了解更多以这种方式产生被动收入的观点，那么他是一个很好的资源。

兴趣购买这些资源。

同样，这不是一个能吸引所有人的策略。例如，我的妻子在很多事情上都是专家[①]——人们想学习她的智慧——但她对把自己放在互联网上毫无兴趣……然而，对其他一些人来说，这却是补充自己毕生稳定收入的完美策略。

事业

当我有一个对创业或事业发展感兴趣的客户时，我对此感到兴奋。因为我喜欢助力并见证事业发展，而且我知道成功的事业可以为你的整体财务计划发挥作用。

风险

尝试创业有太多风险。很多人失败了。有太多人在尝试中损失了太多的钱。所以，这绝对不是一件能掉以轻心的事情。这不是我会向任何人极力推荐的策略。因此，我们不会在这个话题上花费太多时间。

重头戏

我们喜欢有机会与一个有着非凡的想法、激情、动力、干劲的人合作……你知道，这些都是成功所需要的品质。帮助我们的客户度过其事业的发展阶段可能会更令人兴奋。一项成功的事业对于一个人的财务计划是一种恩惠，这与其他任何事物都不一样。

想想看：如果你能够做成一项真正盈利的事业，你就可以有效地创建自己的养老金计划了！这太令人兴奋了。

---

① 她真的很聪明——是一位工业工程师、数学家，有她我很幸运，她实际上想在家自己教我们的孩子！

自己主导的IRA

政府甚至会允许你在自己的IRA账户内执行上述一些策略。你知道这一点吗？通过将你的罗斯IRA或传统IRA转为“自己主导的IRA”，你对决定资金的最终投向拥有更多自由。这意味着，你可以在税收优惠账户内投资一家企业或某一处房地产！很酷，对吧？

回到那份遵循传统投资模式的人们所面临风险的列表。想一想，通过在自己主导的罗斯IRA中加入智能房地产投资组合和/或被动收入业务策略，你可以分散多少风险①。

不要过度多元化

我在这里提到的内容，并不意味着你需要照做。同样一个策略，对某个人来说可能是理想的解决方案，但对另一个人而言可能是潜在的灾难。不存在那种对每个人而言都是完美解决方案的“灵丹妙药”。**你应该投资自己所了解的……你应该了解自己所投资的！**

“了解你的能力圈，并坚持下去。这个圈的大小不是很重要；但是，了解它的边界是至关重要的。”

——沃伦·巴菲特（Warren Buffett）

正如本节开头所提到的，你在拓展自己能力圈上花费的时间——当然，还有钱财——都可能是你生命中的某些时刻最佳的投资选择。

① 我知道这实际上不是问题，但……答案是：几乎所有的风险（可能除了医疗和长期护理风险，这两种风险可以通过保险得到更好的缓解）。

重新定义游戏

你可以使用本书讲到的全部、部分、一种甚至没有讲到的策略来为自己创造一个稳定的毕生收入。你可以将正在玩的“退休储蓄游戏”进行重新定义。当其他人都在根据他们能将自己的储蓄金做到多大来打分时，你关注的是真正重要的事情：你能获得多少稳定的毕生收入。

一旦你稳定的毕生收入可以覆盖每个月生活必需品的价格——这是很重要的——那就办个派对①！

然后，一旦它超过了你每个月所需要的，你就可以做任何想做的事情了，嗯……你或许现在就可以开始这样做了！开始做你想做的事。开始将愿望清单上的项目划掉。这就是退休吗？

懒人之道

所有这些策略都需要时间。一些（可能现在正郁闷着的）读者没有时间优势。另外一些，即使在实施了其中一些策略后，还是会有他们希望填补的月收入缺口。还有一些读者，仍旧全然没有兴趣将任何时间花在上述策略上②。

也许当你达到目标退休年龄时，你会发现自己积攒了几百万美元的存款，有点担心现在的长寿风险对你来说有多大，也不确定前进的最佳方向。好吧，对你来说幸运的是，就像付钱给邻家男孩来修剪你的草坪一样，这也有一条付费的出路。

键入：年金。

---

① 我说真的呢！这是一项巨大的成就——你的生活将永远改变！我希望你给我讲讲这一切。我甚至可能会送你一份庆祝礼物！

② 也许你只是读了上一节就感到压力……

年金

年金的名声不好，这一点我很清楚。事实上，我对此没有异议。由于虚情假意的推销员向无辜的婴儿潮一代推销高佣金产品，年金的声誉因此而受损。

好的一面

年金的特定目的是为人们提供终身有保障的月收入。这实际上是一份旨在保护你免受长寿风险影响的保险单。它就像你自己的养老金计划。

尤其是如果你身体健康，确保终身收入流的想法对你的财务健康和整体压力水平就更为重要。当你有理由相信自己可能比我们上一个误区中探讨的平均寿命活得更长久时，相对于成本而言，你的潜在利益甚至会更大。

不好的一面

年金确实花费高；不过，这些费用并非一定就不合理。如今甚至还有免佣金的年金，但这并不意味着它们没有成本。显然，要提供此类担保——类似于其他任何类型保险的担保——企业需要汇集所有参与者的资金，以便继续向那些最终确实活过平均寿命的人支付福利。但免佣金确实意味着你不必担心那些会对推荐给你的解决方案有影响的潜在佣金。

同时，这也并不是说每一笔收取佣金的年金都是不好的。了解所有相关成本并将其与生活中增加的价值进行比较是很重要的。

担心与年金相关的合理费用就好比为你付给邻居孩子割草的50美元感到压力一样。当然，如果你没有付钱给他修剪草坪，那么你会多攒50美元。但是，然后……要么你必须自己花时间来修剪院子，要么院子里的草一直在长，直到城市给你一张传票！

丑陋的一面

年金是复杂的金融工具。即使是一些专业人士也很难搞明白①。一些不道德的销售人员喜欢利用他们的复杂性赚取巨额佣金，而这往往是以牺牲老年人的利益为代价的。

在作出决定之前，你要熟悉累计成本。是的，显然，能将你丑陋资金中的一部分转化为一笔美好的有保障的毕生收入的能力，是需要付出一些代价的。你的价值是由你自己来决定的，开展尽职调查以确保自己不会被利用也是由你自己来决定的。这是又一个可以说明如下观点的例子，即如果你知道规划师了解你的所有选择，并且除了你的最佳利益外，没有受到任何其他东西的激励，那就很好了②。

要点：我们知道了，有一种付费方式可以获得有保障的毕生收入流带来的舒适感，而无须投入执行前几页所述策略所需要的努力和时间。但是，同复杂的金融世界中的几乎所有事情一样，如果没有适当的尽职调查，你可能会损失很多……

社会保险

当我们谈论年金支付的话题时，我们应该讨论政府的年金：社会保险。优化一个人的社会保险支付并不像表面上看起来那么容易。你需要测试数百种不同的社会保险申请策略，以确定符合你特有的退休需求和目标的最佳福利。

从表面上看，正如大多数财务顾问会告诉你的那样，等待似乎最有意

---

① 再次重申下我的目标是向你介绍概念；我想让你知道这是一种选择。是向你提供作出明智的决定所需要的全部信息，这个明智的决定是关于：①在构建年金的多种方式中，哪种方式对你最有意义；②在众多年金提供者中，谁的历史业绩最好；③就算要开年金户，什么时候开对你最有意义……讲述这些需要更多篇幅。为此，**购买本书可以免费学习我们的课程，**有兴趣考虑这条路线的人可以通过课程得到指导。你可以在SpicerCapital.com/Go的配套资源中找到所有信息。

② 参见本书误区12所述。

义。例如，在如今的背景下，70岁时提取的赔付款比早几年提取的金额高32%。

但实际上，对你来说最有意义的事情要复杂得多。

- 从投资的角度来看，如果你有一个靠谱的策略，你对此有信心，那么从长远来看，提款并尽快将钱投资出去，你可能会收获更好的结果；
- 从税收角度来看，提前分配将增加你在这些年的应税收入，并对任何旨在尽可能减少你在整个退休期间须缴纳税款的收入分配计划形成干扰①；
- 从长寿的角度来看，如果你身体不好，那么尽快提取可能对你来说是最合适的做法。对于那些身体好的人来说，情况可能正好相反；
- 如果你对“山姆大叔”巨额且快速增长的债务负担是否还能让他完美地履行所有承诺持怀疑态度……那么，我能理解你在知道自己可以提款的时候就想拿走这笔钱！

反向抵押贷款

这是金融界的另一个脏话。太多人被利用了。这永远不会是我的第一选择，但这是“积蓄很少的懒汉”获得收入稳定性的一种方式。如果……

- 你没有投入时间和精力来建立足够稳定的毕生收入；
- 你没有足够的储蓄来为年金缴费；
- 你担心活得太久而收入无法维持自己生活的可能性；
- 你拥有自己的家。

---

① 对于什么时候申请福利最合适，每个人都不尽相同。这是一位优秀的金融专业人士应该能够指导你的诸多规划要素中的另一个。对于一些人来说，这些考量可能会使你在整个退休期间的可用资金数额**相差六位数，甚至是七位数**。如果你最近刚刚或即将退休，**可以通过如下途径了解这些决定会产生多少差额：Https：//SpicerCapital.com/retirement**。

……这可能是你的最佳选择。几乎没有其他收入来源的退休人员可能会发现反向抵押贷款是一种有用的资金来源。像房屋净值贷款或信贷额度一样，反向抵押贷款可以让你利用你在房产中积累的资产净值。

但是，与年金类似，它们可能包含大笔费用。确保你能搞明白自己得到的是一笔总付、信贷额度还是终身收入。熟悉所有费用的真实成本[①]，看看对你而言是否值得。

误区：股市是对你唯一有意义的投资方式。

现实：这是几个可行的选择之一。大多数人都会从花时间学习并理解其他一些吸引他们的选择中获益匪浅。

① 尽管反向抵押贷款现在由联邦监管，但最好向几家公司申请，以便比较利率和费率。

误 区 16

股市风险太大，应该规避

另类投资

长期以来，负责大型捐赠基金和养老金的专业投资经理们都知道，除了股票和债券外，寻求多元化投资的重要性。例如，如果你在1997年初向股票/债券的配比为60/40的投资组合中投资了100万美元，那么到2016年底，这笔投资将价值375.6万美元。如果你能够将这笔钱投资普林斯顿大学的捐赠基金，那么这笔投资将价值1 007.8万美元——多出来168%！

最大的区别是什么？普林斯顿的投资组合中，超过70%的部分投向另类投资。“另类投资”（以下简称“另类”）通常用于指非传统投资类型的任何资产，股票、债券或现金属于传统投资类型的资产。这可能是房地产（如上一个误区中所讨论的）、私募股权、对冲基金、大宗商品……。大学捐赠基金构成了一些最大的投资资产池，由于它们必须公开披露收益和配置，它们为我们提供了一些了不起的洞见。

五大捐赠基金中有四家采用了另类投资策略。在过去的几十年中，每家都将投资组合从非常接近传统的60/40配比模式转向了侧重另类投资的模式。

这四家大学捐赠基金分别是：

- 哈佛（327亿美元）；
- 耶鲁（239亿美元）；
- 斯坦福（214亿美元）；
- 普林斯顿（207亿美元）。

长期来看，这些投资组合的表现令人印象深刻。如图16-1所示，在过去20年中，哈佛的平均收益率为10.4%；耶鲁为12.6%；斯坦福为10.7%；普林斯顿为12.3%。值得注意的是，这些收益率是扣除了捐赠基金高额的管理费后得出的。

在同一时期内，标准普尔500指数的平均年化收益率为7.7%，巴克莱债券指数的平均年化收益率为5.3%。这些指数常常被作为业绩基准，用于衡量向散户推荐的传统股票和债券投资组合的表现。因此，传统的60/40投资组合在同一个20年期内的年化收益率为6.8%（这还没有考虑任何费用）。

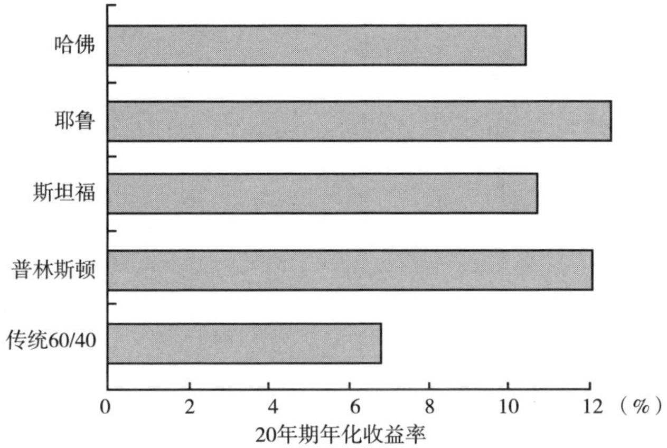

图16-1　大学捐赠基金投资业绩

每一家配置了另类投资的捐赠基金的表现都大大超过了传统投资组合的业绩基准，这绝非巧合。想一想捐赠基金的资产配置，以及它们与顾问推荐的传统股票/债券配比建议的不同之处。这些捐赠基金对另类投资的超额配置显然有助于它们实现长期的优异表现（见图16-2）。

这四所大学并不是个例。以下是不同类型投资者对另类投资的平均配置情况。

- 养老基金将其投资组合的30%用作另类投资[①]；
- 捐赠基金将其投资组合的52%用作另类投资[②]；

---

① 威利斯·托尔斯·沃特森，全球养老金资产研究，2019年。

② 国家学院和大学商业官协会，捐赠基金战术投资资产配置（TIAA）研究，2018年。

- 个人仅将其投资组合的5%用作另类投资[①]。

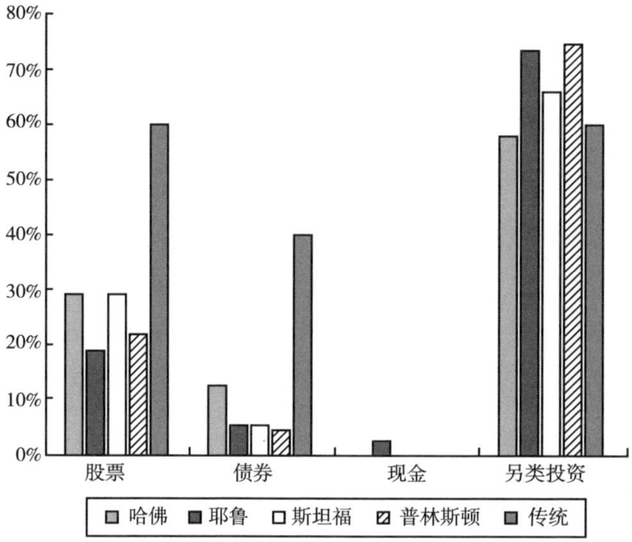

图16-2 大学捐赠基金资产配置——表现最好的都投什么?

作为一种投资类别，另类投资往往被认为是只有高净值个人才能使用的——确实有一些另类投资是只有那些能够声称获得所谓的合格投资者身份的人才能使用的。但是这些成功的捐赠基金涉足的另类投资并非只有超级富豪才能使用。另类投资背后的主要逻辑是寻找与股票和债券不相关的好投资。通过我们在前面误区中探讨过的一些策略，你也可以做到这一点。还有一些方法可以实现捐赠基金的模式——高收益，低相关性——利用股票市场进行分散化配置……

那么，股票呢?

读过本书误区15之后，你现在知道设计自己的稳定毕生收入一些最佳和最流行的方法。专注于此而不为股票焦虑，会让你的整个生活更加愉悦。

---

① 货币管理协会，另类投资的零售分布，2017年。提供的平均值均为美元加权。

这是否意味着我们应该完全放弃股市？

不，绝对不是！股票本身并不坏。我喜欢股票市场。我仍然认为这是最好的投资场所之一——只是不要动用你所有的钱——而且绝对不要根据现代投资组合理论开展投资。如果你想对自己的股票市场投资有信心，那么你需要关注下行保护。也就是说，我仍然积极寻求那些能让我和我的客户从市场带来的巨大上行潜力中受益，同时又能尽可能限制不可避免的下行策略。

对于股票，就像任何投资一样，当你明白为什么自己会以现在的方式投资时，就更有可能实现持久的成功。与所有的毕生收入策略一样，如果你真心有兴趣投入一点时间来研究……那么当然，自己建立并运作股票投资组合可能是你整体投资计划中一个有价值的部分[①]。但大多数投资者并不是这样做的。

例如，想想人们是如何开展401（k）投资的。人们选择一些基金——通常是随意挑选——并且是从已经很有限的清单中挑选。人们几乎从不了解这些基金底层实际持有哪些股票。就像是大多数人对自己实际被动投资的东西一无所知……这太疯狂了！这是如此的脱节。这不是投资。如果你想开展获利的投资，你要买的东西一定是你认为出于某种原因价值会增长的。

不了解自己的钱最终投在哪里，你真的是在做投资吗？你有任何理由相信“投资”的价值应该增长吗……除了现实中每个人都告诉你它应该会增长外？

---

① 注意：即使你对它们有很透彻的理解，它们仍然应该只是一部分，而非全部。

这的确听起来更像是赌博……只是“希望得到一个期待的结果”。

那么，你如何避免在股市赌博呢？你如何利用股票市场使自己的整体投资组合像上述捐赠基金那样实现智能的分散？

价值投资

价值投资是指只押注那些你确定目前交易价格低于其真实或内在价值的股票。价值投资者认为，市场往往对新闻和其他无关紧要的信息反应过度，导致一些股票价格与公司的基本面不相符[①]。

沃伦·巴菲特可能是我们这个时代最著名的价值投资者，但还有很多其他价值投资者。我是彼得·林奇（见本书误区5）和乔尔·格林布拉特[②]（Joel Greenblatt）的忠实粉丝，他们都是非常成功的价值投资者。这些投资者会对公司开展彻底研究。他们审查公司的财务报表，评估管理的有效性，并将前景与行业竞争对手进行比较。在尽可能多地从所有公开信息中收集信息后，他们能够确定公司真正的价值。如果他们认为的公允价值远远高于股票在市场上的当前价格——有足够多的“安全边际”来下赌注——他们可能会购买该公司的股票。

当你的研究靠谱，并且总是留有足够多的安全边际进行投资时，你相当于天然地给自己的投资组合建立了下行保护：随着市场下跌，已经被你低估的股票应该跌幅更小。

现在请记住：仅因为你找到了一家自己心仪的公司，或者是一家有好故事的公司，这并不能使它成为一项好的投资！例如，仅因为你看到一部

---

① Investopedia将基本面定义为“有助于公司、证券或货币的财务或经济良好状况及其后续财务估值的基本定性和定量信息”。

② 如果你对学习成为价值投资者真的感兴趣，可以读读林奇的《彼得·林奇的成功投资》（*One Up on Wall Street*）和格林布拉特的《股市天才》（*You Can Be a Stock Market Genius*）。

关于一个特别好用的搅拌机的广告片，这并不意味着它会为你带来好的投资机会。你需要更多信息。你必须确定你认为搅拌机的实际价值应该是多少，并与其要价进行比较。如果你能以低于你认为的价值（它会给你的生活带来的价值）的价格购买搅拌机，那么绝对要买下它！只有这样，你才能知道这是一项很好的投资。

这是我们这个时代YouTube投资大师们普遍面临的问题。他们找到了自己心仪的股票，理由往往是非常合理的。但他们却无法搞清楚自己所热爱的公司的产品价值。没有这些信息，真正的价值投资是不可能的。你在盲目投资，要小心！

此外，被低估的股票并不是成功的价值投资者寻找的唯一对象。最好的投资者也寻求催化剂。仅因为一家公司可能被低估，这并不意味着它的价值在不久的将来的任何时候都会上升。在你确定头寸后，市场也必须认识到这一事实。有没有什么能让你相信市场可能最终会承认你发现的这一事实？记住，它今天的价格是有原因的。你需要弄清楚这是为什么。如果没有催化剂，市场可能需要十年时间才能觉醒并兑现你当下就已经判断出来的某家公司的公允价值！

有很多聪明人掌控着股市里的大量资金。他们有成组的分析师为自己工作，通过分析财务报表寻找你也在寻找的内容。**成功地做到这一点是可能的，但要想超越他们绝非易事……**

如果想实现长期效果，你真的应该全职做这些。沃伦·巴菲特让价值投资看起来很容易。事实并非如此。想想他为自己的事业付出了多少时间。例如，他每天花五到六个小时阅读五份不同的报纸以及至少500页的财务报表和公司研报。你对巴菲特成功所需要的那种敬业精神感兴趣吗？很少有人能做到这种程度。

"我只是整天坐在办公室里看材料。"

——沃伦·巴菲特（Warren Buffett）

对于许多受到巴菲特本人启发的人来说，他们的"价值投资"冒险很快就变成了希望和祈祷。因此，对于一般投资者来说，如果他们对持之以恒阅读公司财务报表不感兴趣，那么有一种有条不紊的方法可能会更具吸引力……

技术投资

Investopedia将技术分析定义为"通过分析从交易活动中收集的统计趋势（如价格变动和交易量）来评估投资并识别交易机会的交易学科"。

技术分析因为全然无视价值投资，通常被认为是基本面分析的对立事物。但我相信它们各有各的优点。对这两者都熟悉了解可以让任何一个想参与股市的人受益。

那些凭借技术而开展投资的人研究股票或整个市场的价格走势。他们观察价格上涨或下跌的速度和幅度。他们记录这些价格变动背后的成交量，即引发这些变动的投资者数量。他们认为，这比其他任何事物都更能了解投资者心理。他们从历史图表中研究同样的信息，确定特定变动在不同标准下的历史概率。例如，当价格在某一段时间内以某种方式变动时，历史表明，投资大众更有可能沿着某个方向将价格推得更高，而不是另一个方向。

技术学派认为，价格往往会随着趋势而变化，历史往往会重演。

一位名叫埃德·西科塔[①]（Ed Seykota）的人作为一名训练有素的技术交易员创造了最成功的历史业绩之一。在他接受《市场奇才》（*Market Wizards*）的采访后，杰克·施瓦格（Jack Schwager）表示，"他的成就肯定会让他成为我们这个时代最优秀的交易员之一"。从1990年到2000年，西科塔的年平均收益率接近60%[②]！除了他，没人有更好地公开历史业绩——沃伦·巴菲特也没有[③]。

西科塔构建了一个基于历史技术指标的体系，这对他很奏效。他不是唯一一个这样做的人。如果你开始探索市场的这一面，你会发现实际上有很多以坚持技术驱动策略为主的成功的投资者。主流财经媒体（CNBC、彭博社）不愿相信甚至不愿谈论这些策略及其追随者。那么也许观众会得出结论，它们分享的"新闻"现在看来只是在浪费时间……

那么，我们如何利用技术策略提供下行保护，以推动更多的长期增长？

如果你知道在过去的一百多年里，当股票市场的价格以某种精确的模式移动时，在70%的时间里，市场会下跌20%或者更多，然后才会回升，那会怎么样？你想让你的资金在重返市场之前"观望"一段时间吗？如果这可以在十次中有七次让你免于20%或更大的损失——即使你的确错过了另外三次市场上行过程中的上涨机会——从数学上讲，你仍然会遥遥领先。那么，你是怎么考虑的？难道你不愿意暂时取消你对那部分资产的敞口吗——那部分在历史上有70%的概率会在不久的将来下跌至少20%的资产？大多数人都会这样做，尤其是通过研究类似的基于技术的数据可以确

---

① 迈克尔·卡沃尔（Michael Covel）在《趋势追踪》（*Trend Following*）中详细讲述了埃德·西科塔的职业生涯。

② 丹尼尔·P.科林斯（Daniel P.Collins），《管理期货计划的长期技术趋势追踪方法》。《期货》，2001年11月，第14期，第30卷。如果你有兴趣从埃德那里了解更多信息，你会愿意查阅这个宝藏网址：https：//youtu.be/LiE1VgWdcQM。拿走不谢！

③ 公平地说，巴菲特管理的资金比西科塔曾经尝试要管理的资金多得多。你投资的资金越多，想实现更高收益就越困难。

切了解应该重返市场的时间。

当然，正如我们所知，历史无法完美且精准预测未来会发生什么。这些百分比很可能会随着时间的推移而改变。但在这个示例场景中，我们并不是在讨论基于概率数据下注。相反，我们谈论的是撤资——由于数据对我们很不利，因此我们需要化解风险。对于我自己和我的客户来说，大多数情况下，当价格下跌的历史概率较高时，我们会利用这些数据来提醒自己要从市场中撤出资金。

这意味着，虽然最终我们大部分时间都是错的，观望每年都会损失一两个百分点的增长，但是当这些大崩盘真正来临之际——就像它们常常会发生那样——我们的损失将远远低于市场。如果你还记得本书误区1中证明了避免损失是多么重要的那道数学题，你就知道这对你的长期收益有多么重要……更不用说对你的神经有多重要了！想象一下，在2000年互联网股灾或者对投资而言全年都很糟糕的2008年期间，你都处于观望状态。**在你的投资生涯中，减少市场下跌对你投资组合的影响会带来显著增加的收益。**

这种策略的反对者会说："但你有可能错过市场上绝对最佳的投资机会。"毕竟，"在市场上花时间，而不要在市场中抓时点"是现代投资组合理论实践者的口头禅。为了推销买入并持有策略，顾问们喜欢引用这样的数据："如果你错过了自1970年以来市场上最好的25天，你的收益率将从每年6.7%下降到可怜的3.4%[①]。"

当然，在使用这些技术指标时，有时你可能会错过市场上最好的几天。这是绝对有可能的。你甚至可以称为技术策略的"风险"。但请告诉我，你现在知道自己从本书误区1中了解了什么，什么是对你的长期

① 贝特尼克·M（Batnick，M.），《在45年里错过股票市场的25天是如何让你付出巨大代价的》。《市场观察》，2016年2月17日。https：//www.marketwatch.com/story/how-missing-outon-25-days-in-the-stock-market-over-45-years-costs-you-dearly-2016-01-25。

收益更重要的：留在市场以获得50%的收益，或者在下跌50%期间远离市场？

这种关于错过最佳日子的操作性观察的问题在于，这只是故事的一个方面。例如，如果你避开了最糟糕的25天，那么你在同一时间段内的收益率会从平均6.7%飙升至11%。

或者，如果在同一时间段内，你只能同时错过最好的25天和最差的25天呢？理想情况下，像这样值得执行的技术投资策略应该能够表现得更好，但即便如此，你的平均年化收益率也是从6.7%上升到7.5%——同时你的投资组合在最混乱的时期是退出市场的。这是一个更现实、更保守的技术策略目标……

- 即便是同传统的买入并持有策略相比，长期表现也是胜出的；
- 在市场处于自由落体式下跌的混乱时期，保持观望。

正如本书误区5—误区8中所探讨的那样，正是因为现代投资组合理论没有提供这样的下行保护，所以即使在本例中提到的6.7%的平均水平，从业者也一直做不到。如果做法正确，这些技术策略可以帮助你克服主流教义中的重大缺陷。

人工智能

技术投资策略可以奏效。是的。并且可以通过学习掌握。当然。YouTube上不乏这样的奇才，他们试图引导你完成这一切，并将他们的技术指导服务对接给你……然后每月收费。

但老实说，我们在本书中谈论了这么多的策略，你为什么非要尝试学习这一种呢？

想一想人工智能（AI）的发展历程：

- **1994年**：阿尔伯塔大学开发的奇努克（Chinook）成为**跳棋**世界冠军；
- **1997年**：IBM的深蓝（Deep Blue）击败了**国际象棋**世界冠军加里·卡斯帕罗夫（Garry Kasparov）；
- **2011年**：IBM的沃森（Watson）击败了**《危险边缘！》**（*Jeopardy*！）的冠军肯·詹宁斯（Ken Jennings）和布拉德·鲁特（Brad Rutter）；
- **2016年**：谷歌的阿尔法围棋（AlphaGo）人工智能击败了**围棋**冠军李世石（Lee Sedol）。对于那些不熟悉围棋的人来说，围棋的下法比宇宙中的原子还要多，这使用计算机计算并"超越人类思维"变得极其困难。

技术分析的研究将让你观察图表并测量各种变量，以确定数据呈现方式中的任何一种模式。想一想今天的计算机有多强大，你真觉得自己能在计算机注意到这些指示性的模式之前就注意到它们吗？更不用说计算机分析数据点的数量之庞大、速度之快，会让个人的努力看起来完全是徒劳的。

这就是为什么大型经纪公司的交易台正在成为过去。他们过去曾雇用数百名交易员研究市场，寻找技术机会，现在他们拥有了电脑。事实证明，计算机的成本更低，而且在开展工作时表现好得多——无论速度还是准确性。

关于这一切对投资行业的未来意味着什么，来看看特许金融分析师拉里·曹（Larry Cao），在《进取投资者》杂志上发表文章的节选[①]：

考虑到人工智能的超强脑力和情感缺失……市场最终将被少数人工智能程序主导，甚至可能是单个程序。一个很好的例子：英仕曼集团（The

① 拉里·曹，投资经理，《人工智能正为你的工作而来》。CFA协会。2018年3月9日。https://blogs.cfainstitute.org/investor/2018/03/09/portfolio-managersartificial-intelligence-is-coming-for-your-jobs/。

Man Group）是一家对冲基金公司，它有一个人工智能项目来管理其最大基金之一的一小部分资产。截至2015年，人工智能创利约占其利润的一半。

人工智能在学术界也有支持者。杜克大学（Duke University）的坎贝尔·R.哈维（Campbell R.Harvey）认为，人工智能将在投资决策中发挥重要作用，人工智能和大数据的推广将产生“15至25个能够获取所有数据的投资管理超级集团”。

因此，最大的问题是，人工智能何时——而非是否——才能取代人力投资经理。

过去十年，对冲基金和其他机构投资者似乎一直在进行这种转变。正如历史上一直以来的情况一样，随着投资行业盈利方式的转变，零售交易员（就是你！）总是最后一个参与进来。普通投资者逐渐开始通过专业资金管理者获得类似策略，专业资金管理者则通过注册投资顾问（RIA）公司提供服务[①]。

基于规则的投资

一些战术投资者试图利用股票或市场动能[②]的另一种方式是通过一种被称为基于规则的投资策略。这些自律的投资者将遵循自己制订的投资“规则”，从投资过程中消除情绪影响，以优化投资组合。基本思想是……

- 选择要投资的范围（例如，仅标准普尔500指数股票）；
- 创建选择股票的标准（即市盈率最低的股票）；
- 确定重新评估并更新持仓的频率（按周、按月、按年等）。

当我和我的团队在做这件事时，我们研究了各种标准的组合在过去

① 截至本书撰写之时，我还没有找到一个可靠的方法可以让个人自行完成这项工作（这些资金管理者往往只通过注册投资顾问公司工作），但如果我真的找到了，我会让你知道的！

② 趋势。

会如何表现。当我们发现一种能够以比市场低得多的风险实现显著更高收益的组合时，我们会开展进一步研究。当然，正如本书误区10中详细讨论的那样，过去的表现并不能保证未来的结果。但是，如果做对了，这样的策略可以为你提供一种系统的方法来发现并利用投资趋势——为你提供规则，帮助你知道何时进入、何时退出。因此，当我们的团队能够找到一个逻辑自洽的理由，让同样的模式在未来继续下去时，我们可能会将其作为已采用的类似模型实现分散化的一种途径，加入投资组合中。

下面举一个简单的例子：

- 你只考虑**道琼斯工业平均指数的30只股票**；
- 你对按**自由现金流收益率**排名**前10**的股票进行等额投资[①]；
- 你在**每个季度**的同一时点观看持股情况，只有当它们跌出前20名时才卖出持有的头寸。当这种情况发生时，你会根据上述排序列表买入下1只股票。

如果你在过去20年里遵守了这些规则，那么你的年化收益率将超过**12%**[②]，而标准普尔500指数的年化收益率不到8%。

下面是另一个更复杂的示例：

- 你只考虑**标准普尔1500**指数中没有违反某些基于信仰原则（如涉及烟草、色情、赌博等）的公司；

---

① 自由现金流收益率是用来帮助投资者确定公司相对价值的许多基本指标之一。它是用公司自由现金流除以企业价值计算出来的。

② 历史业绩不代表未来收益。此外，这些例子只代表了如果你能够以每个特定时间点（即每个季度的同一时间）的价格买入每一只股票会发生什么。这些收益并不能代表实际交易账户。这里可能存在没有体现出来的重大经济或市场因素，例如潜在的流动性问题。这可能会影响实际收益的。这些收益反映的是这些规则的追溯应用，而这些规则的设计充分得益于事后诸葛亮。

- 你对按**流动性比率**排名**前10**的股票进行等额投资[①]；
- 你在**每个季度**的同一时点观看持股情况，只有当它们跌出前20名时才卖出持有的头寸。当这种情况发生时，你会根据上述排序列表买入下1只股票。

在过去的20年里，运用这些规则将实现近**28%**的年化收益[②]！

绝对存在你可以自己执行的战术策略和基于规则的策略。有一些公司专门从事这类研究。还有一些工具，你可以利用其自行开展这些分析。如果你走“自己动手”的路线，你应该确保你使用的数据至少跨越了一次大的崩盘或熊市。你还应该研究在执行这一策略的背景下，投资组合中会发生的最严重的历史性回撤[③]——考虑到人们会尽力继续留在市场，那么，你很可能不应该尝试遵循一个基于规则的模型，因为这会带来比市场本身更大的下行波动。当你发现自己喜欢的策略——对你来说逻辑上行得通，会实现比市场更高的收益，而且风险也会比市场低——你可以尝试坚持这些策略。同样，如果这听起来像是你感兴趣的事情，那么再多了解些这些策略可能会让你的时间花费得更有意义。

然而，对大多数人来说，我不推荐这样做——要做到如此自律是很难的[④]。但我相信，对于一些人来说，凭借足够的时间和钻研，是有可能获得长期成功并战胜现代投资组合理论的缺陷的。

---

① 在这个特定的例子中，对于我将要分享的收益，我们使用了阿米胡德流动性比率（Amihud Liquidity Ratio），这是一项衡量股票流动性的基本指标。一只股票的流动性越高，买卖就越容易，并且在买卖过程中就越不会产生高交易成本，也越不会对股票价格产生较大影响。

② 同p308页②。

③ 需要复习一下什么是回撤吗？如下是本书误区5的脚注定义：回撤是指投资、交易账户或基金在特定时期内价值从波峰到波谷（从高点到低点）的下跌幅度。它通常以百分比的形式体现——用总跌幅除以前一次峰值（高点）。例如，如果你的投资账户中有10万美元，账户中的资金在涨回到10万美元之前跌至8万美元，那么你账户的回撤是20%=（100 000–80 000）/100 000）。

④ 这是另外一个领域，在该领域里，对于大多数对这一策略感兴趣的人来说，让一个能力强的合格专业人士进行研究、开展分析并管理证券的日常买卖值得支付合理的管理费。

底线

正如在本书误区1—误区10中探讨的那样，买入并持有、仅股票和债券的投资组合存在重大缺陷。但这并不意味着你应该完全放弃股票市场。**克服这些缺陷的解决方案是找到这样的策略——对你来说有意义的策略——既能降低你的下行风险，又不会牺牲你上行潜力的策略。**

> **误区：**股市风险太大，应该规避。
>
> **现实：**有几种方法可以**限制你对市场下行风险的敞口**，同时还能抓住市场上行潜力。

结束语

股票市场可以让人们以一种难以置信的方式投资血汗钱。股市为人们参与行业成长提供绝佳机会。它可以在很大程度上对你的财富产生积极影响。

但是，学校里教授的、专业人士宣扬的、几乎所有金融人士都照搬的传统投资模式，让个人投资者面临着具有潜在破坏性的、会改变生活的缺陷。如果能从过去吸取经验教训，那么很多人可能会很幸运，对他们而言一切都会变得顺利。但即便如此——即使与以往任何时候相比，市场收益率都没有更差……即便如此——人们仍然会被这个简单的建议给蒙蔽了，被蒙蔽的概率和掷骰子一样。**主流的投资模式存在缺陷，可能会让你陷入财务困境。**

好消息是这些缺陷可以克服。在不暴露于那些风险的情况下，实现更好的收益是绝对可能的。这里探讨的大多数潜在解决方案都并不新奇；它们可能只是需要你付出一点额外的努力或寻求一些外部帮助。这并不是大多数人希望听到的建议——它不像买入并持有、设定并忘记那样的陈词滥调那么容易推销出去。我希望你现在能够意识到这些。我希望你能意识到找到一种更好的方式来保护并增加自己毕生积蓄的重要性，这种重要性可能会改变你的生活。

下一步要做什么？

这实际上可以成为你为自己的财务未来带来有意义改变的旅程的开

始，我为通过这本书做到这一点的人提供免费资源。作为奖励，你可以在 https：//spicercapital.com/go 找到可利用的附加资源。

其中，有许多是我在本书的脚注中提到的，我们会定期新增更多内容。无论你现在是什么情况，你将找到关于如何免费访问我们一些综合课程的信息以及指南，帮助你开始行动。

不要再等了。不要让这本书成为另一本“你读过的好书，但不确定如何付诸行动”。至少登录网站看看有什么……

我希望你现在知道自己应该从哪里开始属于自己的财务旅程。我也愿意倾听。我的个人邮箱地址是：Stephen@SpicerCapital.com，请联系我。让我知道你打算如何减轻自己的财务压力。

我期待着尽我所能提供帮助。

我真诚地祝你一切顺利。保重！

致　谢

我最要感谢的是我了不起的妻子——杰西卡。当我告诉她我对就职的大型金融机构不满意，想辞掉高薪工作的时候，她鼓励我、支持我，这是我没想到的。她的耐心让我以一种我知道会对更多人产生积极影响（而不是更快地赚更多钱）的方式来建立自己的事业。我从她身上学到很多，其中最有价值的一点是，当你觉得某些事情不合理时，要勇于挑战传统范式。老实说，如果不是因为这一至关重要的观点，我的事业就不会是今天的样子：找到帮助人们投资和规划财务未来的绝对最佳方法。相反，它可能只是另一家千篇一律的金融公司。杰西卡，我无法想象没有你的生活。你让我变得更好。谢谢你！

如果不是因为我出色的团队，我永远不会有时间汇集自己的想法，并如此这般呈现给世人。为了让我的房地产兴趣蓬勃发展，我的天才物业经理兼住宅地产专家菲利普·本茨（Phillip Bentz）承担了超出全职工作量的工作。我的首席规划师兼现金流专家布罗迪·波士顿（Brody Boston）致力于做符合客户绝对最佳利益的事情，他带给我启发和灵感。非常感谢你们以及斯派塞资本（Spicer Capital）的成长团队！

如果没有我的商业伙伴爱德华·普里切特（Edward Pritchett）的帮助，我们在此正在打造的东西可能还需要长得多的时间才能实现。每次当我告诉他，我们将放弃推荐某一产品或投资，因为对客户而言这样做是正确的（尽管这个产品或投资可能会让我们公司获利更多），他总是100%支持。他认同我们不懈寻找并提供最好的长期愿景。对此，我非常感激！

大卫·汉考克（David Hancock）和全体摩根·詹姆斯出版公司（Morgan James Publishing）团队的帮助让整个过程变得易如反掌。能有机会与他们合作，让我觉得幸运之至。

才华横溢的吉利安·法恩斯沃思（Jillian Farnsworth）一直愿意伸出援手。她的摄影技术有口皆碑。感谢你的爱与支持。我也非常感谢我的插画师达姆罗（Damroe），他娴熟地将我脑海中的人物呈现出来，栩栩如生。

还有一件事……感谢我的孩子是不是很奇怪？当我写这些致谢内容时，格雷（Grey）、莱尔（Lyle）、凯斯（Cass）和罗西（Rosie）分别才只有8岁、6岁、3岁和0岁，但他们比任何人都更能激励我创造我引以为豪的资源——那些可以帮助任何人（尤其是孩子们，倘若我发生了什么不测的话）在财务上更好地照顾自己和家人的资源。谢谢你们，孩子们！我相信，你们会一直继续激励我发挥出最好的一面。

关于作者和本书的那些事儿

在加入一家大型经纪公司之后，斯蒂芬开始意识到，他的个人投资策略与他应该，甚至被允许推荐的东西是不一致的。

他越来越不适应公司指定的建议。

斯蒂芬毫不畏惧挑战传统破败的体系模式，建立了斯派塞资本（Spicer Capital），以解决客户（以及他自己）的投资和财务规划问题。

他的目标是引导焦虑的投资者和储户通过学习作出自己的决定。与盲目听从主流建议相比，这一过程可能需要花费更长的时间，并且需要耗费一点额外的脑力，但人们的理解和信念会因此强得多。不管发生什么，人们都会做好准备的！

任何与他相熟的人都会赞同：斯蒂芬不断成长的家庭是他的驱动力。他娶了自己读高中时的心上人，他们育有四个可爱的孩子。他寻找更好的投资方式，最初的启发来自他对给予孩子关爱的渴求。

他希望能为所有感同身受的人提供资源。要了解更多有关斯蒂芬和斯派塞资本的信息，请访问：SpicerCapital.com/About。